Bernard Leblon

LOS GITANOS DE ESPAÑA

LOS GITANOS DE ESPAÑA

El precio y el valor de la diferencia

por

Bernard Leblon

gedisa
editorial

Título del original en francés:
Les Gitans d'Espagne

Traducción: Irene Agoff

Versión castellana revisada por: Bernard Leblon

Ilustración de cubierta: Alma Larroca

Segunda reimpresión, Barcelona, octubre, 2001

Paseo Bonanova, 9 1º-1ª
08022 Barcelona, España
Tel. 93 253 09 04
Fax 93 253 09 05
Correo electrónico: gedisa@gedisa.com
http://www.gedisa.com

ISBN: 84–7432–274-X
Depósito legal: B. 34407-2001

Impreso por: Limpergraf
Mogoda 29-31, 08210 - Barberà del Vallès

Impreso en España
Printed in Spain

ÍNDICE

SEGUNDA PARTE:
LA JUSTICIA EN ACCIÓN

ABREVIATURAS

ACC	*Actas de las Cortes de Castilla*
AGN	Archivo General de Navarra
AGS	Archivo General de Simancas
AHN	Archivo Histórico Nacional
AOC	Archivo del Obispado de Cuenca
C. y C	Casa y Corte
exp.	Expediente
G. y J.	Gracia y Justicia
leg.	Legajo
s.n.	sin número

Introducción

Mai mar, Devla, balvalea
Te šukiol el dromorá.
(Canción cíngara)

¡Señor, envíanos vientos
que sequen los caminos!

Con sus galgos y sus caballos, sus salterios y laúdes de largos mástiles, sus argollas de oro en las orejas y sus anchos sombreros, aquí están los saltimbanquis de Egipto Menor. Sus mujeres van envueltas en largas mantas listadas, mechones color de mora brotan de sus turbantes orientales y niños rubios de oscura piel cuelgan de sus espaldas. Son egipcios, bohemios, cíngaros. . . ¡Reuníos, mirones, que el espectáculo va a comenzar!

La palabra "cíngaro", curiosamente tomada de una secta de magos procedentes del Asia Menor[1], acabó siendo adoptada como término genérico para designar al conjunto de la etnia originaria de la India y que se caracterizaba, al producirse su arribo a Europa occidental, por su nomadismo. Su origen indio se descubrió a finales del siglo XVIII gracias a la lingüística. Desde entonces, múltiples trabajos de lingüistas y antropólogos permitieron clasificar la lengua cíngara, o ROMANI, entre las lenguas neoindias y vincular a los cíngaros con las poblaciones del norte de la India. Se supone que dejaron este país alrededor del siglo X —tal vez antes—, pero al respecto no se posee certeza alguna. En cuanto a muchas otras cuestiones que les conciernen, no hay más que conjeturas. ¿Qué razones los impulsaron a partir? ¿Practicaban el nomadismo en su país de origen? ¿Constituían una población homogénea o, por el contrario, su parentesco de lengua y cultura disimula una diversidad de troncos que podría explicar ciertas diferencias morfológicas? Por más que el velo se levante lentamente sobre el misterio cíngaro, el estado actual de nuestros conocimientos no permite responder a estos interrogantes en forma categórica, y todavía es lícito, pues, a su respecto, entregarse a la especulación y al ensueño.

En realidad, la larga prehistoria de los cíngaros sólo concluye en el siglo XIV. Es en esta época, en efecto, cuando se descubren las primeras huellas escritas de su paso por la ruta que los conduce desde la India hacia Occidente. Se los encuentra primeramente en Grecia, en Creta, en Corfú, en Valaquia. Tras una prolongada residencia en los Balcanes, a comienzos del siglo XV reanudan su andadura hacia el oeste. Se desplazan en importantes grupos dirigidos por jefes que se intitulan voivodas, príncipes, duques o condes. Así atraviesan Hungría, Alemania, Suiza. En 1419 se los menciona

1 ATSINGANOS en griego, TCHINGHIANÉ en turco.

en Provenza; en 1420, en Bruselas; en 1421, en Arras; en 1422, en Bolonia.[2] En 1427 harán, a las puertas de París, una ruidosa entrada.[3] Pero, por entonces, ya han franqueado los Pirineos.

Estas primeras bandas hacen referencia al EGIPTO MENOR y a Grecia. De hecho varias regiones de Grecia y de Asia Menor eran designadas con el nombre de PEQUEÑO EGIPTO MENOR. Se trataba de la ciudad turca de Izmit (o Isnikmid) —la antigua Nicomedia—, del Epiro y de un lugar situado cerca de Modón, en la costa del Peloponeso.[4] Sin embargo, muy pronto se incurrirá en confusión entre estas comarcas poco conocidas y el Egipto propiamente dicho, y frecuentemente se llamará a los cíngaros "egipcios". El francés GITAN, como el español "gitano" y el inglés GIPSY, son testimonios de este equívoco original.[5]

Los cíngaros constituyen en la actualidad varios grupos claramente diferenciados, que se distinguen además por el nombre que ellos mismos se dan. Los ROM —literalmente los "hombres", por oposición a nosotros los extranjeros, los bárbaros, los GACHÉ— fueron los últimos en llegar a nuestras tierras. Se reparten en varios subgrupos que llevan nombres de oficios: KALDERÁSHA (caldereros), LOVÁRA (chalanes), CHURÁRA (fabricantes de cedazos). Los SINTÉ o MANUCHES —la palabra MĀNUŠ significa igualmente "hombre"— se dividen en varios subgrupos según las regiones frecuentadas (Francia, Alemania, Italia). Finalmente, los gitanos de la península ibérica y del mediodía de Francia se dicen a sí mismos CALÉ (negros) y a los extranjeros los llaman PAYOS o BUSNÉ. Es fundamentalmente de estos de quienes vamos a hablar.

Nos hubiera gustado poder contar la historia de este pueblo tal como él mismo lo vivió; pero, infortunadamente, la tradición oral no nos presta aquí ayuda alguna. Al cabo de un proceso de aculturación singularmente doloroso, los CALÉ fueron despojados de su lengua y de su memoria[6]. Habrá que despertar las enormes masas de documentos que dormían en los archivos un sueño de pesadilla, pero lo que así aparece no es sino el espectro multiforme de la persecución, y la historia que fluye de esa montaña de papel no es más que la de los verdugos. Al tiempo que éstos mantienen, encarnizadamente, su siniestro proyecto de aniquilación del OTRO, de aquel que encarna la diferencia y por lo tanto el MAL, su ideología en cambio, su sistema de referencia va evolucionando, así como los medios que conciben para alcanzar sus fines.

[2] Vaux de Foletier, François de, *Mille ans d'histoire des Tsiganes*, París, Fayard, 1970, págs. 42-50.

[3] Le journal d'un bourgeois de París, *in* Pasquier, Estienne, *Les recherches de la France*, París, 1565, libro IV, Cap. XIX, págs. 359-361.

[4] Vaux de Foletier F, de, *op cit.*, págs. 20, 21.

[5] GITANO proviene de una forma arcaica de la palabra EGIPCIO: EGIPTANO.

[6] El recuerdo de las persecuciones subsiste empero en ciertas COPLAS como las que encabezan las dos secciones de este libro.

La primera parte de este libro evoca la lenta metamorfosis de las mentalidades y va sacando a luz una evidencia: del "espíritu" de la Contrarreforma al de las "Luces", lo que más falta es el espíritu. Tratamos con singular insistencia las etapas clave de esa progresión, que nos conduce de las preocupaciones morales de una época cuya desenfrenada imaginación inventa los crímenes más atroces para justificar su furia exterminadora, a las preocupaciones económicas de otra más fríamente calculadora y más eficazmente represiva. Para comprender mejor los cambios de comportamiento de una sociedad en plena mutación, hemos procurado no separar el tratamiento de la "cuestión gitana" de la actitud general frente a otras minorías, mendigos, vagabundos y hasta leprosos y locos. La atención prestada a los comienzos del Siglo de las Luces podrá parecer desproporcionada, pero hemos considerado útil subrayar las ambigüedades y contradicciones de modos de pensamiento de los que somos herederos directos y cuyo impacto no ha sido aún perfectamente dominado.

En la segunda parte pasamos de la ideología oficial y los textos legales a los hechos concretos observados en el terreno. La confrontación es sorprendentemente reveladora, y nos demuestra en qué forma la realidad desmiente por completo al discurso ideológico, que no es más que un tejido de cómodas abstracciones. Los enfrentamientos con la justicia se limitan al uso defensivo de algunas armas por parte de los gitanos, cuando se ven rodeados por la tropa en un asilo eclesiástico en el que han buscado refugio. Las más de las veces, los delitos se reducen a unas pocas infracciones a las medidas represivas que prohíben a los gitanos llevar sus vestimentas, hablar su lengua o frecuentar el mercado. En pleno campo se ignora hasta la existencia de estas leyes draconianas, y no suscitan escándalo alguno unos comportamientos juzgados naturales. En ciertos casos se asume sin titubear la defensa de los gitanos del lugar contra las exacciones de la justicia, sobre todo cuando se trata de la SANTA HERMANDAD, de siniestro renombre.

Fuera de ello, para los comisarios especializados en esta caza del hombre ésta puede convertirse en un buen negocio, sobre todo si se encarniza más con las autoridades locales, acusadas de complicidad, que con unos pobres diablos insolventes. Múltiples conflictos de jurisdicción jalonan de hecho la aplicación de la ley, y la actitud para con los gitanos varía notablemente según que se viva más o menos próximo a ellos y según el provecho que se pueda sacar de su martirio. Se observarán de paso las ambigüedades de una filantropía que tiende a confundir el interés de sus "protegidos" con el del Estado. El papel de la Iglesia, cuyo sistema de inmunidades frena considerablemente la acción de la justicia, es menos turbio, y ciertos eclesiásticos llegarán a ser acusados de complicidad con el enemigo público.

En cuanto a la INQUISICION, que tiene la posibilidad de juzgar a ciencia cierta, ella no comparte necesariamente los prejuicios de los arbitristas moralizadores en lo que atañe a las costumbres y la irreligión de los gitanos, y casi siempre manifiesta a su respecto una benignidad cercana a la indiferencia. También aquí la realidad sacada a luz por los minuciosos interrogatorios de los jueces del Santo Oficio no condice con los tópicos de la doctrina oficial.

Habíamos previsto una tercera sección consagrada al destino de la cultura gitana —lengua y música—, pero no encontró espacio suficiente para su inserción en este libro. Será, probablemente, objeto de otro trabajo que permitirá comprobar hasta qué punto es irreparable la devastación perpetrada por el centralismo cultural en detrimento de la etnia gitana. Sin embargo, del encuentro entre gitanos y andaluces y en condiciones absolutamente dramáticas nació un género musical original: el flamenco. Además, aquellos que vieron desterrados su nombre y su cultura siguen ahí. En momentos en que las doctrinas hegemónicas van dejando paso a la duda y a la reflexión, ellos osan alzar la cabeza para recusar cualquier forma de absorción por un modelo de sociedad que rechazan sin titubeos en nombre de valores que les son propios. Tal vez la capacidad de supervivencia de este pueblo dispersado no ha terminado aún de asombrarnos.

PRIMERA PARTE

Desde la Edad Media hasta el Siglo de las Luces

Del reconocimiento a la negación

Nos llevan a la Carraca
y allí nos dan por castigo
de llevar piedras al agua.

(Letra de *Soleares*)

La edad de oro

Situación edénica anterior a la culpa, invasión pacífica de nobles extranjeros llegados de un país misterioso con un pueblo fascinante de saltimbanquis y echadoras de buenaventura, así aparece la llegada de los cíngaros a Occidente a comienzos del siglo XV. Esta súbita irrupción de cuentos de las mil y una noches debe mucho sin duda a nuestros sueños anacrónicos. De igual manera, nuestra visión del paraíso medieval de los gitanos pasa a través del prisma del romanticismo: es el mito del eterno vagabundeo, la libertad sin fronteras, la vida natural y sin restricciones. La edad de oro parece haber existido, no obstante, pero no duró mucho. En España, va desde 1425 hasta 1499, ¡apenas tres cuartos de siglo!

Es muy señalada la entrada en escena de estos nómadas. Su nomadismo parece reciente y transitorio. Dicen que han sido expulsados de su país por los musulmanes, o a veces que decidieron huir para preservar su fe. Refugiados políticos con anticipación perseguidos a causa de su religión, gozan de la protección de todos los soberanos cristianos e incluso de la del jefe de la cristiandad. Pueden exhibir bulas papales y salvoconductos. Así, pues, los cristianos tienen el deber de acogerlos y de ayudarlos con piadosas limosnas. Cruzan cómodamente las fronteras y van de peregrinaje en romería sin establecerse nunca y siguiendo a veces curiosos itinerarios. En los documentos consta más bien su paso que su presencia en los lugares sagrados. Son peregrinos en el primer sentido del término: viajeros y extranjeros. Peregrinan y no hacen sino pasar.

La extraña apariencia de esta gente venida de otras tierras no deja de embelesar a los mirones de todos los países occidentales. Sorprende su atavío —esas largas mantas abigarradas sujetas al hombro, a la manera de capas—, el largo de sus cabellos, la oscuridad de su piel, las grandes argollas que llevan en las orejas y la insólita toca de las mujeres: turbante oriental sobre una armazón de mimbre.

Tanta extravagancia desconcierta: ¡qué feos se ven! Ciertos espectadores encuentran algo animal en su comportamiento. Muratori observa que comen como cerdos y que una de sus mujeres dio a luz, con la mayor naturalidad del mundo, en la plaza del mercado. En París, año 1427, se les impide entrar en la ciudad, pero una verdadera muchedumbre va a verlos a La Chapelle-Saint-Denis, donde se los ha alojado por decisión de justicia.[1] El "Burgués de

[1] Vaux de Foletier, F. de, *Les Tsiganes dans l'ancienne France*, París, 1961, pág. 24.

París", que nos refiere este acontecimiento singular, parece fascinado por los relatos de los "egipcios", hasta tal punto que acude tres o cuatro veces a La Chapelle para hablar con ellos.

Con todo, la curiosidad que suscitan los recién llegados encierra un matiz de temor. Sus mujeres, que dicen la buenaventura, ya se han ganado reputación de hechiceras, y el obispo de París se persona en el lugar acompañado por un fraile que, en el trancurso de un largo sermón, excomulga a todo aquel que haya mostrado sus manos a las quirománticas. Luego, el capítulo de Notre-Dame dispone una procesión a los jacobinos para espiar todos estos pecados.

En Bolonia, cinco años antes, la amenaza de excomunión habría sido esgrimida en circunstancias semejantes; en Champaña, como en otros sitios, la Iglesia exige el pago de multas a aquellos de sus fieles que se han sometido a estas prácticas adivinatorias.

¿Criaturas de Dios o criaturas del diablo?

La opinión sobre los peregrinos del Egipto Menor oscila entre dos polos contrarios. Unas veces se los colma de generosas limosnas y otras provocan, aunque indirectamente, sanciones eclesiásticas. El poder, tanto religioso como civil, no parece tener mucho ascendiente sobre estos vagabundos y, en definitiva, la Iglesia se conforma con excomulgar a los vecinos que los frecuentan.

En España, la cuestión no parece plantearse en estos términos. Al parecer, en un primer momento, las caravanas pasan sin suscitar escándalo. El primer robo, señalado en 1425, es perpetrado por vecinos del país en perjuicio de un noble conde gitano, Tomás de Egipto. Habitantes de Alagón, cerca de Zaragoza, le sustrajeron dos perros y el incidente provocará la indignación del rey, quien intervendrá de inmediato ordenando restituir a su protegido lo que se le quitó. Diez años después, la reina Blanca de Navarra dona una suma de 23 florines al mismo conde Tomás, quien poco más tarde cruza la aduana de Camfranc sin desembolsar peaje alguno.

Hasta el presente, la justicia de los soberanos españoles no se ha ejercido para otra cosa que para beneficio de los "egipcios". Más aún, se reconoce a los condes del Egipto Menor el derecho de administrar la justicia en el seno de su grupo. Se prevé incluso prestarles ayuda en caso de necesidad, pues según una carta firmada por Juan II de Aragón en 1460, individuos de diversas naciones se unen diariamente a los "egipcios" y siempre son posibles ciertos trastornos o unas revueltas.

Journal d'un Bourgeois de Paris sous le régne de Charles VIII, Nouvelle collection des mémoires pour servir à l'histoire de France, París, 1851, t. III, págs. 235-300.

Fig. 1 - "Cingara orientale, o vero donna errante". Grabado extraído del libro de Cesare Vecellio, *Degli habiti antichi e moderni di diverse parti del mondo...*, Venecia, 1540

Los señores del Pequeño Egipto

Así pues, "duques" y "condes" del Egipto Menor son considerados como auténticos señores medievales que andan por el mundo con sus familias y súbditos. Los soberanos les conceden de buen grado ayuda y protección, pero un gran señor como el condestable Miguel Lucas de Iranzo los trata realmente como iguales. Este alto dignatario ofrece un principesco recibimiento a varios "condes" y a un "duque" del Egipto Menor que lo visitan en 1462 y en 1470, una vez en su palacio de Jaén y otra en su residencia de Andújar. Gracias a él, Andalucía recibe a los nobles extranjeros con todos los honores. No sólo se los alberga, a ellos y a su compañía, durante más de quince días poniendo a su disposición alimentos para animales y personas, sino que muy a menudo los condes y el duque, que dicen haber sido expulsados de sus tierras por el Gran Turco, son invitados, así como sus esposas, a la mesa de don Miguel Lucas, quien a guisa de regalo de despedida les entrega diversos tejidos de lana y seda para que puedan vestirse con decencia, y también una buena cantidad de monedas de oro para sus gastos de viaje. Además, siguiendo la costumbre medieval, los escolta hasta media legua fuera de la ciudad.

Relaciones con la nobleza [2]

Las buenas relaciones entre los gitanos y la nobleza de España rara vez cobrarán un aspecto tan espectacular, pero hasta el siglo XVII seguirán siendo notorias. En el curso de los dos siglos siguientes se mencionará con suma frecuencia la protección concedida por los grandes a la raza perseguida, y esta complicidad recibirá diversas explicaciones por parte de quienes la denuncian. Se invocará, en particular, la seducción ejercida por las mujeres y el talento de los hombres para el tráfico de caballos, siendo capaces de aportar bestias prestigiosas a las cuadras de sus amigos. . .

En lo referente al primer punto, cabe citar los amores de don Diego de Mendoza, futuro gran duque del Infantado, con la bella amazona gitana María Cabrera, de los que nacerá en 1481 don Martín, futuro arcediano de Guadalajara y Talavera y seductor de la tía de Miguel de Cervantes. Este no mencionará la sangre gitana de su prima Martina, pero nos hablará de un paje de la familia Maldonado que se hizo nómada por amor a una gitana y utilizará el tema en uno de sus relatos, *La gitanilla,* donde un gentilhombre de la Corte invita a varias gitanas para que canten y bailen en una fiesta íntima.

En cuanto al segundo punto, hasta finales del siglo XVIII serán numerosos los ataques contra ciertos nobles que se dejan comprar y protegen abiertamente a los chalanes gitanos. ¿Acaso no es el caballo, a la vez, símbolo de la nobleza e inseparable compañero del gitano?

[2] Sobre este punto, véase también *"La complicidad de la nobleza", págs. 67-68.*

Fig. 2 - "Zingara vulgo dicta". Grabado en madera de Hans Weigel extraído de *Habitus praecipuorum populorum...*, Nuremberg, 1577

Mujeres, caballos, música y baile son los aspectos visibles de una comunicación que se establece durante varios siglos entre dos sectores extremos de la sociedad a los que en apariencia todo parece separar; pero, en un momento en que el mundo feudal está en vías de desaparición, cabe suponer entre nobles y gitanos un conjunto de afinidades más secretas —concepción de la libertad, visión del mundo y arte de vivir—, que el advenimiento de un orden burgués pronto arrojará en el olvido.

La inversión de valores

La gran inversión de valores, comenzada por los Reyes Católicos a finales del siglo XV, se produce primero en detrimento de la tolerancia. Los años 1478 y 1479 presencian el nacimiento en Castilla de la nueva Inquisición; en 1492 tiene lugar la toma de Granada, la expulsión de los judíos y el descubrimiento de América. 1499 es la fecha de las primeras rebeliones de los moros del Albaicín y de la primera ley contra los gitanos. En 1502, los moros deben convertirse o de lo contrario abandonar España.

Los turcos han entrado en Constantinopla en 1453 y treinta años despúes llega a España una nueva oleada de gitanos. Ya no dicen proceder del Egipto Menor, se consideran GRIEGOS y han dejado de tener pretensiones nobiliarias. Sus jefes ya no se autodenominan condes ni duques, sino a veces maestres, caballeros, capitanes, o simplemente se hacen llamar por su nombre.

Hacia la misma época, cansadas de dar limosnas a unos gitanos cuyo peregrinaje no tiene fin, las autoridades de Castellón los expulsan de la ciudad amenazando con emplear la fuerza, pero es sobre el conjunto del territorio donde "griegos" y "egipcios" son recibidos cada vez peor; si aún reciben una que otra limosna es para que se larguen cuanto antes.

El 4 de marzo de 1499, siete años después de la expulsión de los judíos y tres años antes de la conversión forzada de los musulmanes, los Reyes Católicos ponen a los gitanos contra la pared: o se vuelven sedentarios y se ponen a trabajar como todo el mundo, o desaparecen. Mientras que no hace mucho los soberanos de Castilla o de Aragón recomendaban a sus súbditos ayudar a los exiliados de la fe católica entregándoles la limosna por el amor de Dios, ahora Isabel y Fernando se escandalizan al ver a esta gente viviendo de la mendicidad y de otros recursos contrarios a la voluntad divina. Desde la unión matrimonial de los Reyes Católicos, que inaugura la unidad territorial de España, el tono de las cartas de protección ha cambiado. Algunos salvoconductos se conceden tan sólo por un año; si aún se mencionan las romerías, la alusión a las limosnas caritativas poco a poco desaparece y el favor real consiste ahora en reconocer a los peregrinos el derecho de ejercer oficios "lícitos y honestos" para asegurar su subsistencia.

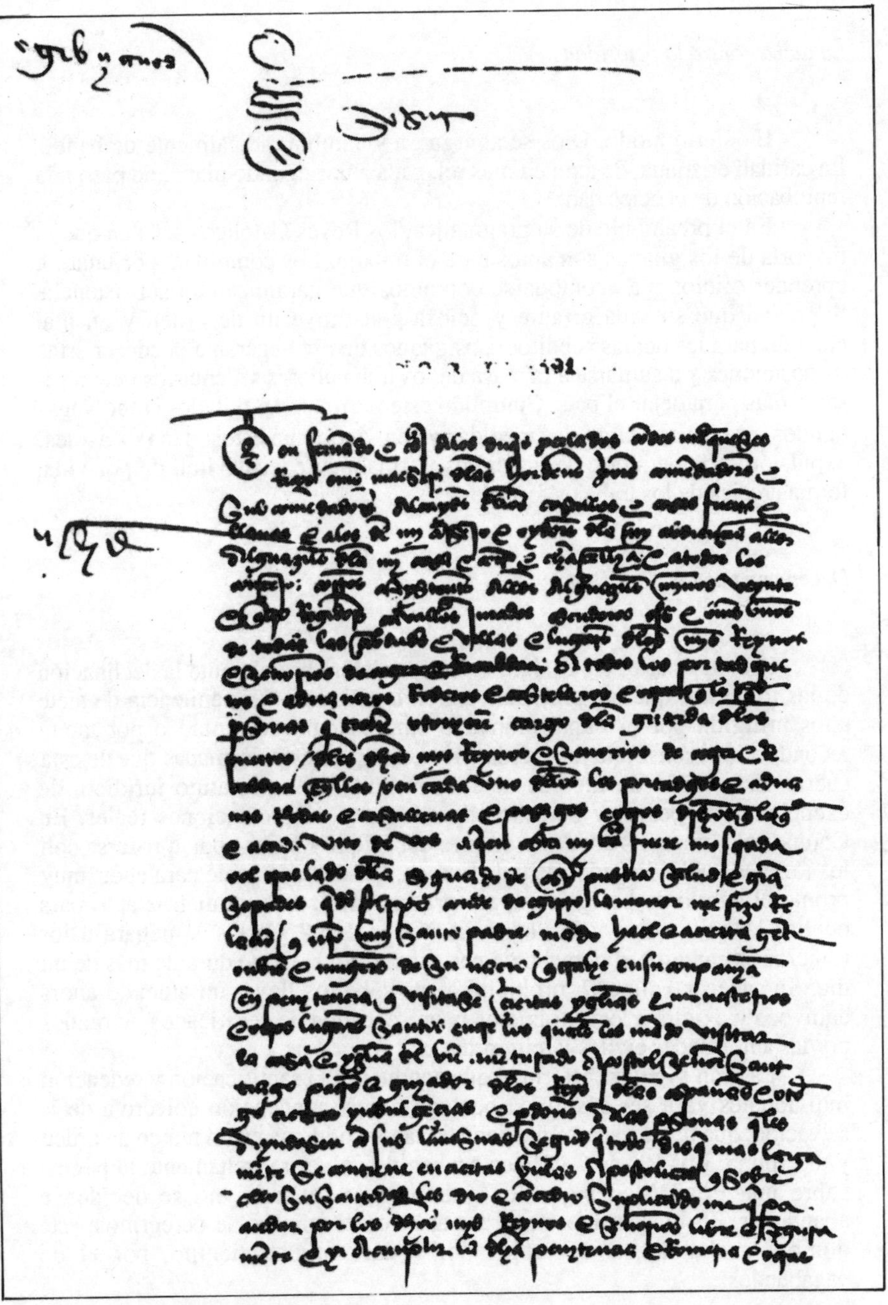

Fig. 3 - Salvoconducto concedido por los Reyes Católicos al conde Felipe de Pequeño Egipto en el mes de marzo de 1491 (AGS, Registro del Sello, 1491, folio 62)

La lucha contra la ociosidad

En cierto modo, Dios se aburguesa y cambia radicalmente de bando. La caridad cristiana, de aquí en más relegada a un segundo plano, de paso a la reprobación de la ociosidad.

En el preámbulo de su pragmática, los Reyes Católicos señalan que la mayoría de los gitanos son aptos para el trabajo. Los conminan, por tanto, a aprender oficios o a acomodarse con amos que garanticen su subsistencia. Subrayan que su vida errante y ociosa constituye un desorden y un mal ejemplo para los demás súbditos. Los gitanos que se negaran a obedecer estas disposiciones y a sumarse a la masa de los trabajadores sedentarios tienen sesenta días para dejar el país. Cumplido este plazo, serán tratados como vagabundos y se les aplicarán las medidas ya en vigor para éstos: pena de azotes, expulsión, prisión, corte de las orejas y, finalmente, esclavitud de por vida, forma arcaica de los trabajos forzados.

Decadencia de los peregrinajes

Por otra parte, en el siglo XVI se acelerará brutalmente la declinación de las romerías, que tan propicias eran a los gitanos La penitencia de siete años infligida por el Papa, renovada sin cesar por voluntad o por tácita reconducción, constituía una verdadera ganga para estos nómadas que de esta suerte disfrutaban de medios de subsistencia, de un estatuto jurídico, de exenciones de peajes y derechos de aduana y de protecciones reales. En Compostela, nuestros condes y duques del Egipto Menor podían rozarse con los jóvenes nobles llegados de toda Europa. Desdichadamente para ellos, muy pronto el hábito de peregrino aparecerá tan sólo como un disfraz apto para ocultar la ociosiodad y la vagancia. Ya en 1534, Carlos V negará a los romeros extranjeros el derecho de permanecer en la Corte durante más de un día. Su sucesor Felipe II, prohibirá a sus súbditos llevar un atuendo ahora equívoco y exigirá a los extranjeros la presentación de certificados otorgados por las autoridades civiles y religiosas.

La gran aventura espiritual que conducía a la santificación y redención individuales va a ser sustituida por una nueva concepción colectiva de la salvación, que ha de ganarse mediante la labor cotidiana en un marco de orden y disciplina. Los Reyes Católicos acaban de volver resueltamente la página sobre una Edad Media que los gitanos, por su parte, no se deciden a abandonar. En lo sucesivo, no se les aplicará el nombre de peregrinos; este nombre acaba de ser reemplazado, y para mucho tiempo, por el de vagabundos.

Fig. 4 - Tapicería de Tournai (Currier Gallery of Art, Manchester, New Hampshire, Estados Unidos: "La llegada de los Bohemios")

El espíritu de la Contrarreforma

Lo que así quedaba en entredicho era todo un conjunto de comportamientos cuya desaparición traducía un cambio radical de mentalidad. A las leyes no escritas de la hospitalidad, de la libre circulación, del respeto al otro y de la convivencia, les suceden el cierre —de las fronteras, de los espíritus y los corazones—, el rechazo de la diferencia, el egoísmo erigido en razón de estado y el lucro como única religión. La conquista de América no es, como habría cabido esperar, descubrimiento de un nuevo mundo sino sólo apropiación de nuevos espacios para extraer de ellos fuentes de riquezas y exportar hacia ellos una visión totalitaria del universo. De aquí en adelante ya no es posible encuentro alguno; la España de las tres religiones ha caído bajo el imperio de la Inquisición.

Como para institucionalizar la negativa al diálogo, el Concilio de Trento confirma, a mediadios del siglo XVI, la ruptura entre los cristianos. Aun no siendo responsable de ello, inmoviliza a la Iglesia católica y con ella, en particular, a toda España en una posición de repliegue sobre sí misma. Desde ahora, la represión garantizará cada vez más el estricto mantenimiento de la ortodoxia bajo el vigilante control del Santo Oficio. En 1559, antes de clausurarse el Concilio, los estudiantes españoles inscritos en la universidad de Lovaina tienen un plazo de cuatro meses para regresar a sus tierras. Unos años después, los más brillantes espíritus de la intelectualidad religiosa de España, Fray Luis de León, Teresa de Avila y Juan de la Cruz, son encarcelados, uno tras otro, por la Inquisición.

La reprobación de la mendicidad

Volviendo a las romerías, los sínodos del siglo XVI no dejan de denunciar a los falsos pobres que con este pretexto se abandonan en realidad al ocio y al vagabundeo. De este modo, en las constituciones sinodales de Tarragona de 1580 y bajo el título de *De peregrinis et mendicis*, el arzobispado lanza sus dardos no sólo contra peregrinos y mendigos sino también contra los gitanos, cuya fe es sumamente sospechosa por cuanto, sobre este tema, no se dispone más que de sus propias afirmaciones, y en su mayoría son "mentirosos, ladrones y perversos".

En lo que atañe a la mendicidad, el clero de Tarragona se asocia al punto de vista expresado por Juan Luis Vives en su *De subventione pauperum*, redactada en Brujas de 1525. En su célebre discurso, el humanista proponía el trabajo obligatorio para todos los pobres, incluidos los ciegos, enfermos y ancianos, pues "Ninguno hay tan inválido a quien le falten las fuerzas en absoluto para hacer algo. Así se conseguirá que, ocupados y dados al trabajo intensamente, se les cohíban los malos pensamientos y los afectos del alma desordenados, hijos de la ociosidad".

Pocos años antes, en 1518 y 1523, los diputados a las Cortes de

Valladolid aspiraban a que los pobres del país y de otros sitios no pudiesen desplazarse, pues la libertad de que disfrutaban sólo podían servir para aumentar el número de los vagabundos y perezosos.

Estas CORTES castellanas, que en un principio tenían representantes de los tres "estados", ahora están casi exclusivamente en manos de la burguesía, hasta tal punto que en ocasiones los soberanos se servirán de ellas como arma contra la nobleza. En el siglo XVI, la pesadilla de las Cortes son, como se podía adivinar los vagabundos y los gitanos, términos estos que designan, en resumidas cuentas, la misma cosa. En 1525, las Cortes de Toledo reclaman la estricta aplicación de la pragmática de los Reyes Católicos y la anulación de los salvoconductos. A pesar de obtener inmediata satisfacción, tres años después los delegados renuevan su petición en Madrid. Al mismo tiempo se quejan de los "caldereros extranjeros" que hacen sucias faenas, se pasean en andrajos, no gastan una perra en el país y se llevan al suyo, todos los años, grandes sumas de dinero. A guisa de respuesta, Carlos V preverá su expulsión para el caso de que estos artesanos no estuviesen domiciliados desde mucho tiempo atrás en España ni sean naturales de países aliados.

En 1534, las Cortes vuelven a la carga en cuanto a la aplicación de la pragmática contra los gitanos. Ese mismo año, los diputados exigen que los pobres sólo puedan mendigar provistos de una autorización especial. Carlos V toma entonces una serie de medidas contra los mendigos sanos, que serán expulsados de la Corte y castigados con arreglo a las leyes en vigor, y contra los peregrinos extranjeros que, como es sabido, ya no podrán permanecer más de un día en la capital. Los enfermos indigentes serán encerrados en hospitales; en cuanto a los niños que practican la mendicidad, se los hará servir como criados y recibirán castigo en caso de reincidencia.

Gitanos, vagabundos y ladrones

En 1539, considerando que las disposiciones anteriores habrían resultado ineficaces, el emperador firma una nueva ley contra los gitanos, a quienes en apariencia se han unido numerosos vagabundos españoles y extranjeros. En este momento los individuos de veinte a cincuenta años que puedan pasar por gitanos y circulan en grupos de más de tres personas, son pasibles de una pena de seis años de galeras.

Tres años después, empero, las Cortes vuelven a reclamar la aplicación de las leyes contra los gitanos y la anulación de sus salvoconductos. En 1544, los diputados se ensañan particularmente con los ladrones, quienes además de la pena habitual de azotes perderán sus orejas a fin de que en la próxima ocasión se les pueda condenar a galeras sin titubeos. En 1548, los mismos diputados ya no las toman con las orejas de los delincuentes de esta categoría y se contentan con una marca sobre la mejilla en forma de escala. En cambio, precisan que en caso de reincidencia la pena adecuada es la condena a galeras a perpetuidad o, mejor aún, la horca y, en 1551, reiteran una vez más su petición sobre la aplicación de las leyes contra los gitanos y sobre la abolición de sus salvoconductos.

La marca distintiva de los ladrones cambia nuevamente de lugar en 1559. Esta vez se prevé una inscripción en el brazo de los delincuentes que informe el nombre de la ciudad donde han recibido su primera pena, que debe ser de cien azotes. En la misma ocasión, los delegados a las Cortes se quejan de ver a España infestada de vagabundos cuya presencia constituye un escándalo, pues estos individuos que no tienen oficio e ingresos ni están al servicio de nadie, se pasean con joyas de oro y vestidos de seda. Hecha la verificación, unos son fulleros profesionales que se ganan la vida con las cartas y los dados, los otros son cabecillas de bandas de ladrones o proxenetas y todos están lejos de vivir cristianamente.

El año siguiente, Felipe II renueva las leyes anteriores contra los gitanos y extiende su aplicación a todos aquellos que andan con ropas de gitanos, aunque no se desplacen en grupo. Al mismo tiempo aumenta las penas previstas contra los vagabundos: exposición pública y cuatro años de galeras al primer arresto; cien azotes y ocho años de galeras al segundo y otros cien azotes más galeras a perpetuidad la tercera vez.

En 1563, las Cortes reiteran sus quejas sobre los caldereros extranjeros y, en 1566, se los cataloga oficialmente, junto con los gitanos, en la categoría de vagabundos, lo mismo que los pobres sanos que se dedican a la mendicidad.

La solución definitiva de 1594

Tras una nueva intervención de 1586, tendente a reactivar las leyes sobre los gitanos y al mismo tiempo a reglamentar su comercio de caballos, los diputados de la Cortes estudiarán, en 1594, un proyecto sumamente original redactado por dos de ellos y que propone una solución definitiva al problema gitano. En su introducción, los autores establecen la requisitoria más completa de cuantas se han redactado hasta entonces: los gitanos son los individuos más descarriados de cuantos quepa encontrar, incluidos los bárbaros. Viven al margen de cualquier ley, están llenos de vicios e ignoran toda reserva, resultando así un permanente objeto de escándalo. Son vagabundos, no tienen trabajo ni oficio; es manifiesto que se dedican al robo y a echar la suerte; se casan sin consideración a los lazos de parentesco y, la mayor parte del tiempo, viven en concubinato y fornican entre sí sin cuidarse de la consanguinidad ni de las leyes civiles o religiosas; no van a misa, jamás reciben los sacramentos y la tolerancia de semejantes pecados bien podría atraer sobre el país el castigo de Dios.

No se podría imaginar un cuadro mejor de la mentalidad burguesa que en esa época se constituye. Condena de la ociosidad y de todos los vicios que de ella resultan, respeto del orden y la ley corriendo a la par con el control de las costumbres y de las prácticas religiosas. La amalgama entre las preocupaciones económicas y las inquietudes de orden moral es particularmente

Fig. 5 - Grabado de Jacques Callot (comienzos del siglo XVII). "Ne voilà pas de braves messagers qui vont errants par pays estrangers"

característica; el orden humano, fundado en el trabajo y el respeto de la propiedad, no tiene otra garantía que la moral y la religión. Derecho civil y derecho canónico son sólo uno, así como orden terrestre y ley divina. Las catástrofes y calamidades naturales no son sino castigo del Cielo; así, velar por las costumbres y la devoción de todos es más que un deber: es obrar por la seguridad de la comunidad toda. A mediados del siglo XVIII, los habitantes de Mataró atribuirán todavía al escándalo provocado por la desnudez de los gitanos, que viven en cuevas, como animales —pues carecen absolutamente de recurrsos—, las granizadas de todos los años destruyen sus cosechas.

La solución milagrosa concebida por los dos diputados de las Cortes es más sencilla y menos bárbara que ciertos métodos utilizados hace poco en los campos de exterminio. Consiste en separar a los gitanos de ambos sexos impidéndoles reproducirse. No se pondría obstáculo a su unión con campesinos y, sobre todo, se velaría para que unos y otros trabajen con asiduidad. Se les quitarían los hijos para confiarlos, hasta los diez años, a orfelinatos donde se les enseñaría la doctrina cristiana. A partir de los diez años, los varones se iniciarían como aprendices y las niñas serían colocadas como sirvientas.

Estas propuestas parecen poner en aprietos a la asamblea, que decide postergar su examen hasta el martes siguiente, después que se convoquen a los ausentes. Durante la sesión del 22 de marzo de 1594 el proyecto se somete por fin a votación, pero prácticamente no obtiene sufragios, y se acaba eligiendo una comisión de dos miembros para que se ocupe del problema.

¿Expulsión o sedentarización?

En lo inmediato no se decidirá nada concreto, pues los miembros de las Cortes parecen divididos entre la expulsión general y la sedentarización forzada. En 1603 sale victoriosa la primera tendencia, expuesta en un memorial dirigido a Felipe III. El texto sugiere astutamente que "muchos que se valen del nombre de gitanos para ejecutar sus malas inclinaciones" se abstendrán de ello en lo sucesivo, lo cual reducirá proporcionalmente el número de expulsados.

Otra proposición, presentada en las Cortes en 1609, prevé en cambio la fijación de residencia de los gitanos, que serían obligados a trabajar y puestos bajo la vigilancia de la justicia y del clero. Tipo de solución que tendrá un comienzo de aplicación en 1633 y que se organizará de manera cada vez más metódica a partir de 1695.

En cuanto al proyecto de segregación de sexos, que a finales del siglo XVI no había conseguido la adhesión de los delegados a las Cortes, reaparece en el siglo XVIII bajo la pluma de los funcionarios ilustrados del reinado de Carlos III. ¡Cierto es que el progreso es imparable, y que sólo dos siglos después los nazis practicarán la esterilización sistemática de aquellos cíngaros que no habían terminado en las cámaras de gas!

Los discursos por la expulsión

Entretanto, también en 1609 comienza la expulsión de los moriscos, y muchos son los que desean fervientemente que los gitanos conozcan el mismo destino. Dos años antes, Fray Melchor de Huélamo, estimando que una medida semejante carecería de efecto sobre los nómadas, sugería sencillamente que se los enviara a todos a galeras, en un texto realmente atroz que combinaba alegremente la crueldad, el humor negro y retruécanos de pésimo gusto.[3]

En el transcurso del año 1610 se completa en orden la expulsión de los descendientes de los moros de España y, ante este éxito, el 2 de agosto, el duque de Lerma encarga al Consejo de Estado, que ha llevado a buen término la operación, estudiar la posibilidad de eliminar a los gitanos por el mismo método. Fuera de ello, según una petición adjuntada al expediente, muchos de quienes se dicen gitanos no son sino moriscos disfrazados y, por consiguiente, la única solución atendible es la expulsión. Un informe examinado por las Cortes ese mismo año demuestra que los gitanos son mucho peores que los moriscos, y desemboca fatalmente en la misma conclusión, al tiempo que deja ligeramente entreabierta la puerta de la integración prevista por la legislación, aunque surtida de cláusulas restrictivas, entre las cuales destacaremos la prohibición de abandonar los lugares de residencia bajo pena de muerte.

En julio de 1611 el Consejo de Estado hace conocer su respuesta a la consulta del duque de Lerma: la expulsión de los gitanos será emprendida de la misma manera que la de los moriscos en cuanto estos últimos hayan dejado definitivamente la región de Murcia. En efecto, los moriscos originarios de esta provincia, designados como del VALLE DE RICOTE,[4] habían escapado transitoriamente a la expulsión, pues se los consideraba sinceramente convertidos. Su expulsión fue decretada en octubre de 1611, pero sólo tuvo efecto dos años después, ya que la orden había despertado tal concierto de protestas que se decidió llevar a cabo una encuesta cuyo resultado, muy favorable, no consiguió empero otra cosa que retrasar la ejecución de la medida.[5]

Estas postergaciones contribuyeron quizás a relegar el problema gitano a un segundo plano, pero las Cortes no lo olvidan, puesto que en 1615 y 1617 reclaman nuevamente su expulsión. Sin embargo, en 1618, los diputados examinan una vez más el proyecto de 1610, que preveía igualmente la fijación de residencia y a cuyo respecto permanecen todavía muy divididos.

Ese mismo año, Pedro Salazar de Mendoza redacta el primer discurso destinado a obtener del rey la orden de destierro de los gitanos.[6] ¡Su com-

3 Huélano, Fray Melchor de, *Libro primero de la vida y milagros del glorioso confesor Sant Ginés de la Xara...*, Murcia, 1607, fº 14 rºv

4 Así se los llamaba pues muchos de ellos se habían establecido en el valle del Segura, ente Cieza y Murcia, alrededor del pueblo de Ricote.

5 Domínguez Ortiz, Antonio, Vincent, Bernard, *Historia de los Moriscos*, Madrid, 1978, págs. 196-199.

6 Salazar de Mendoza, Pedro, *Memorial del hecho de los Gitanos. . .*, Toledo, 1618.

paración con los moriscos casi haría lamentar el haber echado a éstos de España! Al menos esa gente cultivaba la tierra, practicaba el comercio y el artesanado; el temor los conducía a asistir a misa y a recibir los sacramentos. Los gitanos, en cambio, no hacen nada de eso; sólo transitan por los campos para robar o matar, y si entran en las iglesias es para cometer sacrilegios.

Sigue una lista de fechorías en la cual el autor, como buen erudito, cita todo lo que recuerda de sus lecturas y acumula atrocidades que van desde el ataque a la ciudad de Logroño en tiempos de peste, mencionado por Fernández de Córdova en 1615,[7] hasta la tenaz leyenda de los niños que los nómadas robarían para revenderlos en Africa del Norte.

Al año siguiente, Sancho de Moncada, profesor de Escritura sagrada en la universidad de Toledo, toma el relevo.[8] Su lista de quejas se divide en seis puntos: 1 / los gitanos son espías y traidores; 2 / son unos ociosos y unos vagabundos; 3 / las gitanas son todas prostitutas; 4 / los gitanos roban lo que sea, hasta los niños; 5 / son brujos, adivinos, magos y quirománticos; 6 / son, a un tiempo, ¡herejes, paganos, idólatras y ateos!

Encontramos de paso la inevitable comparación con los moriscos, quienes al menos sabían hacerse útiles y pagaban impuestos, mientras que los gitanos "sólo sirven de lo que los lobos, de robar y huir".

En 1631 un alcalde de la Corte, Juan de Quiñones, que acaba de prender a cinco gitanos acusados de haber atacado a un correo, aprovecha la circunstancia para redactar a su vez todo un discurso en el que demuestra que la expulsión es el único medio para desembarazarse de esta ralea.[9]

En su requisitoria hace sitio a todas las acusaciones clásicas: ataque de Logroño, niños robados y vendidos a los moros, costumbres disolutas. . . y añade algunas informaciones sensacionales hasta ahora inéditas, obtenidas gracias a la tortura y referidas a la libertad sexual y al canibalismo.

La negación de la etnia gitana y la condena del nombre

Moncada y Quiñones afirman que los gitanos no son más que una asociación de malhechores. Esta idea no es del todo nueva y parece ligada con la voluntad de homologar a estos nómadas con los vagabundos corrientes. Se comenzó sugiriendo que recibirían a diario en sus cuadrillas a todos aquellos que, seducidos por su modo de vida, aceptaban seguirlos; luego, rápidamente, desde comienzos del siglo XVI, la mayoría de los europeos afirmarán que no se trata en realidad más que de un hato de bribones apátridas, carentes tanto de fe como de ley, consagrados al ocio y viviendo nada más que de rapiñas. La idea queda expresada en 1520 por Albert Krantz, en un trabajo publicado en Franc-

[7] Fernández de Córdova, Francisco, *Didascalia multiplex* Lugduni, MDCXV.

[8] Moncada, Sancho de, *Restauración política de España, y deseos públicos*. Madrid, 1619.

[9] Quiñones, Juan de, *Discurso contra los gitanos*, Madrid, 1631.

fort.[10] En 1544 la retoma Münster[11] y obtiene rápida consagración: los gitanos no son otra cosa que "la hez de las naciones". La asimilación con los vagabundos comunes hubiera resultado más sencilla de no ser por la existencia de una vestimenta, una lengua y un tipo físico particular. Se procurará, por tanto, demostrar a toda costa que ese traje es sólo un disfraz, la lengua un argot de malhechores y el tinte atezado un hábil maquillaje. Al respecto, Quiñones declara especialmente:

> Así, esta vil canalla no es otra cosa que hombres y mujeres huidos por delitos o deudas, gente amotinada y fascinerosa que, no pudiendo estar en los lugares donde son conocidos, se retiran a los montes o lugares de poca vecindad, y escondidos, para ocultarse. Y el traer las caras quemadas, es por las injurias del tiempo, y andar hostigados del sol. Bonifacio dice que, para parecer alienígenas, y de tierras diferentes, se lavan la cara cada mes con el zumo de unas hierbas que les pone la tez negra. Y esto hace creer algunos que no son españoles sino naturales de otra tierra tan abrasada como Africa o Egipto, ayudando al engaño el lenguaje y vestido que usan.[12] [1]*

Negada de este modo la existencia de una etnia gitana, se atacarán con encarnizado empeño esos signos exteriores de un odioso particularismo que son el traje, la lengua y el nombre mismo de los gitanos, considerado como un símbolo maldito y una suerte de lepra social que hay que eliminar por cualquier medio. Así pues, los autores del mirífico proyecto de 1594 no olvidaron dejar en claro sus intenciones:

> Que por ningún caso se les permitiese casar unos con otros, pues para este efecto se han de apartar los hombres de las mujeres hasta que del todo se perdiese la menoria y nombre de gitanos, de manera que con graves penas se les prohibiese en todos estos reinos que ninguno se llamase gitano, y si otros remedios se hallasen más eficaces, se usase de ellos.[13] [2]

Insistían en subrayar que el fin tenido en vista consistía en "borrar" y "extirpar" (*deshacer de raíz*) el nombre de estos individuos "tan perniciosos para la república cristiana". Esta idea, en apariencia descabellada, condicionará sin embargo toda la política practicada con los gitanos hasta finales del siglo XVIII. Si no se consigue eliminarlos físicamente, como sucedió con los moriscos, se intentará hacerlo simbólicamente, negando sin más su existencia y prohibiendo un nombre carente de objeto. Nombrar es, sin duda, un acto creador; Alejo Carpentier definió la tarea del escritor latinoamericano frente a una realidad que todavía carecía de traducción literaria, como "la de Adán nombrando las cosas"; a la inversa, la negativa a nombrar puede aparecer como una actitud mágica de poder destructor.

* Los números entre corchetes remiten al final del libro donde figuran los textos originales, en castellano antiguo. [E]

10 Krantz, Albrecht, *Rerum Germanicarum historici clariss.* Saxonia Francfort, 1520.

11 Münster, Sebastien, *Cosmographiae universalis lib. IV.* Bâle, 1544.

12 Quiñones, J. de, *op. cit.*, fº 6 vº.

13 *Actas de las Cortes de Castilla*, t. XIII, págs. 220-221.

En 1610, en el mismo momento en que los moriscos son rechazados al exterior, los diputados a las Cortes proponen para los gitanos esa forma de repudio que apunta precisamente al nombre, a la lengua y al traje:

> Pues no lo son en nación, quede este nombre y uso confundido y olvidado. [3]

Dos años después del discurso de Quiñones, Felipe IV, cediendo por fin a las diversas presiones ejercidas sobre él respecto de los gitanos, les consagra una pragmática que descansa sobre el mismo principio negador:

> Estos que se dicen gitanos, ni lo son por origen ni por naturaleza, sino porque han tomado esta forma de vivir para tan perjudiciales efectos como se experimenta.[14] [4]

El artículo 2 de esta ley de 1633 se propone extirpar este nombre prohibiendo severamente su empleo y considerándolo una grave injuria. Los gitanos no podrán decirse gitanos, y nadie tendrá derecho a tratarlos en esa forma bajo pena de un castigo ejemplar. En adelante, todos los bailes, todas las representaciones relacionadas con los gitanos, así como cualquier utilización pública o privada de su vestimenta o de su nombre, quedan prohibidos.

Sospechamos que estas medidas no tendrán mucho efecto. No detendrán el auge de las danzas gitanas por la calle, sobre todo durante las celebraciones populares del Día del Corpus, ni frenarán el éxito de los entremeses, sainetes, bailes y otras representaciones y diversiones escénicas en las que se puede ver, hasta finales del siglo XVIII, a los gitanos dejando en ridículo al alcalde palurdo, burlarse de la justicia y ejecutar algunas mudanzas de baile o mudanzas cabriolas, vestido con su traje característico, antes de desaparecer entre las risas y los aplausos de un público ávido de estos desquites carnavalescos.

Hay algo más grave: aunque ahora sean indesignables, los gitanos no han dejado de existir. La negación legal no ha producido el efecto esperado y la etnia sin nombre tarda más de la cuenta en morir. Las autoridades deberán enfrentar entonces un problema práctico harto delicado, pues de alguna manera es preciso seguir nombrando lo innombrable. Los textos oficiales comienzan por emplear recargadas perífrasis como: "aquellos que en otro tiempo llamaban gitanos", "aquellos que se pretenden gitanos"; lo que da lugar, a veces, a fórmulas sumamente extrañas, como ésta:

> Para que no pueda haber duda en cuáles deben tenerse por los que se dicen gitanos y gitanas. . .[15] [5]

Muy pronto se inventará un sustituto: "castellanos nuevos", elaborado sobre el modelo de "cristianos nuevos", que en otro tiempo designaba a los judíos conversos. Sin embargo, todo término sustitutivo queda contaminado, a breve plazo, por la ingnominia del objeto que designa, y con los gitanos

[14] AHN, Consejo de Castilla, Sala de Alcaldes de Casa y Corte, 1633, fs. 228-230.

[15] AHN, Consejo de Castilla, Sala de Alcaldes de Casa y Corte, 1717. f. 186.

sucedió lo que con ciertas partes del cuerpo que no se podía nombrar sin ruborizarse. Un extraña ósmosis verbal corrompe uno tras otro estos eufemismos provisionales. En 1783, el término "castellano nuevo", por lo demás escasamente utilizado, es condenado a su vez como una injuria intolerable por una pragmática que en su primer artículo reproduce —lo veremos más adelante— la fórmula utilizada ciento ciencuenta años antes por la ley de Felipe IV.

La secta del "gitanismo"

Si los gitanos no constituyen una "nación", en el sentido etimológico del término, es decir un pueblo, una etnia, entonces sólo puede tratarse de una asociación de malhechores o de una secta abyecta. La permanente comparación con los moriscos, a comienzos del siglo XVII, y las preocupaciones de España sobre el tema de la ortodoxia religiosa, invitan a pensar que los gitanos constituyen, en definitiva, una suerte de herejía. "Esos individuos son mucho más peligrosos para la cristiandad que los moriscos y que todas las herejías del pasado, pues se dirigen más al cuerpo que al espíritu", exclama Salazar de Mendoza en 1618.

He aquí, pues, un nuevo cisma, una secta más perniciosa aun que todas aquellas que la historia puede recordar y, esta vez, nos hallamos ante una perversión de los sentidos, ante una herejía corporal que arrastra a sus adeptos a la ociosidad, con su copiosa progenie de vicios. Los memoriales que se encarnizan con los gitanos a veces insisten menos en los delitos que les procuran medios de existencia —como el robo y diversas formas de estafas y de mendicidad, desde el chalaneo hasta la buenaventura— que en la intolerable libertad de costumbres que mantiene a "esa gente" en la lujuria y la hace vivir sin otra ley que la de su libre antojo, sin rendir cuentas a la Iglesia ni a la justicia.

Vistos a través de las anteojeras burguesas de las Cortes, los gitanos no son otra cosa que la internacional del vicio, una "república" o comunidad descarriada, regida por las desordenadas pasiones del alma y por los placeres sensuales. La sociedad reprimida encarnada por esta burguesía de la post-Reforma, que se expresa a través de las peticiones de las Cortes y de los discursos vehementes de los arbitristas, siempre listos para proponer al soberano infalibles remedios para salvar al país de la ruina económica y de la degradación moral, esta sociedad mezquina con pretensiones de pura y dura va a proyectar exaltadamente todas sus fantasías y sus pulsiones refrenadas sobre un mundo gitano producto del imaginario y del inconsciente colectivo.

Algunas estadísticas demuestran las que ciertos textos oficiales reconocerán posteriormente: la tendencia es de atribuir exclusivamente a los gitanos, que entonces no son más que un puñado de hombres y mujeres, todos los crímenes perpetrados en España por legiones de vagabundos, desertores y salteadores de caminos. ¿Acaso no son, en cierto modo, los emisarios de

Satán y los propagadores del mal? Una petición de 1610, mencionada más arriba, se expresa como sigue:

> Viven con mal ejemplo, enseñan malas costumbres y dan bastante sospecha si tienen secta particular, puesto que no viven como cristianos.[16] [6]

Crece el temor al contagio de esta categoría de individuos que Fray Gregorio de Alfaro no vacila en denominar "la peste de la nación".[17] En su ya citado paralelo con los moriscos, Salazar de Mendoza se decidía en favor de éstos con este último argumento:

> Porque éstos nunca llevaron tras de sí a los cristianos para sus ruindades y malas costumbres; antes se rescataban de ellos. Los gitanos se han llevado muchos holgazanes y vagamundos, para vivir a sus anchuras. Porque cosa muy sabida es que muchos de los que andan con los gitanos, así hombres como mujeres, son españoles, y lo mismo pasa en otras provincias.[18] [7]

El discurso de Sancho de Moncada, publicado al año siguiente, va mucho más lejos, por cuanto el autor no duda en utilizar lo que en su predecesor era tan sólo un epifenómeno para elevarlo a la categoría de principio absoluto:

> La segunda, y la cierta opinión es que los que andan en España no son gitanos, sino enjambres de zánganos y hombres ateos y sin ley ni religión alguna, españoles que han introducido esta vida o secta del gitanismo y que admiten a ella cada día la gente ociosa y rematada de toda españa.[19] [8]

En cuanto a Quiñones, se limitará a adoptar como propia esta sospechosa versión del origen de los gitanos:

> Pero sin duda son nacidos y criados en estos reinos, si bien entre ellas andarán otros de otras naciones, de que se componga esta secta del gitanismo; pues admiten a ella cada día gente ociosa, perdida y rematada, a quien con facilidad enseñan su idioma.[20][9]

Unas costumbres disolutas

La pretensión de ver en los gitanos una secta, una herejía del cuerpo más que una etnia o una banda de salteadores o de vagabundos corrientes, implica a todas luces una polarización hacia las costumbres, cosa que acabamos de observar. También hemos hecho notar que la confusión de los valores

[16] Archivo General de Simancas, Estado, leg. 4126.

[17] Alfaro, Fray Gregorio de, *Vida del illustrissimo Sor. D. Francisco de Reynoso. . .*, Valladolid, 1617, fº 84 rº.

[18] Salazar de Mendoza, P., *op. cit.*

[19] Moncada, S. de, *op. cit.*

[20] Quiñones, J. de, *op. cit.* fº 6 vº.

sociales y morales es característica de una época que casi no distingue entre el derecho y la religión. Escuchemos la voz de las Cortes de 1603:

> Están viviendo aun no sujetos a las leyes naturales, de donde nace cometer feísimos incestos, robos y latrocinios, siendo gentes vagamundas y sin entero conocimiento de la ley cristiana.[21] [10]

Melchor de Huélamo sugiere que a fuerza de vivir en compañía de los animales han acabado por caer en una animalidad total. ¡Entierran a sus muertos en campo raso y no vacilan en comer carne sobre sus tumbas en días viernes y en plena cuaresma! Por lo demás, ¿acaso no se intercambian las mujeres?:

> De dos gitanos por cosa muy cierta oí decir viva cosa que de ninguna bárbara nación se habrá oído. Y es que trocaron las mujeres, y que por ser la una de un poco mejor parecer que la otra, le había vuelto cierta cantidad de moneda.[22] [11]

Aspirando a que los gitanos quedasen fijados a residencia, las Cortes de 1609 insisten para que se vigile sus costumbres y para que se verifique si están casados, se confiesen, reciban los sacramentos y bauticen a sus hijos, "por ser hombres que parece viven sin ley".

Al año siguiente, los diputados hacen una lista de los pecados de los gitanos:

> No son cristianos, ni confiesan, ni comulgan, ni ayunan. Comen carne en tiempos prohibidos, ni oyen misa; de manera que su vida es escandalosa, pues está cargada de ofensas de Dios.[23] [12]

A continuación de Huélamo, los autores de los discursos por la expulsión insistirán particularmente en la depravación de las costumbres gitanas, que tiende a hacerse legendaria. Salazar de Mendoza abre así el fuego en 1618:

> La mejor información que hacen para casarse, es de la mujer más diestra y astuta en hurtar, y engañar, sin reparar en que sea parienta, o casada. Porque no han menester más que juntarse con ella, y decir que es su mujer. Algunas veces las compran a sus maridos, o las reciben empeñadas.[24] [13]

Como segundo discurso, el de Sancho de Moncada tiene que cargar aun más las tintas, pero con quien las toma es sobre todo con las mujeres:

> Las gitanas son públicas rameras, comunes (a lo que se dice) a todos los gitanos, y con bailes, ademanes, palabras y cantares torpes hacen gran daño a las almas de los vasallos de Vuestra Majestad, siendo como es cosa notoria los infinitos daños que se han hecho en casas muy honestas, las casadas que han apartado de sus maridos, y las doncellas que han pervertido, y finalmente todas

21 *ACC, t.* XXI, pág. 294.
22 Huélamo, Fr. M. de, *op. cit.* fº 16 vº.
23 *ACC*, t. XXVI, pág. 163.
24 Salazar de Mendoza, P., *op. cit.*

las señas que de una ramera dio el Rey Sabio, reconocen todos en la mejor gitana, son vagantes, habladoras, inquietas, siempre en plazas y corrillos, etc.[25] [14]

En cuanto a Quiñones, se ocupa en reiterar las fábulas sobre las ventas o intercambios de mujeres practicadas en la misma forma que el trueque de animales, pero es sabido que dispone de otras fuentes, pues se vale de confesiones arrancadas mediante la tortura. Ciertos gitanos habrían confesado así que no se casaban y que les bastaba con elegir las mujeres de su gusto en sus fiestas y banquetes. Merced, pues, a esos métodos, que muy poco tienen que ver con la etnología, Quiñones pretende saber que los gitanos pueden tener hasta tres concubinas al mismo tiempo, y se apresura a colegir que ésa es la razón por la que son tan prolíficos.

A finales del siglo XVII, un antiguo magistrado ahora capellán escribirá a la regenta Mariana de Austria pidiéndole haga cesar el escándalo constituido por esa peste contagiosa que llaman gitanos.[26] Reproducirá en su memorial la idea de Quiñones y afirmará que esos individuos se multiplican peligrosamente no sólo atrayendo a sus bandas hombres y mujeres de mala vida, sino sobre todo porque, no teniendo nada mejor que hacer, se pasan todo el tiempo fornicando a voluntad, estén casados o no.

Gitanismo y erotismo

Estas creencias acerca de las costumbres sexuales de los gitanos, tan extendidas en los siglos XVII y XVIII y de las que acabamos de obtener un panorama, merecen algunas explicaciones. Los gitanos de la época siguen casándose según sus propios ritos y sin acudir a la Iglesia católica: de ello se deduce que no se casan. Sus usos en la materia son muy diferentes de los que impone el Derecho canónico, y no son infrecuentes las uniones entre primos: de ello se deduce que cometen abominables incestos. Sus condiciones de vida les imponen compartir su intimidad y no respetar determinadas reglas de pudor; se pudo comprobar que dormían todos juntos: de todo lo cual resulta que viven en la más absoluta promiscuidad sexual y que se abandonan perpetuamente a un descarado desenfreno.

En realidad, el desconocimiento casi absoluto del mundo gitano que se prolonga hasta el siglo XIX favorece —como hemos visto— todas las proyecciones fantasmáticas de una sociedad comprimida, aprisionada en el corsé de la moral necesaria convertida en religión de Estado. No se sabe prácticamente nada de esos gitanos que hasta comienzos del siglo XVIII siguieron siendo en gran parte nómadas. Así, pues, se lo puede imaginar todo. Vistas desde el exterior, las usanzas de esta gente, que se ha creído observar, difieren tanto de las que rigen la sociedad circundante que invitan al contrasentido. Las cartas están trucadas desde el inicio, porque existe la convicción de que no hay etnia

[25] Moncada, S. de, *op. cit.*, pág. 206.

[26] AHN, Consejos, leg. 51.447, exp. nº 6.

cíngara y de que estos vagabundos impenitentes no son más que un hato de malvivientes, holgazanes y licenciosos que han acabado por constituir una secta internacional. Los métodos inquisitoriales corrientemente utilizados por la justicia secular permiten arrancar a algunos desdichados sometidos a la tortura las confesiones que se esperaban de ellos. La desbordada imaginación de los censores de la época hará el resto, y es así como el mundo gitano, el "gitanismo", como se dice por entonces, pasa a ser el contraste moral del mundo "civilizado", la antisociedad. La ignorancia de las costumbres reales de los gitanos, el temor o el desprecio que inspiraban y el misterio que los envolvía, formaban un terreno propicio para todas las transposiciones. ¿No los presentó Cervantes, con un matiz burlesco no siempre bien advertido, como los sobrevivientes de la Edad de Oro y los portavoces del *Beatus ille* horaciano?[27]

Los gitanos, pues, han pasado a ser la pesadilla de una sociedad que acaba de erigir a la moral y a la religión en salvaguardas del orden público. Sólo de esta manera es posible explicar el lugar que ocupan en las preocupaciones de las Cortes, de los arbitristas y de los legisladores. Si tres mil gitanos logran casi eclipsar a multitudes de vagabundos, desertores y salteadores de caminos y acaban por representar una calamidad nacional de primer plano, es porque en ellos se ha encontrado un símbolo. Ovejas negras o más bien chivos emisarios que cargan con todos los pecados de España y hasta de Europa entera, los gitanos son objeto de un auténtico exorcismo.

La insistencia en el aspecto moral de la reprobación que los rodea no hace más que seguir la inclinación antinatural de una sociedad burguesa todavía poco adaptada a sus principios. En la Edad Media, el ahogador moral es menos rígido, el amor se expresa de una manera más espontánea y el arte no es apenas erótico. La España de la Contrarreforma, que dicta las reglas oficiales del decoro e instaura la censura, ve florecer, por el contrario, toda una literatura erótica clandestina que circula bajo el manto. El amor aparece en ella permanentemente traspuesto, sugerido, disfrazado con el auxilio de metáforas, imágenes, sustituciones, juegos de palabras. Cualquier cosa sirve de pretexto para evocar lo que está prohibido. El erotismo aparece en definitiva como el producto de una sociedad puritana que intenta canalizar el amor para someterlo a imperativos económicos o religiosos, aprisionarlo en una camisa de fuerza moralista y neutralizarlo en tanto fuerza liberadora, que ahora sólo aparece como fuente de desorden. El arte sirve entonces de sustituto. Su misión oficial es traducir la ideología dominante, pero su función secreta es rebatirla, servir de exutorio sublimando lo prohibido. En esta forma dos corrientes literarias pueden coexistir y, en el Siglo de Oro, frente a obras admitidas por la censura, purgadas, esceptizadas y cuyo propósito confeso es moralizador encontramos el florecimento clandestino de canciones lascivas entonadas entre hombres a prudente distancia de oídos indiscretos. A un comienzo de liberalización de las costumbres le debe

[27] Véase Leblon, Bernard, *Les Gitans dans la littérature espagnole,* Toulouse, France-Ibérie Recherche, 1982, págs. 193-199.

corresponder una explosión de la expresión erótica por tanto tiempo reprimida y confinada en las chanzas de los cuerpos de guardia. En última instancia, cabe preguntarse si una liberalización completa y la supresión de todos los tabúes de orden sexual no acarrearían la muerte del erotismo, a condición, no obstante, de que la mentalidad colectiva haya podido cumplir en su conjunto una revolución completa.

La actitud de la sociedad del siglo XVII para con los gitanos sigue una curva paralela a la que condiciona el amor y el erotismo. Los gitanos, encarnación de la libertad total —la de circular a voluntad por los caminos, escapar a las leyes del trabajo y de la producción, pero también la de las costumbres y especialmente de la sexualidad, como hemos visto—, van a ser el símbolo del desorden. El papel cumplido por los gitanos en la literatura del Siglo de Oro, discreto pero fundamental, es significativo. Representan en Cervantes —bajo el velo de la ironía— un ideal de amor libre, por encima de todas las imposiciones y de todas las reglas, excepto aquellas que sirven para preservar a los hombres de los celos. En el teatro, son más bien los pregoneros de la fiesta, papel que también desempeñan en las calles o en las plazas públicas para regocijo de los mirones. Estos espectáculos se multiplican, es sabido, en el mismo momento en que se procura en vano prohibirlos, y precisamente los gitanos nunca divierten más que cuando los anatemas de la autoridad se arrojan sobre ellos. En el siglo XVII, no sólo cuentan con protectores aristócratas, también tienen un éxito popular que su papel de saltimbanquis, interpretado por ellos mismos o por los comediantes en el escenario, les asegura sin interrupción. Entre los dos polos extremos de la sociedad, la clase de los censores y moralistas viene haciendo la ley.

Los gitanos y las otras minorías

Así pues los gitanos, a pesar de su pequeño número, son la imagen viva de la libertad licenciosa, de la ociosidad triunfante, de los desbordes dionisíacos, de la anarquía y en cierto modo del caos. Se comprende entonces que hayan podido encarnar todos los vicios de la sociedad y polarizar las fuerzas represivas. Tras haber cargado con todos los pecados del mundo, el chivo emisario debe ser expulsado del desierto, para que con él desaparezcan todos los males. Sin embargo, los Reyes Católicos ya habían comprendido que la mera expulsión, sin efecto real sobre los nómadas, era insuficiente. La historia probará que tenían razón. A despecho de las sanciones más severas que quepa imaginar, los gitanos siguen ahí; peor aún, se multiplican. Proyectada con toda seriedad en 1610, en el momento de la partida masiva de los moriscos, la expulsión de los gitanos es finalmente abandonada. Era sin duda más facil aprehender a trescientos mil moriscos que se sabía dónde y cómo encontrar, que a un puñado de gitanos diseminados por sierras de difícil acceso y dotados de una movilidad excepcional. Después de la reconquista de Granada (1499), la política practicada respecto de la minoría de origen musulmán había evolucionado rápidamente. A comienzos del siglo XVI se los acantona en una especie de ghetos y se los obliga a llevar un signo distintivo, como se había hecho con los judíos en el siglo precedente. En la segunda mitad del siglo XVI, por el contrario, se les prohíbe el uso del árabe y de un traje particular, y se los obliga a abandonar su religión y sus hábitos ancestrales en el terreno musical, culinario o en materia de higiene. Tentativa ésta de asimilación brutal por la condena sin remisión de toda una cultura, aun incluidos su más loables aspectos. Los cristianos de entonces consideran el baño como una práctica malsana, y ciertos moriscos serán llevados ante el tribunal de la Inquisición por haber tocado música y comido cuscús. Un siglo después de la reconquista, se considera la asimilación como definitivamente irrealizable y el cuerpo extraño será eliminado por la expulsión masiva.

En lo que respecta a los gitanos, la alternativa de partida no produjo el resultado esperado y el proyecto de eliminación global de 1610 queda abandonado provisionalmente. Así, pues, durante dos siglos y medio, el empeño estará dedicado a la asimilación. El mirífico proyecto de las Cortes de 1594, que apuntaba a la extinción de la raza por la segregación de los sexos, no es del todo letra muerta. Aunque se lo juzgue, tal como se lo trazó, impracticable, en cualquier caso cuadra perfectamente con la óptica de esta famosa política de asimilación. Los signos distintivos y los ghetos son las formas últimas del reconocimiento de la diferencia. Pero es sabido que por lo general preceden a la eliminación radical de la minoría, marcada así con el sello de la infamia. Hace ya mucho tiempo que los gitanos no tienen derecho al estatuto de extranjeros: están condenados a la muerte lenta por absorción en el medio sedentario. Se les prohíbe, por tanto, vivir en barrios separados, y graves penas sancionan el uso de su traje y de su lengua. Lo ideal sería impedirles frecuentarse, casarse, reproducirse.

La cuestión del derecho de asilo

Según los representantes del orden, uno de los principales obstáculos para esta asimilación forzada de los gitanos es la práctica del derecho de asilo eclesiástico. Al igual que los otros delincuentes, los gitanos pueden escapar a la justicia refugiándose en las iglesias, y hasta se llega a afirmar que no se desplazan más que de santuario en santuario. Circunstancia agravante, convierten a la casa de Dios en guarida de malhechores, y todas las orgías sexuales que se les atribuyen son perpetradas, desde luego, en los lugares sagrados.

En 1644, Pedro de Villalobos, decano de la Facultad de Derecho de la Universidad de Salamanca, consigue hacer ahorcar a un gitano de nombre Maldonado, jefe de una banda que habría cometido varias fechorías en la región. Sin titubear, transforma su alegato en un violento discurso contra la inmunidad eclesiástica, al menos en lo que atañe a su aplicación a los gitanos. A su entender, estos individuos han sido siempre sacrílegos y profanadores de templos "durmiendo de noche en ellos en altos con sus amigas, y entrando juntamente en ellos a tener pesebre sus cabalgaduras, haciéndola establo"[28] "¡Esto no es nuevo!", añade Villalobos quien, apoyándose en una vieja leyenda, afirma que los gitanos se atrevieron a atacar al Niño Jesús durante la huida a Egipto.

Su arenga tiende evidentemente a demostrar que esta gente es totalmente indigna de la protección de la Iglesia, como además de piedad alguna, y que todos ellos, hombres, mujeres y niños, no merecen otra cosa que la expulsión. Así pues, la nueva clase poseedora supo crear un dios a su imagen, como también un nuevo modelo de religión en el cual la caridad y la misericordia no tienen sitio. Hasta los niños pequeños, si son gitanos, son malditos. Moncada ya había dicho:

> No hay ley que obligue a criar lobillos en tan cierto daño futuro del ganado.[29]

Villalobos, por su parte, se escuda en la autoridad de Virgilio al declarar: "*Sub umbra enim mulierum et pueorum latet anguis in herba* ".[30] Y poco más adelante añade que nada es más grato que el espectáculo de los ahorcados, pues sólo el castigo de los perversos puede aplacar la cólera divina, ante la cual toda forma de compasión es criminal.

Este ejemplo demuestra que, desde mediados del siglo XVII la inmunidad eclesiástica es atacada, precisamente, dentro del marco de la lucha contra los gitanos.Ya en esta época tienen lugar múltiples incidentes entre la justicia ordinaria y los jueces de la Iglesia. Ciertos corregidores son excomulgados por haber sacado por la fuerza a gitanos o gitanas de una iglesia, como en Plasencia en 1695. Según los informes de quienes atacan, con creciente violencia, estos privilegios, los gitanos no sólo son sus principales beneficiarios sino que además el recurso a las INMUNIDADES FRIAS se contaría entre sus especialidades. Según el derecho eclesiástico, todo delincuente extraído de un lugar sagrado por la justicia conserva el beneficio de la inmunidad mientras no sea restituido oficialmente a la Iglesia y devuelto al sitio donde se lo detuvo. Es lo que recibe el nombre de "inmunidad fría". El mero hecho de ser soltado no equivale a una restitución y, de este modo, gitanos perseguidos por delitos menores, aprehendidos en un santuario y luego dejados en libertad, esperarán a ser arrestados de nuevo y condenados a penas importantes para reclamar la inmunidad que ya tenían adquirida.

En 1700, el Consejo denuncia con vigor estas prácticas juzgadas escandalosas y propone se negocie con la sede apostólica las restricciones que el concordato de 1737 habrá de ratificar. Sugiere asimismo que los delincuentes condenados a penas de presidio o galeras no sean restituidos a la Iglesia sino en los lugares donde deben cumplir su pena, es decir, en las capillas de los presidios y prisiones.

[28] Villalobos, Pedro de, *Discursos jurídicos, políticos en razón de que a los Gitanos vandoleros de estos tiempos no les vale la iglesia para su inmunidad,* Salamanca, 1644, fº 449.

[29] Moncada, S. de, *op. cit.*, pág. 229.

[30] No sin alterar impúdicamente el verso clásico: "¡Huid, niños, la fría serpiente se esconde en la hierba!", que bajo su pluma resulta: "Hasta a la sombra de las mujeres y los niños se esconde una serpiente en la hierba".

En 1721, Felipe IV crea una comisión encargada de examinar en qué condiciones es aplicable a los gitanos el derecho de asilo. El informe que se le eleva dos años después tiende a estabecer que este derecho, del que los gitanos abusan, fue la causa principal de fracaso de todas las leyes promulgadas desde los Reyes Católicos, y denuncia en particular el uso de las inmunidades frías. Sobre el fondo del problema, la comisión compuesta por el gobernador y varios miembros del Consejo, como también por teólogos, pinta un cuadro de las costumbres gitanas adecuado para demostrar que estos bribones son absolutamente indignos del favor del que vergonzosamente disfrutan, y aquí encontraremos una vez más la letanía habitual: los gitanos que nacen en los bosques y campos probablemente no son bautizados; celebran sus matrimonios a su manera sin pasar por la Iglesia y sin tener en cuenta los casos de impedimento previstos por el concilio de Trento; mueren sin recibir los sacramentos y no piden un entierro religioso; las gitanas son impúdicas y lascivas; viven en concubinato; las de edad más avanzada practican el proxenetismo y emplean la astucia para arrancar muchachas del hogar paterno y arrastrarlas a sus bandas. . .

Tomás Cesareo, que persigue a los gitanos de la Mancha entre 1730 y 1745, con la esperanza de sacar algunos beneficios de sus funciones de juez-comisario, acusa directamente a las autoridades religiosas de complicidad con esos individuos depravados que duermen todos juntos en los lugares sagrados, donde cometen "las torpezas que se dejan considerar". Lanzado a un encendido discurso contra el derecho de asilo, no vacila en despojar su opinión sobre este punto:

> Ninguno puede negar que los gitanos no son violadores continuos de las iglesias, pues en su sagrado cohabitan carnalmente hermanos con hermanas y parientes con parientes así de consanguinidad como de afinidad, y lo que no admite duda es que todos practican los actos carnales de sus amancebamientos dentro del sagrado de las iglesias pues allí duermen de noche y cuando les parece de día, todos juntos, gitanos y gitanas lo que es público y notorio.[31]

En 1748, finalmente, unas órdenes del papa transmitidas por el cardenal Valenti dan carácter normativo a las últimas modalidades reclamadas por el Consejo y que prevén el traslado de los delincuentes a las iglesias de los presidios. En lo sucesivo, el derecho de asilo ha dejado de existir para los gitanos, y estos últimos acuerdos con la Santa Sede harán posible el arresto general de 1749.

Restrospectivamente, Campomanes va a manifestarse como uno de los más enconados adversarios del derecho de asilo, en un informe de 1763 que comentaremos más adelante:

> El asilo de los Templos, a que se refugiaban los gitanos, era uno de los mayores impedimentos, para no poder administrar justicia los magistrados reales. No obstante que los gitanos, desde los mismos Templos, en cuyos atrios casi habitaban, salían con seguridad a robar, se amparaban de su sagrado, para lograr la impunidad, y frustrar a los jueces sus procedimientos.

[31] AHN, Consejos, leg. 159, exp. nº 2.

Parece increíble que unas personas, sin religión, abusasen, a la sombra de ella, de este modo; y mucho más que en tanto transcurso de años no se hubiese puesto remedio contra las que, sacrílegamente, hacían la Casa de Dios cueva y receptáculo de ladrones.[32] [16]

Los términos de la aniquilación: la gran redada de 1749

Hacia finales del siglo XVII, el instrumento de la integración —o desintegración— del mundo gitano parece estar a punto. Todos los gitanos de España son sometidos a fijación de residencia en cierto número de poblaciones esparcidas por el conjunto del territorio. Allí se les imponen multitud de prohibiciones destinadas a borrar la menor huella de sus costumbres anteriores, y se los coloca bajo la vigilancia de las autoridades civiles y religiosas. Las sanciones previstas en caso de infracción llegan a la pena de muerte.

Este conjunto de medidas entra en aplicación en 1695 y recibirá ligeros retoques en 1717. A despecho de las condiciones absolutamente inhumanas reservadas a los nuevos sedentarios, parecen haber dado algunos resultados ya que, en 1749, por fin puede avizorarse la solución final. La genial idea parece haber germinado en el espíritu del obispo de Oviedo, gobernador del Consejo, quien estima que la extinción de los antiguos nómadas por la vía de la asimilación se está llevando muy a la larga. Tenidos por incorregibles, los gitanos deben desaparecer definitivamente y el obispo ha previsto dos métodos para alcanzar este resultado: la expulsión o el internamiento. El primero es sin duda más radical, pero el segundo se integra mejor en los proyectos que tienden a favorecer la prosperidad económica del país, pues se trata de someter a toda esa gente a un régimen de trabajo forzado desde la edad de doce años hasta el momento en que la vejez los deje totalmente impotentes. Las mujeres hilarían, los muchachos entrarían en las fábricas y después, a partir de los quince años, en los arsenales de los presidios de Africa; en otras palabras, ¡penal a perpetuidad para todo el mundo!

Fue esta segunda solución, ligeramente corregida, la que finalmente se adoptó. La redada que permitirá detener a todos los gitanos es prevista para la misma noche, a la misma hora, en toda España, lo cual prueba cabalmente que en la primera mitad del siglo XVIII ya se ha alcanzado un primer objetivo: los gitanos se han hecho sedentarios a voluntad o sobre todo por la fuerza. Es evidente que la sedentarización se concebía como la primera etapa de la eliminación total, del *exterminio*, como dicen sin rodeos los textos de la época. Sólo que, en un primer tiempo, pudo pensarse que esto último se alcanzaría por sí solo. Sedentarios, convertidos en campesinos, diseminados en poblados importantes, impedidos de desplazarse y por tanto de encontrarse entre ellos, los gitanos iban a fundirse rápidamente en la masa de los trabajadores, como antes de ellos lo habían hecho unos cuantos descendientes de judíos y moriscos. Como todo lo que antaño los caracterizaba, nombre, vestimenta, lengua, estaba severamente prohibido, en lo sucesivo nada permitiría distinguirlos del resto de la población.

[32] AGS, G. y J., 39, leg. 1006, fs. 7 vº 8 rº

✠

PRAGMATICA:

QVE SV MAGESTAD MANDA

publicar, dando la forma en que deven vivir los Gitanos que se hallaren en estos Reynos, con expresſion de las penas en que incurren contraviniendo à ella.

Año 1695.

CON LICENCIA.

En Madrid: Por Julian de Paredes, Impressor de Libros, en la Plaçuela del Angel.

Fig. 6 - Pragmática de Carlos II, del 12 de junio de 1695 (AHN, Consejo de Castilla, 1695, f. 211)

Sin embargo, en 1749, puesto que la interdicción del nombre no había producido *ipso facto* la desaparición de quienes lo llevaban, se va a invertir brutalmente el problema eliminando primero a los individuos. Puesto que la dilución en el espacio nacional ha resultado inoperante, se va a intentar lo contrario: la concentración en lugares impermeables a la mirada. El internamiento ya experimentado con éxito con los leprosos y después con los locos y todos los demás objetos de escándalo, ahora se va a intentar con los gitanos. Para los más desdichados de ellos —y no los más culpables, pues la única falta común era ser reconocido como gitano— la prueba se prolongará durante dieciséis años.[33] Para muchos otros será, por el contrario, de corta duración. Los directores de los arsenales, desbordados por este aflujo de prisioneros que hay que vigilar y de bocas que hay que alimentar, afirman no poder utilizar de manera rentable esta mano de obra cargada con pesadas cadenas y embrutecida por la desesperación. Por otra parte, numerosos internados han dado buena prueba de su irreprochabilidad. Son muchas las aldeas andaluzas que reclaman a sus herreros, sus prensadores de aceitunas y sus panaderos, cuya ausencia paraliza la vida de la comarca. Fernando VI, quien se mostró largo tiempo dudoso sobre los proyectos del obispo de Oviedo, se pregunta, ahora que éste ha sido reemplazado por el obispo de Barcelona en el gobierno del Consejo, si no habría estado avalando una abominable injusticia. Dispone la formación de una comisión de prelados y funcionarios que deberá estudiar de cerca la cuestión, signo de nuevas medidas que preverán la liberación de los gitanos honrados, reconocidos de utilidad pública en sus residencias de origen; además, atenúa el rigor de las condiciones de vida de quienes de este modo recobran su libertad, y por último se decide, en la primavera de 1763, a ordenar la liberación de todos los gitanos que permanecen aún en los arsenales. Al parecer, el plan de eliminación por reclusión o de regeneración por el trabajo ha resultado un fracaso total.

El tiempo de la duda

La última decisión real crea un estado de confusión y perplejidad que se prolongará durante por lo menos veinte años, hasta la publicación de la pragmática de 1783, e incluso más tarde, hasta la muerte de Carlos III en 1788. Hasta entonces, uno sabía a dónde quería llegar. La evolución de la política practicada con los gitanos parecía seguir una progresión lógica, aun si sus insuficiencias o su ineficacia quedaban periódicamente de manifiesto. Se enmendaba, se aclaraba, se reforzaba, pero se continuaba en la misma dirección. El fin perseguido, o sea de la aniquilación de la *"secta"* por integración total, no había sido alcanzado con la rapidez esperada, pero las razones de este retraso estaban perfectamente estudiadas. Por lo general se atribuía el fracaso a las diversas protecciones de que los gitanos todavía gozaban, en especial por parte de ciertos aristócratas; pero también se alegaba una mala aplicación de la ley por parte de la justicia subalterna. Parecía

[33] Véanse págs. 179-184.

✠

DON Carlos por la gracia de Dios, Rey, de Caſtilla, de Leon, de Aragon, de las dos Sicilias, de Jeruſalen, de Navarra, de Granada, de Toledo, de Valencia, de Galicia, de Mallorca, de Sevilla, de Cerdeña, de Cordava, de Corcega, de Murcia, de Jaen, de los Algarves de Algecira, de Gibraltar, de las Islas de Canaria, de las Indias Orientales, y Occidentales, Islas, y Tierra Firme del Mar Occeano, Archiduque de Auſtria, Duque de Borgoña, de Bravante, y de Milàn, Conde de Abſpurg, de Flandes, Tirol, y Barcelona, Duque de Atenas, y de Neopatria, Conde de Ruyſellon, y de Cerdania, Marquès de Oriſtan, y de Gociano, Señor de Vizcaya, y de Molina, &c. A los Infantes, Prelados, Duques, Marqueſes, Condes, Ricoshombres, Priores de las Ordenes, Comendadores, y Subcomendadores, Alcaydes de los Caſtillos, y Caſas fuertes, y llanas, y à los del nueſtro Conſejo, Preſidentes, y Oidores de las nueſtras Audiencias, Alcaldes, y Alguaciles de la nueſtra Caſa, Corte, y Chancillerias, y à todos los Corregidores, Aſsiſtente, Governadores, Alcaldes Mayores, y Ordinarios, Alguaciles Merinos, Preboſtes, Concejos, Vniverſidades, Veinteiquatros, Regidores, Cavalleros, Jurados, Eſcuderos, Oficiales, y Hombresbuenos, y otros qualeſquier nueſtros ſubditos, y naturales, de qualquier eſtado, calidad, dignidad, ò preeminencia que ſean, ò ſer puedan de todas las Provincias, Ciudades, Villas, y Lugares de eſtos nueſtros Reynos, y Señorios, aſsi à los que aora ſon, como à los que ſeràn de aqui adelante, y à cada vno, y qualquier de vos à quien eſta nueſtra Carta, y lo en ella contenido toca, y puede tocar en qualquier manera: Sabed, que aunque de muchos años à eſta parte ſe ha procurado por juſtas, y graviſsimas cauſas del ſervicio de Dios Nueſtro Señor, y bien de eſtos Reynos expeler, y exterminar de ellos à los Gitanos, como gente tan pernicioſa, para lo qual ſe han hecho, y promulgado por los ſeñores Reyes nueſtros glorioſos anteceſſores, muchas, y muy ſa-

A 2 lu-

Fig. 7 - Pragmática de Carlos II, del 12 de junio de 1695 (AHN, Consejo de Castilla, 1695, f. 212)

indudable que medidas más estrictas, sanciones más severas —en particular respecto de los jueces negligentes— y una policía más eficaz, permitirían resolver definitivamente el problema, pero nadie ponía en duda la propia política de integración emprendida en 1499 por los Reyes Católicos. ¡Bruscamente, a mediados del siglo XVIII, esa duda se presenta! Se ha conseguido por fin echar mano sobre casi 10.000 gitanos diseminados por el conjunto del territorio, al parecer la totalidad de los gitanos de España, y se los ha encerrado en arsenales, fortalezas y hospicios, según la edad, el sexo o el estado de salud, y en eso, bruscamente, se da marcha atrás; el soberano ordena la liberación general y todo el sistema se derrumba. Muy pronto surgen de aquí y de allá distintas opiniones y propuestas, a menudo contradictorias, como los voluminosos informes de los dos procuradores del Consejo, el conde de Campomanes y Lope de Sierra Cienfuegos, publicados respectivamente en octubre de 1763 y en febrero de 1764. El primero intenta oponerse a la liberación de los gitanos que todavía permanecen en los arsenales y su proyecto apunta, por el contrario, a encerrar a todos aquellos sedentarios de los que aún pudiera sacarse algún provecho. Se los internaría en presidios,[34] bautizados a este efecto como "residencias cerradas", donde se los podría hacer trabajar y mantenerlos bajo una estricta vigilancia, castigándose toda evasión o deserción con la pena capital. Los otros gitanos, todavía más o menos nómadas o juzgados refractarios, serían deportados a América, donde acabarían por confundirse con los indígenas y transformarse en súbditos útiles. Las muchachas menores de dieciséis años serían igualmente deportadas y casadas con los indígenas, mientras que las mujeres casadas acompañarían a sus maridos al presidio. En cuanto a los inválidos, se los podría encerrar en hospitales ahora inutilizados, como los que en otro tiempo se reservaban para los leprosos o los enfermos de erisipela gangrenosa. Algunos de estos hospitales estarían reservados a los hombres, otros a las mujeres y una tercera categoría podría albergar a las parejas casadas.

La manía del encarcelamiento

Faltos de enfermos, hace mucho tiempo que estos hospitales están desiertos. Si antaño consiguieron eliminar la lepra, ¿por qué no podrían hoy hacer desaparecer la "peste" del gitanismo? Además, este siglo XVIII tiene la manía del encarcelamiento. Fuera de los antiguos hospitales recuperados para otros usos, poco a poco van surgiendo asilos, correccionales, casas de *"beneficencia"* o de *"misericordia"* en las cuales se intenta sacar provecho de los ociosos gracias al trabajo obligatorio o, si no lo hay, hacerlos desaparecer ocultándolos detrás de gruesos muros destinados a ahogar sus gritos y el escándalo que significan. En tiempos de guerra, cierto número de estos gitanos son alistados por la fuerza en el ejército, pues las prisiones de toda clase, hospitalarias, asilares, industriales, educativas, penitenciarias, o mi-

[34] Plazas fuertes que servían de presidios.

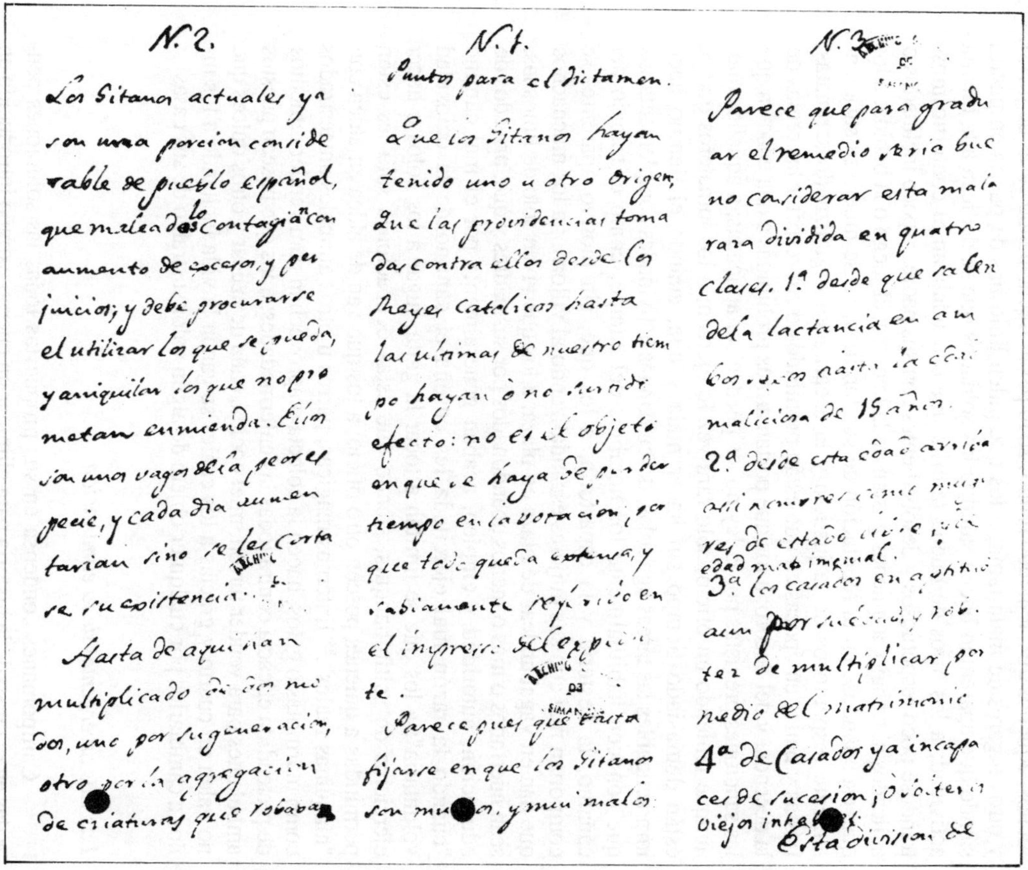

N.º 2.

Los Gitanos actuales ya
son una porcion conside
rable de pueblo español,
que maleados lo contagian con
aumento de sucesos, y per
juicios; y debe procurarse
el utilizar los que se pueda,
y aniquilar los que no pro
metan enmienda. Ellos
son unos vagos de la peor es
pecie, y cada dia aumen
tarian sino se les corta
se su existencia.

Hasta de aqui se han
multiplicado de dos mo
dos, uno por su generacion,
otro por la agregacion
de criaturas que robavan

N.º 1.

Puntos para el Dictamen.

Que los Gitanos hayan
tenido uno u otro Origen;
Que las providencias toma
das contra ellos desde los
Reyes Catolicos hasta
las ultimas de nuestro tiem
po hayan ò no surtido
efecto: no es el objeto
en que se haya de perder
tiempo en la votacion; por
que todo queda extenso, y
sabiamente expresado en
el impreso del expedien
te.

Parece pues que basta
fijarse en que los Gitanos
son muchos, y mui malos.

N.º 3.

Parece que para gradu
ar el remedio, seria bue
no considerar esta mala
raza dividida en quatro
clases. 1ª desde que salen
de la lactancia en am
bos sexos hasta la edad
maliciosa de 15 años.
2ª desde esta edad arriba
assi hombres como muge
res de estado libre, y de
edad mas inmediata.
3ª los casados en aptitud
aun por su edad, y rob
tez de multiplicar por
medio del matrimonio
4ª de Casados ya incapa
ces de sucesion, ò de tercera
viejos inhabiles.
Esta division de

Fig. 8 - Notas manuscritas del conde de Aranda preparadas para las reuniones del Consejo del 21 y 22 de febrero de 1771 (AGS, G y J., leg. 1006, fol. s. n.)

litares son, a pesar de todo, demasidado pocas para satisfacer las crecientes necesidades de una sociedad que expresa su pasión por el orden practicando el internamiento sistemático. Cierto es que la noción de la ociosidad se ha vuelto singularmente amplia. En 1745, un edicto sancionado en nombre del rey incluye en la categoría de los perezosos a los individuos que no tienen recursos conocidos y que eventualmente se ganarían la vida por medios ilícitos; aquellos que, teniendo rentas, se lo pasan frecuentando casas de juego y otros lugares de mala fama; a los que piden limosnas de puerta en puerta siendo que aparentan buena salud; a los soldados que se dedican a la misma actividad; a los hijos de buena familia que escandalizan al contorno mostrándose poco respetuosos y desobedientes con sus padres y poco inclinados o aplicados al trabajo; a quienes gustan de la licencia, el juego o la bebida; a los que, escudándose en la reputación de sus familias, no se muestran suficientemente respetuosos de la justicia y la escarnecen organizando serenatas, fiestas y bailes en épocas en que están prohibidos o sin respetar las reglas de la decencia y del decoro; a los que portan armas prohibidas a una edad en que las sanciones previstas por la ley no les pueden ser aplicadas; a aquellos que, aunque teniendo un oficio, sólo rara vez lo ejercen; a los jornaleros que se están demasiado tiempo sin hacer nada y que, cuando el tiempo hace impracticables las tareas agrícolas, descuidan las actividades complementarias que conocen habitualmente los hombres del campo, como el trabajo del cáñamo, la cestería y la espartería; a los que, sin motivo aparente, se comportan mal con sus mujeres escandalizando al villorrio; a los muchachos que dan en vagabundear de plaza en plaza; a los que viven sólo de limosnas, sean húerfanos o más o menos abandonados por sus padres y que, privados de educación, autoridad y empleo, acaban generalmente por el mal camino "cuando la razón mal ejercitada les enseña el camino de la ociosidad voluntaria"; a los que se limitan a tocar la gaita, jugar a los bolos o hacer ejercicios de saltimbanquis, siendo que estas ocupaciones sólo les están permitidas a quienes poseen otro oficio; a los que van de aldea en aldea con "máquinas reales",[35] linternas mágicas, perros u otros animales amaestrados como marmotas o gatos, hacen la colecta o aprovechan para vender remedios de pretendida eficacia contra todas las enfermedades; a los que poseen puestos ambulantes para vender turrón, miel cocida, caña de azúcar y otros dulces que no valen un cuarto y gracias a los cuales se ganan la vida incitando a los niños a cambiarlos por cualquier objeto de algún valor sustraído de sus casas...

Las vías divergentes de la eliminación

Campomanes condensa en sus propuestas todas las soluciones pensadas en el curso de la historia para eliminar un cuerpo extraño introducido en el seno de la nación. Hasta 1492, se practica con los judíos y moros la táctica del "encierro". Pero, como hemos podido ver, en esta época parece bastar con

[35] Teatros de títeres de grandes dimensiones.

los ghetos y los signos distintivos. La marca infamante se sigue usando con los moriscos en la primera mitad del siglo XVI, pero en la segunda el esfuerzo va dirigido a la absorción por asimilación: conversión forzada, prohibición del traje y de la lengua, diseminación en residencias vigiladas, etc. Esta situación se prolonga hasta 1609, año en el cual se lleva a cabo la expulsión brutal y masiva.

En lo que respecta a los gitanos, después de la doble proposición inicial, la de asimilación o expulsión, la política oscilará continuamente entre estos dos polos hasta el momento en que se inventen nuevas formas de encierro: primero las galeras y después los trabajos forzados en los arsenales o presidios. Campomanes preconiza esta solución para una parte de los gitanos, mientras que para el resto sigue planeando la asimilación, aunque en América; o sea que, en lugar de constituir una alternativa distinta, la asimilación se da sumada a la expulsión. Esta primera vía no queda abandonada, pero donde reaparece es en el informe de Lope de Sierra Cienfuegos.

El segundo procurador del Consejo se opone vigorosamente a las proposiciones de su colega Campomanes. Considera otra vez la solución de la asimilación, pero perfeccionando los métodos preconizados en este terreno por sus predecesores: según él, la diseminación de los gitanos en pequeños poblados (100 a 300 habitantes) sería suficiente para poder vigilarlos con eficacia y a razón de una sola familia por localidad, merced a lo cual rápidamente se obtendría su desaparición. Si las instrucciones dirigidas a prohibir sus desplazamientos se aplicaran estrictamente, añade Cienfuegos, los gitanos perderían todo contacto entre ellos y, como cae por su peso que los autóctonos se negarían a contraer matrimonio con ellos, esta raza odiosa dejaría de existir. Este sigue siendo el buen método preconizado desde finales del siglo XVI, con dos resultados posibles: la absorción por el medio y, sobre todo, la extinción por aislamiento. Sin embargo, los "miramientos" del segundo procurador conciernen tan sólo a los gitanos sedentarios y a los que aún no han recuperado su libertad; para los otros, los vagabundos impenitentes, lo que reclama es la pena de muerte, en aplicación de los decretos de 1745 y 1749.

Si esta asignación de residencia, familia por familia, en un medio hostil y vigilante, no es otra cosa en realidad que un internamiento disfrazado, la auténtica encarcelación halla igualmente su sitio en el proyeto de Cienfuegos en la forma de hospicios y casas de beneficiencia destinadas a las mujeres, viudas o solteras sin familia. Sus hijos eventuales serían puestos desde los doce años a disposición de la Marina. . . ¡Decididamente, la sombra siniestra de las galeras aún no se ha desvanecido!

En esto, el 6 de marzo de 1764 un mes después de publicarse el informe Sierra Cienfuegos, la orden real de liberación inmediata de los gitanos es objeto de un recordatorio. El gobernador de Puerto de Santa María aprovecha para reclamar a sus gitanos aún detenidos, lo que le acarrea una seria llamada al orden por parte de Campomanes, quien sigue obstinado en sus posiciones.

Al parecer se enfrentan dos clanes, uno más radical que exige la rápida desaparición de los gitanos bajo formas diversas: deportación o internamiento y hasta pena capital; el otro, que desea su integración a la sociedad tras unas apariencias más humanitarias que encubren, de hecho, preocupaciones políticas y económicas. El debate entre los dos procuradores del Consejo muestra que las cosas no son tan sencillas como se podría imaginar a primera vista, y que de un lado y de otro se propone esforzadamente un variado conjunto de proposiciones destinadas a resolver definitivamente el problema.

Este resultado no se podrá alcanzar con la rapidez esperada, primero por que la ley de Carlos III, que plasmará el proyecto de asimilación, no aparecerá sino veinte años después del informe Campomanes y, en segundo lugar, porque, como todo el mundo sabe, dos siglos después de la publicación de esta ley los gitanos siguen estando. Mientras tanto, la confusión alcanza un grado tal que cabe preguntarse qué podrá resultar de tantos proyectos a cual más feroz.

Las ideas del conde de Aranda

En mayo de 1766, entra en escena un nuevo personaje. Se trata de Pedro Pablo Abarca de Bolea, conde de Aranda, quien, apenas nombrado presidente del Consejo de Castilla a raíz del alejamiento dirigido contra el marqués de Esquilache, encomienda a Campomanes la formación de un expediente sobre la cuestión gitana. En él, el procurador no omite recordar sus propuestas ni refutar las de su colega. En su opinión, si el internamiento de los gitanos a razón de cincuenta familias por plaza fuerte no presenta ningún inconveniente, en cambio su diseminación en las distintas zonas rurales sólo serviría para corromper las inocentes costumbres de los aldeanos, lo que es inadmisible.

Como puede advertirse, la idea de una peste contagiosa sigue aún viva y justifica los métodos profilácticos preconizados por Campomanes. En este informe precisa más su proyecto de residencias cerradas, que en última instancia no es sino un medio para sacar provecho de los últimos supervivientes de la secta maldita. En efecto, los niños serían separados de sus padres y enviados a las islas de América, con lo que se obtendría la desaparición de la raza en el espacio de una generación.

El expediente, que resume las propuestas de los dos procuradores, uno hostil a la liberación de los gitanos aún mantenidos en sus arsenales y el otro favorable a la decisión real sobre este punto, debe someterse al voto de los miembros del Consejo, encargado así de definir la cuestión. Para desgracia de los internados, el Consejo no se define, y se esperará al fallecimiento de varios consejeros, cinco años después, para poner otra vez el asunto sobre el tapete.

Ese día, el conde de Aranda, enfermo, no puede asistir a la sesión. Ha resumido su opinión en unos cuantos papelitos que confía al decano y declara que, a fin de no retrasar la votación, se sumará al parecer de la mayoría. Su punto de vista, tal como aparece en las notas manuscritas redactadas para la circunstancia, es perfectamente claro: se trata de utilizar lo mejor posible a aquellos gitanos que todavía sean recuperables y de aniquilar a los otros sin titubeos:

> Ellos son unos vagos de la peor especie, y cada día aumentaría si no se les cortase su existencia.[36] [17]

afirma para justificar su posición. También él está persuadido de que los gitanos se multiplican no sólo por la procreación y por la atracción que su vida licenciosa puede ejercer sobre ciertos individuos, sino también mediante el robo de niños.

En lo tocante a las soluciones, Aranda procede con orden y método. El espíritu científico del Hombre de las Luces exige una clasificación rigurosa, y es así como los gitanos acaban repartidos en cuatro categorías correspondientes a diversos estadios de la existencia y prometidas a suertes diferentes.

La primera clase está formada por los niños de ambos sexos desde que salen de la lactancia hasta la edad *"maliciosa"* de quince años. Separados de sus padres para que puedan olvidar su *"jerga"* y sus malas costumbres, se los educaría en hospicios, después de lo cual los muchachos serían colocados como aprendices sin salario durante diez años y las niñas como criadas para todo servicio en las mismas condiciones. La única obligación de los amos sería alimentarlos y vestirlos. En cuanto a los niños reducidos así a la esclavitud, sufrirían severas penas en caso de desobediencia.

La segunda clase comprende a los gitanos y gitanas solteros en edad de casarse. A su respecto, Aranda saca a relucir de nuevo aquella idea de segregación sexual que algunos delegados a las Cortes no habían conseguido imponer en 1594. Las jóvenes serían enviadas al continente americano donde se casarían con indios, mestizos y hasta criollos, mientras que los muchachos irían a las islas donde se unirían a las indígenas y donde además, no teniendo suficiente espacio para vagabundear, se pondrían —¡por qué no!— a trabajar la tierra.

En cuanto a la tercera categoría, la de las parejas casadas y en edad de procrear, el presidente adopta la solución preconizada por Sierra Cienfuegos, la diseminación a razón de una pareja por localidad con prohibición de alejarse más de un cuarto de legua (menos de 2 km) de su residencia, bajo pena de horca en caso de reincidencia y con una importante precisión en lo referente a los niños, que constituyen la clase nº 1 y que serían separados de sus padres desde el final del amamantamiento o desde que comenzaran a hablar.

La cuarta clase comprende a las parejas demasiado mayores para tener hijos, los ancianos y los inválidos. Se los repartiría por todo el país y se elegiría de preferencia, para ellos, poblados donde pudieran disfrutar de las limosnas de algún convento.

[36] AGS, G. y J. , leg. 1006.

De este modo, el conde de Aranda realiza una suerte de síntesis de las proposiciones de los dos procuradores del Consejo, suprimiendo no obstante el recurso al internamiento en los presidios, caro a Campomanes, y completando el proyecto de Cienfuegos con una atención muy especial respecto de los niños. Así pues, estando en juego la eficacia y el interés de la nación, puede uno pasar por hombre ilustrado, gozar del favor de los enciclopedistas, y no dejarse confundir por consideraciones en exceso humanitarias.

El proyecto de ley Campomanes-Valiente

El Consejo aprueba las sugerencias de Aranda y entrega sus notas a los dos ponentes encargados de elaborar un informe completo sobre el problema gitano, destinado al rey. Estos dos hombres son Pedro Rodríguez, conde de Campomanes, cuyas ideas sobre la cuestión ya conocemos, y Pedro Valiente, un consejero menos conocido pero que probablemente cumplirá un papel decisivo en este asunto. El presidente Aranda aspiraba a que sus propuestas, en el caso de obtener la aprobación del Consejo, se incluyeran en una ley general que permitiera infligir un rápido castigo a los contraventores; así pues, el informe Campomanes-Valiente contiene un proyecto de pragmática-sanción. Antes de establecerlo, reproduce los términos del informe confeccionado por Campomanes en 1766, cita *in extenso* las propuestas de los dos procuradores del Consejo y deja constancia de todos los documentos relativos al tema llegados al Consejo entre 1764 y 1772.

A manera de introducción al nuevo proyecto de ley, los dos ponentes redactaron una disertación que retoma ciertas ideas de Aranda:

> Es ocioso buscar el origen de talès gentes —declaran—, lo cierto es que, habitando en las selvas y bosques, empezaron a tomar una vida errante, sin sujetarse a las leyes de los países, dedicarse al cultivo de las tierras, ni a las artes, u otro género de industria provechoso que les diese ocupación honesta a ellos, y a sus hijos; los hiciese útiles a la sociedad política y les fijase domicilio conocido con sujeción a los magistrados. [18]
>
> En lugar de ser útiles a la sociedad, han procedido de ordinario como enemigos de ella los gitanos, insultando en los poblados y en los campos a los vecinos honrados en sus personas y en sus bienes, extrayendo con violencia y astucia el alimento que se debían procurar a costa de su trabajo y fatiga propia, en lo cual cumplirían con lo que disponen las leyes divinas y humanas, y el pacto social de los hombres constituidos bajo un mismo Gobierno.[37] [19]

La idea de contrato social, que no es nueva pero que en esta segunda mitad del siglo XVIII cobra una resonancia particular, acaba de aparecer con la pluma de los legisladores españoles. Sucesivamente criaturas de Dios y criaturas del diablo, en la actualidad los gitanos han pasado a ser peligrosos

[37] AGS, G. y J; lleg. 1006.

anarquistas, amenazando los propios fundamentos del Estado. Ya no constituyen una secta herética, incluso bajo la sorprendente especie de una herejía sensual, sino un peligro político. Si acaban asociándose entre ellos, es para manifestar mejor su particularismo y formar un pernicioso cuerpo extraño en el seno de la sociedad. Estos individuos no aceptan adherir al pacto social que reúne libremente a los seres humanos para la defensa del interés común.

Como se acaba de ver, los ilustrados ponentes no han abandonado cierta alusión a las leyes divinas, pero mientras que la alusión a las costumbres está siempre presente en las consideraciones con que sigue su texto, la depravación y el libertinaje ahora sólo se mencionan en tanto medios de atracción ejercidos sobre los holgazanes y gracias a los cuales aumenta el número "su colonia ambulante". Por los demás, las consideraciones de índole religiosa aparecen aquí en última posición, y sobre todo dan ocasión a los ponentes para subrayar los abusos del derecho de asilo y la indiferencia que esta gente manifestó siempre respecto de sacramentos como el bautismo y el matrimonio, cuyo papel social es preponderante.

La complicidad de la nobleza

A despecho de esta alusión, ya no se menciona el derecho de asilo entre las causas que produjeron el fracaso de todas las leyes dictadas contra los gitanos. Antes bien, Campomanes y Valiente insisten en la protección de que éstos han disfrutado por parte de ciertos miembros de la nobleza.

Tal vez no sea inútil recordar que los nobles también habían aparecido, en otros tiempos, como los mejores aliados de los moriscos.[38] Es verdad que, en la mayoría de los casos, la defensa de la minoría oprimida coincidía con la defensa de los propios intereses de los señores feudales, cuya fortuna estaba asegurada por la labor de vasallos moriscos sin embargo, también podían señalarse los vínculos nada desdeñables existentes entre la aristocracia cristiana y la nobleza de origen musulmán. En lo que concierne a los gitanos, tales explicaciones ya no tienen vigencia, pues éstos no son vasallos de nadie, aun cuando se sedentaricen, y, por otra parte, desde comienzos del siglo XVI, la nobleza de los "condes del Egipto Menor" no es más que tema de bromas.

Así pues, es preciso buscar en otra parte, y ya hemos abordado este problema en un capítulo anterior.[39] Con todo, después de las grandiosas recepciones de Miguel Lucas de Iranzo y de los amores de don Diego de Mendoza, la situación ha cambiado notablemente, y es interesante ver el énfasis con que la burguesía, ahora instalada en el poder, denuncia la colusión de los extremos. ¿Cómo se la explica? Los ponentes evocan la ligereza de costumbres de las gitanas y sus artificios supersticiosos, como si los ricos gentilhombres fueran los únicos en mostrarse sensibles a los encantos —físicos y mágicos— de las gitanas. La clase media representa también el

[38] Domínguez Ortiz, A., y Vincent, B., *op. cit.*, págs. 146 y sigs.

[39] Véase pág. 17-18.

justo medio en el plano de las costumbres y de la moral frente a estas clases excéntricas asociadas en la fiesta orgiástica. Varias denuncias, que no figuran en el informe, aportan ejemplos concretos de estas complicidades de que disfrutan los gitanos por parte de ciertos alcaldes o corregidores de origen noble. Aquí se nos aclara que, aun cuando no ejercen la justicia, los miembros de la nobleza consiguen obstruir su buen funcionamiento gracias a su influencia.

Por tanto, más que moral, el problema es político, y la nueva clase dirigente sale a luchar tanto contra los privilegios de la antigua aristocracia como contra los de la Iglesia. ¿Acaso demasiados representantes de la justicia no deben sus cargos al simple hecho de ser nobles? Semejantes prerrogativas no pueden sino engendrar el desorden, y esto es lo que los ponentes del Consejo demuestran indirectamente cuando acusan a la nobleza de paralizar la justicia. Otras quejas enviadas al Consejo encausarán, entre los protectores de los gitanos, a ciertos curas, sobre todo cuando se trata de antiguos jesuitas.

El estado llano, que se instala con toda comodidad, de paso aparta discretamente al clero y a la nobleza.

La condena del particularismo gitano

Entre las causas de fracaso de las leyes contra los gitanos citadas por Campomanes y Valiente, es de señalar la alusión a una vestimenta particular llevada por los gitanos, a despecho precisamente de las leyes que se esforzaron en "uniformar a los gitanos de ambos sexos" con el conjunto de los españoles en lo referido al traje, la lengua y el modo de vida. Lo que aquí se reprueba es la tolerancia de un particularismo, mientras que la supresión de esas diversas características era uno de los medios más eficaces para hacer desaparecer al mismo tiempo a la minoría que ellas singularizaban.

Las nuevas normas igualitarias y universitalistas de la burguesía ilustrada son armas de doble filo. Por una parte, tienden a borrar las diferencias entre los hombres en el plano de las costumbres, del aspecto vestimentario y del modo de vida. La masa del pueblo debe ser uniforme, y todo particularismo es juzgado como una desviación, como un signo de desorden. En este sentido, la ideología de las Luces no es otra cosa que reforzar el centralismo político que desde finales del siglo XV vimos manifestarse con el mayor vigor.

El combate contra los prejuicios raciales

Como contrapartida, estas concepciones igualitarias tienen por corolario la abolición de toda distinción de rango o de clase. Ya no debe haber privilegios de raza ni categorías de individuos juzgados inferiores. En un país condicionado desde tanto tiempo atrás por la obsesión de la "limpieza de sangre", la importancia de esta noción de la igualdad de todos los humanos es digna de mención.

En este sentido, durante el período en que Campomanes ejerce las funciones de fiscal del Consejo de Castilla, en 1782 y 1785, y bajo su presidencia, en 1788, se sancionan varios decretos relativos a los CHUETAS o descendientes de los judíos conversos de Mallorca. El Consejo los declara aptos para ejercer todos los oficios, con los mismos derechos que los otros súbditos de Su Majestad, y prohíbe a quien fuere insultarlos llamándolos judíos, hebreos o CHUETAS, así como emplear a su respecto otros términos odiosos y despreciativos o apodos malévolos, bajo pena de cuatro años de presidio o de trabajos forzados en los arsenales.

La actitud para con los gitanos se inspira en los mismos principios. Según los ponentes Campomanes y Valiente, la sexta causa del fracaso de las leyes que les conciernen es el prejuicio en virtud del cual en todas partes se los trata con ostracismo y desprecio. No se los admite ni en el ejército ni en la marina, ni en los trabajos agrícolas ni en los oficios artesanales, y en ningún sitio se encuentran en situación de igualdad con los demás habitantes del país, señalan los ponentes.

En 1749, en efecto, entre las reservas expresadas por los responsables de los arsenales sobre la colocación como aprendices de los muchachos gitanos, el argumento principal es la intransigencia de las corporaciones de carpinteros de obra y calafates, quienes se niegan terminantemente a admitir en su seno a individuos cuya limpieza de sangre no estuviera garantizada en un ciento por ciento. Los maestros de estas corporaciones sólo toman a cristianos viejos; siempre rechazaron a los descendientes de mulatos, y, si se los obligara a aceptar gitanos, que pertenecen, según ellos, a la más vil de todas las razas, estallaría una verdadera sublevación.

En 1778, pocos años después de aparecer el informe Campomanes-Valiente, el ministro de Marina, consultado por el rey sobre el eventual enrolamiento de jóvenes gitanos en esa arma, opondrá un veto feroz a una solución que él juzga particularmente aberrante.

Por lo que respecta a la agricultura, único empleo autorizado hasta ahora a los gitanos, la repugnancia de los campesinos a darles trabajo es bien conocida, y esta actitud ha colocado en una situación sumamente dramática a los sedentarios signados a residencia en los pueblos.

El caso de los oficios artesanales, o "artes mecánicas" como se dice aún en esta época, es más complejo. Estos trabajos manuales son vistos por lo general con desprecio por el conjunto de los españoles, para quienes la única ocupación noble es el trabajo de la tierra. De este modo, la ideología de la "limpieza de sangre" acabó por imponer un reparto de las tareas, para los cristianos viejos, el ejército, la Iglesia, la agricultura o la ociosidad pura y simple del hidalgo que se contenta con vivir de sus rentas. la banca y los impuestos les tocan a los CONVERSOS, descendientes de los judíos convertidos que han heredado de sus antepasados tanto esta especialidad como el odio que ella suscita. Los parias de cualquier origen deben conformarse con los empleos más abyectos: carnicería, panadería, molinos de aceite, lechería, artesanados y comercios diversos. . . Lo paradójico está en que las leyes han prohibido precisamente a los gitanos la mayoría de estos oficios, constriñéndolos a trabajar la tierra.

Campomanes y Valiente evitan cuidadosamente atacar a las leyes, y prefieren lanzar sus dardos contra costumbres nacionales que es menester reformar, lo cual les lleva a maltratar un poco la verdad histórica:

> En todas sus disposiciones, las leyes se han esforzado en uniformarlo con el resto del pueblo, y las costumbres nacionales los han mantenido apartados e imposibilitados de reunirse en la masa de la nación y ejercer oficio útil, mirándolos a todos como infame y miembros contagiosos del resto de la sociedad española.[40] [20]

Indudablemente, como acabamos de observarlo, es una realidad que en virtud de prejuicios muy arraigados los gitanos han quedado al margen de la sociedad, pero el esfuerzo de uniformación con el resto de los españoles no se ha ejercido hasta el presente más que en el terreno de la vestimenta, la lengua y las costumbres, sin crear una situación de igualdad en los planos cívico y profesional, ya que los gitanos no pueden desplazarse sin autorización ni practicar el oficio de su elección.

La nueva ley que preparan los dos ponentes del Consejo hará finalmente a los gitanos iguales en derecho a los otros españoles abriéndoles acceso a todos los empleos que hasta entonces les estaban prohibidos.

Ser gitano ya no es una tara hereditaria

El primer párrafo del proyecto Campomanes-Valiente prevé la prohibición de utilizar la palabra GITANO e incluso el eufemismo CASTELLANO NUEVO, teniéndose a una y otro por injurias graves. Será preciso borrar o tachar estos nombres dondequiera que se encuentren, a fin de no perjudicar a los descendientes de los ex gitanos. Es sabido que medidas similares se tomarán con los CHUETAS de Mallorca, y se asiste a una auténtica inversión con respecto a los métodos tradicionales de la Inquisición que extendía a toda la descendencia el oprobio echado sobre los condenados, cuyo nombre, bordado sobre un SAMBENITO colgado en la iglesia, debía permanecer visible. Los miembros de las familias así maldecidas quedaban afectados de incapacidad civil; no podían llevar vestidos de seda ni joyas, montar a caballo ni a lomo de mula, entrar en las órdenes ni en la función pública, ejercer la medicina, practicar el comercio de tejidos, ir a América. . .[41]

Las proposiciones de los ponentes dirigidas a suprimir la noción de indignidad hereditaria serán ratificadas por los artículos 3 y 4 de la pragmática de 1783. Recuérdese que, ya en 1610, las Cortes castellanas perseguían la desaparición del nombre de los gitanos que "no lo son en nación" y que en

40 AGS, G. y J., leg. 1006, fs. 100, 101.

41 Bennassar, Bartolomé, L'Inquisition espagnole, París, Hachette, 1979, págs. 132-133.

1633, la ley de Felipe IV asimila ya este nombre a una injuria severamente sancionada,[42] partiendo del mismo principio.

El artículo primero de la pragmática de Carlos III se inspirará en apariencia en estos precedentes, puesto que utilizará la misma fórmula añadiéndole no obstante una pequeña precisión:

> Declaro que los que llaman y se dicen gitanos no lo son por origen ni por naturaleza, ni provienen de raíz infecta alguna.[43] [21]

No se trata de una mera redundancia, pues el propio espíritu de la ley ha cambiado. Sigue tratándose, claro está, de hacer desaparecer un particularismo molesto, y el artículo 2 reproduce las antiguas interdicciones referidas a la lengua, la vestimenta y el modo de vida, pero, al mismo tiempo, el texto de 1783 lanzará su acometida contra el viejo prejuicio de la infamia hereditaria y afirmará un principio nuevo: el de la igualdad de todos los individuos ante la ley.

En lo tocante al origen de los gitanos, el texto de 1772 es mucho más preciso que la pragmática que en él se inspira. En su segundo párrafo, Campomanes y Valiente afirman, en efecto, que la clase de los gitanos no constituye una raza cuyas taras serían transmisibles por la sangre, sino estrictamente un modo de vida licencioso, que puede ser corregido si se induce a estos hombres a vivir honradamente de su trabajo.

La igualdad ante el trabajo

Partiendo de este principio, que sustituye el viejo concepto de la "limpieza de sangre" por los nuevos valores burgueses y la idea de predestinación por la del mérito individual, los ponentes aspiran a que los gitanos puedan practicar todos los oficios autorizados a los demás españoles y que sus descendientes puedan tener acceso a los cargos civiles abiertos a todos los contribuyentes. Hacen empero una última reserva referida al empleo de esquilador, que harto a menudo sirvió, según ellos, como pretexto para una vida ociosa y perjudicial a la sociedad.

Estas proposiciones reaparecerán en el artículo 5 de la pragmática de 1783. Sin embargo, el artículo 8, que ratificará la excepción prevista para los esquiladores de animales, le añadirá otras dos relativas al tráfico de ganado en los reales de la feria y la explotación de ventas en los caminos.

Campomanes y Valiente saben que su política igualitaria va a encontrar obstáculos y que no se puede acabar con los prejuicios raciales de un plumazo. De ahí que soliciten, en su tercer apartado, que ningún tribunal pueda oponerse a la admisión de gitanos en las corporaciones y cofradías de oficios. Con este fin, el artículo 6 de la pragmática preverá multas contra

42 Véase pág. 34.

43 AHN, Consejo de Castilla, Sala de Alcaldes de Casa y Corte, 1783 fº 942.

quienes negaren el acceso de gitanos a su profesión o corporación, e incluso una suspensión temporaria de empleo en caso de resistencia prolongada.

La resistencia de las corporaciones

Efectivamente, la cuestión de la admisión de los gitanos en las corporaciones no tardará en presentar problemas. En Málaga, donde los herreros gitanos formaban una cofradía colocada bajo el patrocinio de San Sebastián, distinta de la de los cerrajeros PAYOS, dedicada a San Miguel Arcángel, la disolución de la primera con vistas a su integración en la segunda provoca, en 1784, una violenta reacción de los cerrajeros, quienes se niegan a participar en la procesión en honor de la publicación de la bula de la Santa Cruzada. Además, la cofradía de San Miguel apelará de las decisiones del alcalde ante la cancillería de Granada.

En Tarragona, el año precedente, un maestro de la cofradía de fabricantes de alpargatas, recaudador de multas de la corporación, es destituido de todas sus funciones por la susodicha corporación por haber tomado como aprendiz a un joven gitano. El artesano se querella ante el corregidor, quien le da la razón. Los delegados, sin embargo, convencidos de estar en lo justo, llevan el caso ante el Tribunal de Cataluña (REAL AUDIENCIA) alegando que su corporación jamás ha admitido en su seno a individuos viles o infames de hecho o de derecho, y que los gitanos no son considerados como honrados contribuyentes puesto que las leyes los han excluido de las cargas municipales. La pragmática de Carlos III llegará a punto para resolver este ligitio.

Por otra parte, en 1786, un ex gitano de Algodonales, poblado cercano a Ronda, se querellará contra los habitantes de la región que siguen designándolo, así como a sus hijos, con nombres injuriosos ahora desterrados, y el Consejo intervendrá para poner fin al escándalo. Dos años después, en Zafra, otro ex gitano obtendrá del mismo Consejo una recomendación permitiéndole formar parte del Consejo municipal.

La pena de muerte

Con todo, el liberalismo de Campomanes y Valiente no excluye la severidad. En sus apartados 4 y 6, los dos ponentes del Consejo reclaman la pena de muerte contra los gitanos refractarios a la asimilación que sean reincidentes o contumaces. Estas proposiciones serán después objeto de enmienda y los artículos 13 y 15 de la pragmática preverán para los contraventores la aplicación de una marca al hierro candente con la representación de las armas de Castilla. Según el artículo 20, la pena de muerte sólo se aplicará en caso de reincidencia posterior a la aplicación de esa marca.

La amnistía general

En cambio, Campomanes y Valiente prevén una amnistía de todos los gitanos contumaces que se presenten ante el tribunal más cercano en un plazo de sesenta días desde la publicación de la ley para manifestar su deseo de cambiar de modo de vida, de abandonar su atuendo característico y de elegir un oficio y un domicilio fijo. El rey extenderá el plazo a noventa días y, según los artículos 7 y 35 de la pragmática, el perdón real se extenderá al conjunto de los vagabundos y delincuentes, incluidos los contrabandistas y desertores. El artículo 40 preverá las correspondientes excepciones para los delitos de lesa majestad divina y humana, los homicidios voluntarios sin legítima defensa, los robos en lugares sagrados o acompañados de violencias y, de una manera general, todos los delitos cuyas víctimas exigieran reparación.

Los protectores de los gitanos

En su séptimo apartado, los ponentes disponen sanciones para los protectores de los gitanos. La introducción ya apuntaba en este sentido a la nobleza. Sin embargo, a despecho de la ideología de las Luces que los lleva a considerar que todos los individuos son iguales ante la ley, llegado el momento de castigar, los dos hombres creen oportuno tener en cuenta determinados privilegios. Así, proponen para los nobles una multa de 1000 ducados y seis años de presidio, que podrán ser llevados a diez en caso de insolvencia, mientras que los plebeyos sufrirán una pena de 200 latigazos y de diez años de trabajos forzados en los arsenales. El caso de los eclesiásticos se trata en un párrafo aparte, se los castigaría con arreglo al derecho eclesiástico y sus penas —no precisadas— deberían guardar relación con la gravedad de la falta cometida.

Cabe señalar que la pragmática de 1783 suprimirá la distinción entre nobles y plebeyos. Según el artículo 30, todos los cómplices, encubridores y protectores de los delincuentes afectados por la ley serán condenados, por la primera infracción, a una multa de 200 ducados, que se duplicará en caso de reincidencia y que la tercera vez llegará a los 1000 ducados. La pena de presidio, prevista por el artículo 31, será aplicada, sin distinción de clase, a todos los condenados que no pudieran pagar las multas mencionadas en el artículo precedente, según una progresión paralela: tres años la primera vez, seis la segunda y diez en caso de segunda reincidencia.

Así pues, entre el proyecto de 1772 y la ley de 1783 puede comprobarse una disminución general de las penas, que se hacen a la vez progresivas y más igualitarias. El artículo 32 de la pragmática prevé la aplicación de las mismas penas a los culpables de los mismos delitos que pertenezcan a jurisdicciones privilegiadas y el artículo 33 regula el caso de los eclesiásticos, cuyas multas serán cobradas sobre los bienes temporales y contra los cuales se podrían tomar eventualmente medidas de alejamiento.

¿Quiénes son los verdaderos gitanos?

En su octavo apartado, Campomanes y Valiente insisten en que las medidas previstas contra los contumaces no se apliquen más que a los verdaderos gitanos que se conduzcan efectivamente como tales, y ello con el fin de no incurrir en el error de 1749 y no difamar a familias honradas, que ejercen actividades útiles y pagan sus impuestos. A la inversa, el apartado siguiente prevé la asimilación con los "verdaderos gitanos" de todo individuo que hiciera uso de su jerga y de su vestimenta o que, llevando esta vestimenta, compartiera sus costumbres o su modo de vida y esto cualquiera que fuese su origen. Aquí volvemos a encontrar una aplicación del principio inicial según el cual los gitanos no constituyen una raza maldita pero se caracterizan por un modo de vida pernicioso que las leyes han de esforzarse en corregir. Pocos años después, en 1778, el marqués de Roda, ministro de Justicia, redacta unas notas en las que propone ciertas enmiendas al proyecto de ley, y en ellas reaparecen algunas ideas corrientes sobre el origen de los gitanos: muchos españoles se habrían unido voluntariamente a ellos y otros no serían más que niños robados, justificando estas consideraciones la división de estos individuos en dos categorías, los súbditos recuperables y los incorregibles.

Medidas penales y educativas

Una de las ideas fundamentales del proyecto de Campomanes y Valiente, expresada en su apartado décimo octavo, es que una ley puramente penal no tiene prácticamente ningún efecto sobre los gitanos, como bien lo ha probado la experiencia. De ello resulta, según el mismo apartado, que hay que dejar vivir a esta gente tranquilamente de su trabajo allí donde se encuentren, sin intentar privarlos de su libertad, lo que sería injusto. Causa cierta extrañeza ver asociada al nombre de Campomanes una concepción de la suerte de los gitanos tan diametralmente opuesta a la que él expresaba en su informe de 1763, cuando proponía el encierro de los gitanos en los presidios, sugerencia retomada en su respuesta a Cienfuegos de 1766. A menos que supongamos un viraje completo del primer ponente sobre este punto en el curso de los últimos seis años nos inclinaremos a atribuir exclusivamente a Pedro Valiente las ideas más generosas del proyecto de 1772. Es importante añadir que, en este caso preciso, es este liberalismo a la Valiente el que caracterizará a la pragmática de 1783.

Juzgadas ineficaces las medidas estrictamente penales, el proyecto Campomanes-Valiente insistirá en la prevención por medio de la educación. En su preámbulo, al analizar las causas del fracaso de las leyes anteriores, los ponentes mencionaban ya la ignorancia y la mala educación. Enjuiciaban no sólo los vicios y la mentalidad de los padres gitanos sino también su miseria, que no les permitía pagar la educación de sus hijos, y la mala voluntad de los maestros artesanos que se niegan a tomar a éstos como aprendices.

Así pues, en el apartado nº 18 del proyecto de ley de Campomanes y Valiente (¿o habrá que decir sólo Valiente?) se pide que los niños sean enviados a la escuela desde los cuatro años para que aprendan el catecismo y sobre todo a leer y escribir. Los gastos de esta educación elemental no incumbirían a los padres. Podrían ser obtenidos de los fondos municipales y, en cualquier caso, los pequeños gitanos deberían recibir enseñanza gratuita por su condición de pobres auténticos. Aquí se insiste en que se los defienda de cualquier forma de racismo:

Sin que nadie en las escuelas ni otras partes los pueda insultar con el apodo de gitanos, prohibiéndolo y castigándolo los maestros rigurosamente a sus discípulos como punto de educación; celando las justicias, y párrocos de un acuerdo, que así se cumpla exactamente sin la menor disimulación, esmerándose todo el vecindario en tratar con caridad estas gentes, y atraerlos por todas las vías honestas a una vida cristiana y civil en lo que interesa toda la sociedad.[44] [22]

En lo tocante a los huérfanos y niños abandonados (los ponentes ignoran que los gitanos no acostumbran abandonar a sus hijos), se aspira a su colocación en familias honradas a expensas de la municipalidad y sólo en el caso de que esta solución resultara impracticable se pensaría en colocarlos en hospicios o "casas de beneficencia", pero, en todos los casos, sería necesario enseñarles la lectura, la escritura, el cálculo y el catecismo.

A partir de los siete años, los niños serían colocados como aprendices bajo contrato y con la vigilancia de la dirección de los hospicios o de la justicia, con el fin de que los maestros se ajusten escrupulosamente a su función de enseñanza profesional sin emplear a los niños para otras labores, sobreentendiéndose que nadie podría negarse a tomar un niño gitano como aprendiz. A la misma edad, las niñas, que según los ponentes están más expuestas a perderse que los niños, serían colocadas por esta razón en hospicios o casas de enseñanza, donde aprenderían a hilar, hacer medias y calcetines de punto encaje, bordado, blondas y costura. No se tolerará ninguna expresión racista a su respecto.

Los niños de más de dieciséis años aprenderían un oficio o serían colocados como mozos de labranza a cargo de amos honrados y bajo contrato de duración limitada. Los ponentes insisten una vez más sobre el hecho de que los otros aprendices o criados no deben hacer ninguna alusión a su origen gitano, ni siquiera en broma, y que no pueden negarse a trabajar con ellos. Se trata, en efecto

de desarraigar una de las causas principales, que ha impedido la aplicación de muchos oficios útiles y a la labranza y los ha desechado a vivir prófugos y vagos.[45] [23]

44 AGS, G. y J., leg. 1006, fº 110 rº vº.

45 *ibíd*, fº 113.

En cuanto a las muchachas solteras, obligatoriamente cumplirían un período en un hospicio o casa de enseñanza, el tiempo suficiente para aprender la doctrina cristiana, las buenas costumbres y los trabajos de aguja, y para olvidar las supersticiones y otros errores en cuyo ámbito han crecido.

De la caridad a la beneficencia

Las propuestas de Campomanes y Valiente en el plano educativo pueden aparecer como meras enmiendas a las soluciones indicadas el año precedente por el presidente del Consejo. La utilización de los hospicios y "casas de beneficencia" figura aquí con un simple matiz en la designación: Aranda habla de "casas de misericordia" y los dos ponentes de "casas de educación". El vocabulario cambia porque las mentalidades evolucionan. A la noción de caridad cristiana, virtud individual necesaria para la salvación, le sucede la de beneficencia[46] o de asistencia pública, deber social que incumbe en primer lugar a la autoridad administrativa. Por otra parte, ya no se trata de asegurar únicamente la subsistencia de los pobres o incapaces por medio de limosnas, sino de hacerse cargo de la educación y formación de los más desheredados, con el fin de volverlos útiles para la sociedad. En el plano humanitario, el proyecto de ley de 1772 constituye un claro progreso en relación con las medidas preconizadas por Aranda. Los niños ya no serían arrancados a sus padres desde el destete, sino enviados a la escuela; los aprendices y criados ya no permanecerían durante diez años a merced de sus amos, y los jóvenes de ambos sexos ya no sufrirían la separación por deportación a las islas o al continente americano.

Los niños arrancados a sus padres

Entre todos estos retoques aportados a sus sugerencias, el que menos apreciará el presidente del Consejo es la propuesta de escolarización de los niños de cuatro a siete años, como lo hará saber al rey al comunicarle el proyecto por mediación del ministro de Justicia.

A esta edad, los pequeños gitanos no aprenderán gran cosa y lo olvidarán todo al dejar la escuela tan pronto, observará Aranda, mostrándose más hostil aún a esta medida en lo relativo a las niñas, pues éstas, debido a la ausencia de maestras en los pueblos, serían obligadas a frecuentar la escuela de los muchachos, lo que no haría más, según él, que reforzar su inclinación natural al libertinaje.[47]

Sin embargo, el principal argumento del presidente Aranda contra este embrión de escolarización es que permitiría a los pequeños gitanos de ambos sexos permanecer junto a sus padres hasta los siete años, contrayendo así

46 Observemos que en francés la palabra "bienfaisance" {beneficencia} creada por Bernardin de Saint-Pierre para reemplazar a "bénéficence", sólo figura en el *Dictionaire de l'Academie* desde 1762.

47 AGS, G. y J., leg. 1006, fº 4 rº.

malos hábitos y aprendiendo esa jerga que ya no olvidarían. Reiterará, pues, su propuesta de confiar los niños a hospicios desde la edad del destete y, sin dejar de reconocer que esta solución pudiera ser más onerosa, afirmará que sería peligroso procurar hacer economías en un terreno como éste.

Carlos III coincidirá con este parecer, estimando también él que esa escolarización resultaría inútil y que sería inconveniente mezclar niños y niñas en las escuelas. Considerará preferible que los pequeños gitanos sean quitados a sus padres desde el nacimiento:

> Entiende Su Majestad que los niños y niñas deben separarse de sus padres cuanto antes, y aun impedir que les den la leche sus madres, sino que se remitan a las inclusas, o casas de expósitos, y en la edad mayor a los hospicios y casas de misericordia[48] hasta los catorce o quince años, con especial encargo a los que gobiernan dichas casas para que particularmente los cuiden y hagan que aprendan la doctrina cristiana y se eduquen en las buenas costumbres, conociendo los vicios que encierra la vida relajada que han seguido los de su raza, para la que la aborrezcan y detesten, teman a Dios y deseen hacerse vasallos útiles y obedientes a las leyes.[49] [24]

Los anhelos del soberano ilustrado no se integrarán exactamente bajo esta forma en la pragmática de 1783. El artículo 17 de ésta sólo se referirá a los jóvenes gitanos cuyos padres fueran vagabundos y sin oficio, los cuales habrán de ser, efectivamente, separados de sus familias, para colocarse como aprendices o ser confiados a hospicios y casas de enseñanza.

Es verdad que en su apartado nº 19, donde preveían, en última instancia, la colocación de los pequeños gitanos huérfanos o abandonados en establecimientos de beneficencia, Campomanes y Valiente evocaban también a aquellos cuyos padres reincidieran en sus vicios tradicionales o se mostraran negligentes, pero no es menos evidente que la dureza del artículo 17, uno de los más discutibles de la pragmática de 1783, se debe a la insistencia del conde de Aranda, del ministro de Justicia y del propio rey.

El artículo 18 preverá la constitución de comisiones o "juntas de beneficiencia", creadas en cada parroquia por iniciativa del Consejo y encargadas de la aplicación del artículo precedente, con la ayuda de los curas o de celosos y caritativos sacerdotes designados a este efecto.

La suerte de los jóvenes gitanos rebeldes

Más adelante veremos lo que sucederá con esta medida. Entretanto, en su apartado 25º, los ponentes Campomanes y Valiente se ocupan de la suerte de los jóvenes gitanos de más de dieciséis años que se mostraran indóciles o rebeldes. Aquí es donde vemos resurgir algunos resabios de los primeros informes de Campomanes y de Lope de Sierra Cienfuegos. En efecto, los jóvenes indisciplinados serían enviados al servicio de la marina durante un

48 Casas de Misericordia.

49 AGS, G. y J., leg. 1066, fº 7 vº.

tiempo determinado, después de lo cual podrían emplearse en los talleres de construcciones navales, en las fábricas de velas y de cordajes, herrerías y otros talleres de los departamentos marítimos. Esta medida recuerda singularmente la que preveía Sierra Cienfuegos para los jóvenes gitanos huérfanos de padre. En cuanto al proyecto americano de Campomanes, aquí reaparece aplicado a estos jóvenes recalcitrantes que en la marina sobrarían y que serían enviados a ciertas colonias de América —la Luisiana, el Orinoco, la bahía de San Julián y las islas de Juan Fernández—, así como todos los muchachos y muchachas que no hallaran empleo en España.

Estas concesiones a las antiguas propuestas de los procuradores del Consejo no harán más que retrasar la publicación de la ley. Las decisiones atañerían a la marina, y además se utilizaría a América como vertedero, así que será preciso pedirle su opinión a Fray Julián de Arriaga, quien se halla a cargo de los dos ministerios. El proyecto de ley del Consejo, concluido en enero de 1772, se le hará llegar, por intermedio del ministro de Justicia, sólo en agosto de 1775. Entretanto, el rey ha hecho saber que sería preferible enviar gitanos a las Antillas —a Puerto Rico, Santo Domingo y Cuba— antes que a Luisiana y otras colonias sugeridas por Campomanes.

Pero he aquí que, a comienzos de 1776, Arriaga muere antes de haber respondido. El ministro de Justicia, Manuel de Roda, consulta entonces al nuevo ministro de Indias, José de Gálvez. Un año y medio después éste aún no ha respondido y Roda le envía de nuevo el proyecto suplicándole, de parte del rey, que conteste rápido. Esta vez, Gálvez no necesitará más que una semana para dar su opinión, totalmente desfavorable.

Según él, la elección de Luisiana es particularmente aberrante. Esta colonia, que acaba de ser cedida a la corona española por Francia, es la muralla fortificada del rico imperio mexicano. Forma frontera con las colonias inglesas y con numerosas tribus indígenas y, por otra parte, su población se compone fundamentalmente de franceses y alemanes. La presencia de los gitanos también sería inconvenientes en las riberas del Orinoco, debido a la proximidad de las posesiones portuguesas, francesas y holandesas (Brasil y Guyanas) que intentan, todas ellas, extenderse. En lo que respecta a la bahía de San Julián (al sur de la Actual Argentina) y a las islas Juan Fernández (a la altura de Chile), Gálvez estima que los gastos y riesgos ocasionados por la deportación de los gitanos a esas regiones serían proporcionales a la distancia que separa a estas colonias de la madre patria. En conclusión, mientras los gitanos sean lo que son, es preciso cuidarse muy bien de enviarlos a América si se quiere evitar a España los desórdenes y revoluciones que acaban de estallar en el seno de las posesiones inglesas.

En 1776, precisamente, los Estados Unidos declaran su independencia y, durante el año 1777, pocos meses antes de la respuesta de Gálvez, una delegación americana presidida por Benjamín Franklin viaja a Europa para solicitar la ayuda de Francia y España. Los ministros de Carlos III se mostrarán sumamente reticentes, dudando en colaborar con una rebelión en una región del mundo donde ellos mismos poseen tantos intereses, y se limitarán a ofrecer un apoyo financiero.

En lo referente a la marina, Gálvez recuerda que, a la muerte de Arriaga, este ministerio fue separado del de las Indias, y que corresponde dirigirse a Pedro González de Castejón para tener una opinión sobre la oportunidad de embarcar a los jóvenes gitanos indóciles. Después de dos consultas, una en setiembre de 1777 y la otra en febrero de 1778, el marqués de Castejón se decide a responder, también él en forma completamente nagativa. Lanzándose a una extensa disertación en la que pinta un retrato de la flota española, describe la vida de los marineros en el entrepuente sugiriendo al pasar la posibilidad de ciertos delitos espantosos, nacidos de estas condiciones de vida particulares y que él se abstiene de precisar para no infringir las reglas del decoro. No deja de ironizar sobre la ignorancia de esos incorregibles hombres de tierra adentro que son los miembros del Consejo, quienes nada saben sobre la vida de los marinos, y afirma que si tuvieran la menor noción de lo que es un barco se cuidarían muy bien de hacer semejantes proposiciones.

El rey se mostrará partidario de la opinión de Castejón en lo tocante al alistamiento de los gitanos en la flota, pero en cambio no verá inconveniente en que estos jóvenes sean empleados para ciertos trabajos en los arsenales, las fábricas de bombas o de obuses, las herrerías y otros talleres de los departamentos marítimos, cosa que por lo demás se practica con los delincuentes comunes.

Promulgación de la pragmática (19 de setiembre de 1783)

Habrá que esperar todavía cinco años antes de que se promulgue la última pragmática española relativa a los gitanos. Entretanto, Carlos III rechaza firmemente una requisitoria de las Cortes de Navarra, que aún piensan en la expulsón y reclaman el encierro de los recalcitrantes en los presidios de Africa:

> El estado actual de este reino; falto de hospicios en los que desde la primera edad se rectifiquen las costumbres y formen útiles ciudadanos[50] y, por otra parte, la escasez de destinos y ocupaciones en que emplear provechosamente a los gitanos y gitanas adultos o de edad robusta, haría si no nociva, infructuosa para ellos la prisión y penas que proponéis; y acaso, ni aun los desterraría permanentemente o inundaría a otras de mis provincias y de seguro no los reduciría a útiles vecinos ni los mejoraría, que es seguro el fin a que mi paternal amor dirige las providencias.[51] [25]

Por último, el 19 de setiembre de 1783, se firma la pragmática sanción. Su preámbulo ofrece algunas explicaciones con respecto a su retraso. Se mencionan las numerosas consultas dirigidas por el rey a sus ministros y consejeros y, en particular, a Aranda, Floridablanca, Gálvez y Castejón, pero también la guerra que España, a continuación de Francia, debió decidirse a de-

[50] El término parece emplearse aquí por vez primera en este contexto.
[51] AGN Cuaderno de leyes de 1780-1781, pág 84.

clarar a Inglaterra en 1779, y que acaba de terminar con la firma del tratado de Versalles el 3 de setiembre de 1783.

La ley del despotismo ilustrado

Acabamos de asistir a la larga gestación de esta ley y pudimos constatar que algunos de sus principios tienen relación con las primeras leyes españolas referidas a los gitanos. No es posible comprenderla y juzgarla correctamente sin recordar que en ella culminan tres siglos de infructuosas tentativas destinadas a obtener la integración del cuerpo extraño gitano, en las que se utilizaron torpes recursos y métodos que en general se puede calificar de bárbaros.

Tal como es, pinta perfectamente la mentalidad de este siglo al que se calificó de ilustrado. La lucha entre los partidarios de soluciones más o menos "humanitarias" fue muy reñida. El oscurantismo resiste, los privilegios son tenaces; observamos que los hombres más abiertos a las nuevas ideas, como Aranda, Campomanes y el propio soberano, no defienden forzosamente las posiciones menos severas. En la ley definitiva no queda prácticamente nada de las primeras propuestas de Campomanes y Sierra Cienfuegos, salvo la alusión a la pena de muerte reclamada por éste contra los refractarios y que ahora al menos se impondrá sólo en caso de reincidencia siempre que con anterioridad se haya aplicado la marca del hierro candente. Además, no parece que se haya recurrido a esta medida extrema. También las sugerencias del conde de Aranda quedan abandonadas en su conjunto, con excepción de la educación de los niños pequeños en los hospicios, ahora reservada a aquellos cuyos padres se niegan a enmendarse. En cuanto a las opiniones de Carlos III, a la postre su alcance será muy limitado. Su anhelo de ver a los gitanos dispersados en residencias vigiladas bien distantes entre sí y sin posibilidad de comunicación no tendrá eco alguno y sólo su voluntad de arrancar a los recién nacidos de sus padres dejará algunas huellas en el artículo 17,[52] cuya aplicación se limitó aparentemente a los niños cuyos padres habían sido efectivamente condenados y encarcelados. Aun en este caso, como el artículo estaba redactado en términos bastante vagos, los niños de pecho quedaron provisionalmente con sus madres.

Aquí rozamos sin embargo los límites del llamado espíritu "de las Luces". Los incuestionables progresos de la ley de 1783 en relación con toda la legislación anterior en materia de gitanos no deben nada a consideraciones humanitarias y sólo se inspiran en un afán de eficacia. En este aspecto el preámbulo de los ponentes Campomanes y Valiente es bien claro y la situación de desigualdad en que se encuentran los gitanos se analiza aquí como una causa de fracaso de la legislación. El fin a alcanzar se repite como un estri-

[52] Hablar de la "ley de Carlos III" no es sino una manera de honrar su firma. En cualquier caso, la atribución de esta pragmática al conde de Floridablanca carece de fundamento, como hemos comprobado.

billo: se trata de transformar una masa de ociosos en súbditos útiles, y la ley ha seleccionado los mejores medios para lograrlo sin dejarse entorpecer por ninguna clase de escrúpulos. Así pues la finalidad de orden económico, nada tiene que ver con la moral, y el igualitarismo que entonces se manifiesta —sin tener en cuenta las diferencias de orden social—, puede considerarse como la expresión de una ideología totalitaria, desde luego, estos hombres del siglo XVIII parecen guiados por cierta concepción de la justicia, pero ésta, más eficaz ahora gracias a los progresos de la administración y de la policía, no será sino más implacable.

En su magnífico trabajo sobre el flamenco, Félix Grande consagra algunas brillantes y apasionadas páginas a la condena sin remisión de esta pragmática de 1783, y estigmatiza así el despotismo ilustrado de Carlos III:

> Organicemos una nación cuyo dios verdadero no es otro que la Jerarquía, cuyo altar no es sino el Estado, cuyo alimento es el Progreso, por así decir, y cuyo soporte es el trabajo decretado. Y cuanto pretenda quedar fuera de esta ecuación compacta, de esta meticulosa geometría, no ha de existir, no existe.[53]

Después de 1783, primer epílogo

La pragmática de 1783 parece prometida a un bello futuro, puesto que seguirá teóricamente en vigor hasta 1878.[54] Sin embargo, en el momento de su publicación el Consejo parece hacerse aún cuestiones, ya que pide su opinión a los tribunales de Zaragoza, Barcelona y Valencia. Lo que se pregunta es si aquello que es válido en Castilla lo es también para toda España, recordando que la política seguida con los gitanos sigue sin estar unificada, y que Aragón los expulsa todavía en 1646, Valencia en 1695 y Cataluña en 1715. ¿O se trataba de una mera fórmula de cortesía por parte del secretario particular encargado de los asuntos de la Corona de Aragón? Lo cierto es que los magistrados de estas tres circunscripciones responden pormenorizadamente a la invitación del poder central. Aprueban en forma unánime el espíritu de la pragmática y, en particular, su manera de luchar contra el racismo, principal obstáculo para la integración efectiva de los gitanos. Aparte de algunas críticas de mero detalle, como la invitación hecha al Consejo de descargarse de algunas de sus responsabilidades sobre las salas criminales, el conjunto de las enmiendas sigue una misma dirección, la de facilitar, precisamente, esa integración. Se propone la entrega de recompensas a los más meritorios, la creación de comisiones encargadas de luchar contra las manifestaciones de racismo o de rechazo de que pudieran ser víctimas los gitanos, la instalación de sociedades caritativas destinadas a proporcionarles trabajo, la estimulación de su acceso a la propiedad, etc. Todos hacen hincapié en el papel de la instrucción religiosa y elemental.

[53] Grande, Félix, *Memoria del Flamenco,* I, Madrid, Espasa Calpe, 1979, pág. 270.

[54] En realidad, su aplicación eficaz durará tan sólo cinco años, hasta la muerte del rey, como verenos.

Los aragoneses proponen una división de los gitanos en tres categorías. La primera clase está formada por los sedentarios que comparten el modo de vida de los otros habitantes de la región. Es inútil prever para ellos medidas particulares salvo las que tienen por fin la desaparición de su nombre y del odio que éste suscita, para así obtenerse su asimilación total.

Los gitanos de la segunda clase son seminómadas que tienen una residencia pero que se ausentan de ella con mucha frecuencia para acudir a las ferias y mercados. Estos deberían ser objeto de una vigilancia particular. Al tiempo que se limitarán al máximo sus desplazamientos, habría que controlar sus costumbres y la educación que dan a sus hijos.

Por último, los de la tercera categoría, constituida por los auténticos nómadas, merecen un tratamiento especial, pues se trata de obtener un cambio radical en su modo de vida sin escatimar sanciones ni recompensas.

En lo que atañe al nombre, los jueces aragoneses propician no sólo su censura en los pleitos y documentos oficiales, prevista por el artículo 4 de la pragmática, sino incluso un retorno a las medidas de 1633, ya que piden la prohibición de las actividades adivinatorias de los gitanos, y de sus espectáculos así como en cualquier obra o representación teatral que tenga relación con aquéllos.

En cuanto a los demás puntos, se advierte una mezcla de propuestas constructivas destinadas a facilitar la integración —que prevén, por ejemplo, distribuciones de tierras o exenciones de impuestos— y enmiendas en apariencia más negativas, como la limitación de las residencias a las localidades de más de quinientos habitantes, medidas particulares de vigilancia, prohibición de las ferias y mercados así como de diversos oficios más o menos ambulantes como los de esquilador, cochero, arriero o pastor.

El informe de la sala del crimen de Valencia ataca principalmente los prejuicios populares, por desdicha compartidos y facilitado por las autoridades civiles y religiosas, que han mantenido a los gitanos al margen de la sociedad. Los valencianos denuncian la amplia tendencia a atribuir a los gitanos los más detestables delitos cometidos en el país *"con desprecio de la justicia y la caridad y en contra de lo que la experiencia ha demostrado"*, e insisten en el hecho de que esta odiosa discriminación ha sido perjudicial a los propios intereses de los contribuyentes, cuyas cargas habrían disminuido si hubiesen recibido en su seno a esos hombres que ellos rechazan injustamente.

El tribunal de Barcelona propone una serie de medidas complementarias para facilitar y mejorar la aplicación de la pragmática:

— estímulo del acceso a la propiedad de los gitanos con recursos;
— limitación de las residencias a las ciudades de más de mil habitantes;
— educación de los niños gitanos a partir de los cuatro años;
— creación de sociedades de caridad según el modelo francés;
— creación de empleos en los trabajos públicos para los hombres y empleo de las mujeres en la carda, el hilado y otros trabajos preparatorios para el uso de los textiles en las manufacturas.

El tribunal catalán parte, en efecto, del principio según el cual lo único que justifica la represión del ocio es el ofrecimiento de trabajo.

Es importante subrayar que los magistrados de la Corona de Aragón son unánimes en reconocer que la delincuencia gitana es mínima y no guarda ninguna proporción con las tradicionales acusaciones vertidas contra la raza maldita. En el mismo sentido, la sala del crimen de Barcelona no puede citar más que un solo proceso por asesinato en diez años; reconoce asimismo que los robos cometidos por los gitanos son de escasa importancia y que casi todos tienen por objeto productos comestibles, lo cual prueba a las claras que los autores se vieron forzados a perpetrarlos por razones de necesidad. Se podrá observar no obstante, una vez más, que el afán de presentar una imagen más justa de la minoría gitana y de luchar contra las diferentes formas de racismo que se ejercen a su respecto no está exento de encubiertas motivaciones económicas. Si ciertas medidas preçonizadas por los tres tribunales de la Corona de Aragón nos parecen más positivas en un sentido humanitario, mientras que otras exhibirían un sentido represivo y constituirían un claro retroceso comparadas con los artículos de la pragmática de 1783, no hay que perder de vista el carácter anacrónico de tales criterios. Las proposiciones de los magistrados de Zaragoza, Valencia y Barcelona no son ni generosas ni retrógradas, y los términos "justicia" y "caridad", frecuentemente empleado, no deben movernos a error el único fin buscado es la rentabilidad. ¿Cómo sacar el mejor provecho posible de una comunidad marginal que tiene tendencia a vivir en forma parásita? Este es el problema, y la solución cae de su peso: "hay que combatir todos los factores de marginación y transformar a estos parásitos en miembros activos de una sociedad que tiende a confundir el progreso con la expansión económica; transformarlos en trabajadores honestos, en contribuyentes y servidores públicos a discreción, en "proletarios", por emplear este antiguo término en un sentido que a finales del siglo XVIII aún no se ha adquirido del todo en "ciudadanos útiles", como claramente se dice. Aquí la palabra JUSTICIA suena a amenaza, y la CARIDAD consiste en proporcionar cierto tipo de trabajo a aquellos que, por instinto, lo repudian. En este aspecto los textos que acabamos de mencionar no pueden ser más claros, por ejemplo el sexto apartado del informe del tribunal catalán:

> Que se establezcan precisamente en todos los pueblos que pasasen de mil vecinos, diputaciones o juntas de caridad; las cuales procurasen tener algúin almancén de primeras materias con que diesen honesta ocupación esta clase que no tuviesen otro modo de ganar su subsistencia. Y éste es, al parecer del Fiscal, otro de los medios más dignos de atención para lograr el alto y utilísimo fin que se ha propuesto el soberano en esta pragmática-sanción, pues, con él se desterraría la ociosidad y se les privaría de la tan perjudicial como continua disculpa de no tener que trabajr, la cual ha entibiado mil veces el castigo y ha producido otras tantas fatales consecuencias. [26]

Los magistrados de las tres Cámaras criminales de la Corona de Aragón a quienes se ha tenido a bien pedirles su parecer, acaban de pronunciarse, y hay que reconocer que sus sugerencias prácticas carecieron prácticamente de eco, con la excepción de la explosión de celo educativo de un alcalde de Barcelona de quien hablaremos más adelante.[55] Aquellos a quienes nada se pregunta también van a expresarse en el curso de los cuatro años que siguen a la publicación de la pragmática, y será, por lo general, en un sentido restrictivo. En efecto, cuanto más se desciende en la jerarquía de la administración de justicia más se pierden de vista las miras político-económicas de la ley para acantonarse en un papel puramente represivo.

En lo que respecta a los oficios autorizados a los gitanos, muchos corregidores consideran insuficientes las restricciones del artículo 8 de la pragmática —que sólo conciernen a los esquiladores, los traficantes de ganado y los venteros establecidos en parajes aislados—, y las extienden por propia iniciativa a otras actividades. El corregidor de Murcia estima, y es bien curioso, que el oficio de aguador "no forma parte de los que son admitidos por la pragmática" (!) y —circunstancia agravante, en su opinión singularmente intolerable— que justifica la utilización de bestias de carga. Decide, pues, que en lo sucesivo el susodicho oficio está prohibido y que la posesión de caballos, asnos o mulos no será tolerada bajo ningún pretexto.

El corregidor de Jerez de la Frontera preferiría poder arrestar a los gitanos antes de iniciarse el menor procedimiento, pues cuando están libres es más difícil obtener testimonios. Igualmente desearía poder obligar a los de su circunscripción a cortarse las patillas, pues esta pilosidad produce un pésismo efecto y les da un aspecto aterrador.

El alcalde de San Clemente pide que se prohíba rigurosamente, salvo autorización especial, el comercio de ganado, que el artículo 8 de la pragmática juzga simplemente insuficiente, y además propone que los niños gitanos sean separados de sus padres y colocados en hospicios, fábricas o casas de beneficencia.

Un abogado de la Roda, Andrés Antonio de Torres González, alega por la rehabilitación del trabajo manual. A su entender, hasta los miembros de la nobleza pueden practicarlo sin degradarse, y denuncia los ridículos prejuicios que, menospreciando esta clase de activiad, han frenado el crecimiento de las fábricas y la prosperidad del Estado. Sin embargo, el principal objeto de su memorial es reclamar la prohibición a los gitanos de los oficios de arriero y del labrador, que les permiten circular por los campos y perpetrar impunemente sus fechorías.

El alcalde y el procurador síndico de Cañaveras impedirían a los gitanos ejercer el oficio de arriero salvo bajo toda una serie de condiciones y restricciones y, en particular, la obligación de llevar consigo una suerte de pasaporte que deberían visar dos veces al día y el cual se consignarían con precisión su identidad, la descripción de sus animales y la naturaleza de sus mercancías. En cambio, los dos hombres no verían inconveniente en que estos arrieros sospechosos se emplearan preferentemente en tareas agrícolas hacia las cuales en general no manifiestan demasiado entusiasmo, más aun

[55] Véanse págs. (p. trad: 166-176).

cuando faltan brazos para la agricultura. Como precisamente acaban de detener a unos arrieros gitanos que profirieron amenazas contra ellos cuando se les llevaba para someterlos al castigo del hierro candente, previsto por el artículo 13 de la pragmática, verían de buen grado que se combinara esta pena con unos buenos años de presidio, a fin de aplacar un poco el ardor de los interesados.

Los dos procuradores del Consejo llamados a pronunciarse sobre este asunto se entregan a una auténtica sobrepuja. Proponen, en efecto, que sólo excepcionalmente se conceda a los gitanos autorización para ejercer el oficio de arriero, y que se acuerde únicamente a los individuos irreprochables; en lo tocante al agravamiento de la pena prevista por la pragmática en caso de primera infracción, estiman que la marca del hierro candente debería acompañarse de una condena a trabajos forzados a perpetuidad en el presidio de Puerto Rico para los hombres y de reclusión de por vida en una casa de corrección para las mujeres. Precisan su aspiración a que sus propuestas sean integradas en la ley de 1783 en forma de adiciones.

En Murcia, el corregidor extrema su celo hasta el punto de convocar tres veces seguidas a los gitanos establecidos en su ciudad, para leerles la pragmática y "exhortarlos paternalmente el agradecimento a tan singular beneficio, y la obligación que tenían de corresponder y dar prueba de su aplicación y obediencia". Sin embargo, tiene algunos problemas con los niños y los ancianos, pues los locales del hospicio municipal no son apropiados para estos nuevos pensionarios y el establecimiento carece de los fondos necesarios para atender a su manutención.

El corregidor de Salamanca pergeña todo un sistema de vigilancia destinado a controlar la identidad de los viajeros y a facilitar el arresto de los sospechosos. Así, todos los comerciantes tiene la obligación de hacer constar la descripción y los desplazamientos de todas las personas desconocidas. Tienen asimismo el deber de retener a estas personas hasta la llegada de la justicia, quien verificará minuciosamente su origen, lugar de residencia y medios de vida. El corregidor pone igualmente a contribución a todos los representantes de la justicia de las localidades de la provincia, los alcaldes de la Santa Hermandad, los recaudadores, guardias forestales, jefes de cultivo, alcaldes de barrio y alguaciles, todos los cuales deberán indagar discretamente sobre los individuos que pudieran ser sospechosos y eventualmente detenerlos.

El alcalde de Segura de León es más ambicioso todavía. No se contenta con medidas de alcance local y pide al rey una serie de disposiciones destinadas a mejorar la pragmática de 1783. De este modo, aconseja el arresto de todos los desconocidos a fin de verificar su identidad, su dirección, su profesión y el motivo de su desplazamiento. Como obedece escrupulosamente la ley evitando emplear el término "gitano", podemos suponer que esta sugerencia apunta especialmente a los desconocidos que respondan a un tipo un tanto característico. Para "la gente de esta categoría", como dice púdicamente, prevé un salvoconducto del mismo tipo de los que se usaban antes de la pragmática, con las señas del destinatario, el motivo de su desplazamiento, el plazo que tiene concedido, y llegado el caso, los motivos de su arresto fuera de su lugar de residencia habitual.

Por otra parte, los habitantes del reino tendrían la obligación de indicar a la justicia la presencia de toda persona de paso que se aloje temporariamente bajo su techo, y los representantes del orden tendrían el deber de inspeccionar cada noche las posadas, tabernas, casas de juego y otros lugares que pudieran servir de refugio a personas sospechosas.

Junto a iniciativas locales o proyectos más ambiciosos dirigidos al rey o al Consejo, la aplicación de la pragmática de 1783 da también lugar a denuncias e incluso ajustes de cuentas. El alcalde de Almendralejo señala la negligencia de algunos colegas y aprovecha la ocasión para sugerir ciertas medidas restrictivas: prohibición a los gitanos de abandonar su domicilio sin un certificado de buena conducta que indique el motivo de su desplazamiento, obligación para todos de practicar oficios "laboriosos y útiles", etcétera.

Un alcalde de Jorquera, en la Mancha, acusa a un escribano forense y a un teniente, domiciliados en una localidad vecina de complicidad con los gitanos. Un habitante de Linares denuncia al corregidor y a un antiguo alguacil de esta ciudad, según él culpables de tolerancia y corrupción. Si se da crédito a una carta anónima redactada por un habitante de Baeza, todos los representantes de la justicia de esta región se dejarían comprar por los gitanos. El alcalde de Dalias, provincia de Almería, aspira a que se les prohibía residir fuera de las capitales y de las cabezas de partido, con lo que se evitaría ver toleradas sus fechorías por la justicia ordinaria de los pueblos. Un consejero municipal de Villanueva de los Infantes acusa de negligencia culpable a las autoridades de la localidad, etcétera.

Cabe señalar que entre 1784 y 1787, los diferentes artículos de la pragmática referidos a las obligaciones de los representantes de la justicia son objeto de numerosos recordatorios, y varios informes hacen constar que la mayoría de las sabias disposiciones refrendadas por Carlos III han resultado letra muerta. En febrero de 1787, se consulta a los tribunales por la aplicación de la pragmática en sus circunscripciones respectivas y algunos de ellos, como la Audiencia de Barcelona, dan a conocer su entera satisfacción. La sala del crimen catalana reconoce que ciertos gitanos han cambiado de domicilio por conveniencia personal, pero siempre lo han hecho con el acuerdo de la justicia y hace ya mucho tiempo que el tribunal no ha tenido que atender quejas respecto de esa gente. Además, los magistrados barceloneses tienen el orgullo de recordar la obra regeneradora ejemplar realizadas por uno de los suyos, Francisco Antonio de Zamora, con niños gitanos de Cataluña. El único punto negro evocado es la falta de hospicios adecuados y su carencia de ingresos suficientes para acoger a los gitanos viejos o enfermos.

Mientras que estos problemas son comunes al conjunto de España, en cambio otros tribunales no comparten el optimismo de los catalanes. En un memorial dirigido al conde de Floridablanca en julio de 1787, un alcalde de la Cancillería de Granada, Carlos de Ribera, se muestra sumamente pesimista y casi premonitorio cuando afirma que es de temer que, en el futuro, bajo un gobierno menos vigilante, la pragmática acabe por caer en el olvido, como todas las precedentes. Pero, a su entender, no hay más que dos soluciones para el problema gitano: la asimilación o el exterminio, y reconoce que la segunda empeoraría las cosas:

La humanidad y el bien del Estado piden igualmente que no se recurra a este extremo sin haber apurado antes todos los medios de lograr el primero.[56] [27]

En este sentido, Carlos de Ribera reconoce que la pragmática de 1783 dispone de una nueva carta de triunfo: es la primera ley que no se conforma con medidas puramente penales, y que tiende a hacer un lugar a los gitanos en el seno de la nación. Sólo que semejante proyecto no podrá dar frutos sino a condición de acompañarse por un esfuerzo educativo de largo aliento:

La falta entera de educación de estas gentes, su inclinación al ocio, pasión natural del hombre, y entre ellos fortificada con el hábito, a que se ha seguido el notorio desarreglo de sus costumbres, piden una vigilancia muy menuda, larga y atenta sobre su conducta para el remedio. [28]

Desde esta perspectiva, el magistrado se permite también algunas sugerencias. Propone dispersar a los gitanos por todo el país, en poblados de por lo menos setecientos habitantes y a razón de una sola familia en cada uno de ellos. Prevé igualmente la creación de comisiones municipales encargadas de la educación religiosa, la vigilancia y la protección de estas familias.

Así, durante los cinco años que siguen a la publicación de la pragmática de 1783, su aplicación suscita una extraordinaria efervescencia. Se habrá podido notar que si algunos de los magistrados que intervienen en este debate formulan propuestas bastante positivas tendentes a favorecer la inserción de los gitanos en la sociedad española, en definitiva el palo es mucho más grueso que la zanahoria, y la mayoría de las medidas sugeridas por los corresponsales del Consejo y del ministerio de justicia constituyen una suerte de vuelta atrás: limitaciones en lo tocante a la elección de las residencias y oficios, prohibiciones diversas, separación de los hijos y padres con el pretexto de la educación, agravamiento de las sanciones e incluso instauración de un verdadero régimen policíaco con control de identidad, arrestos, salvoconductos, etcétera.

En eso se estaba cuando, pocos días después de un último recordatorio de varios artículos de la pragmática, impreso en Madrid el 1 de diciembre de 1788, muere Carlos III y los dos hombres encargados de llevar a buen puerto su política de integración de los gitanos no tardarán en abandonar la escena pública. Campomanes se retira en 1791 y, al año siguiente, Floridablanca es destituido de todas sus funciones.

56 AGS G y J leg. 1010.

Desde la muerte de Carlos III hasta el siglo XX

Bajo el reinado de Carlos IV, la pragmática de 1783 sólo se menciona para recordar a los representantes de la justicia su deber de perseguir a todos los malhechores y, si bien en la circular del 9 de marzo de 1795 se citan íntegramente los artículos 35 a 37, sólo es para hacer notar que en general se los ha interpretado mal y aplicado exclusivamente a los gitanos, mientras que la amnistía prevista por la ley concernía al conjunto de los delincuentes, con excepción de unos pocos casos enumerados en el artículo 40.

Bajo Fernando VII, dos veces se recuerda a los representantes de la justicia el conjunto de leyes existentes contra los gitanos, y se aplican medidas restrictivas, en particular referidas a la participación en las ferias. Un nuevo recordatorio tiene lugar en 1837 durante la regencia de María Cristina de Borbón; sin embargo, gracias a las guerras carlistas, los antiguos nómadas se han puesto a circular libremente, según testimonio de Charles Dembowski:

> Hoy, se contentan con obligarles a poner sus campamentos fuera de las poblaciones. Indiferentes a pasiones políticas, han conservado estricta neutralidad entre don Carlos y la reina. Gracias a su pobreza, sin duda, son en esta guerra los únicos españoles que viajan con alguna seguridad. . .[57] [29]

Posteriormente, las leyes del siglo XIX apuntan fundamentalmente a los chalanes gitanos. La del 22 de agosto de 1847, firmada por Isabel II, estipula que éstos deberán poseer, además de sus papeles personales, un documento que indicará el número y las características de sus animales y el otro en el que figurará toda compra, venta o intercambio de éstos. Por último, en 1878, Alfonso XII anula todas las disposiciones anteriores y decreta que todos los chalanes, gitanos o no, deberán contar con una patente y un documento particular para cada uno de sus animales (LA GUIA), que indique su clase, procedencia, edad, marca y signos particulares.

A comienzos del siglo XX, el artículo 2 del reglamento del 24 de abril de 1905 sobre el régimen de los animales sin propietario, prevé que los que sean aprehendidos a los gitanos y otros traficantes de ganado en los mercados, carentes de documento que certifique su legítima propiedad y sin dueño conocido, serán considerados como bienes vacantes. *La Enciclopedia Jurídica Española* de 1910, que cita este artículo, subraya que los gitanos ya no son objeto de ninguna legislación particular.

> En la actualidad, los gitanos están sujetos a la ley común; obligados como los demás españoles a avencindarse y subvenir a las cargas públicas gozando también, sin restricción alguna de todos los derechos inherentes a la ciudadanía. Pueden libremente, dedicarse con sujeción a las leyes y reglamentos, a cualquiera género de industria, profesión u oficio, y, abolida la ley de vagos, no se les puede acusar de otros delitos que los definidos en el código penal ni imponérseles penas distintas de las señaladas en éste.[58] [30]

[57] Dembowski, Charles, *Dos años en España y Portugal durante la guerra civil*, 1838-1840, t. I, Madrid, 1931, pág. 161.

[58] *Enciclopedia Jurídica Española*, Barcelona, 1910, t. XVII, pág. 146.

En efecto, las leyes posteriores frecuentemente citadas, como la ley del timbre del 18 de abril de 1932 y las disposiciones del 24 de julio y del 2 de setiembre de 1942 sobre comercio de ganado, no apuntan a los gitanos ni los mencionan especialmente.

No obstante, los artículos 4 y 5 del reglamento de la Guardia civil, aprobado el 14 de mayo de 1943, recomiendan la vigilancia estrecha de los gitanos y, en particular, el control de su modo de vida y de sus desplazamientos:

ARTICULO 4. - Se vigilará escrupulosamente a los gitanos, cuidando mucho de reconocer todos los documentos que tengan, observar sus trajes, averiguar su modo de vivir y cuanto conduzca a formar una idea exacta de sus movimientos y ocupaciones, indagando el punto a que se dirigen en sus viajes y el objeto de ellos. [31]

ARTICULO 5. - Como esta clase de gente no tiene por lo general residencia fija, se traslada con mucha frecuencia de un punto a otro en que sean desconocidos, conviene tomar de ellos todas las noticias necesarias para impedir que cometan robos de caballerías o de otra especie.[59] [32]

Los gitanos, hoy

En resumidas cuentas, si bien en la primera mitad del siglo XX los gitanos dejan de estar sometidos a leyes específicas, siguen siendo objeto de una vigilancia muy especial por parte de la Guardia civil. La cuestión gitana ya no existe legalmente, pero ¿significa esto que los CALÉ han pasado a ser ciudadanos como los demás? Aun en ausencia de una discriminación oficial, los prejuicios subsisten, y estos hombres, que han conservado contra viento y marea algunas reliquias de su antiguo particularismo étnico, inspiran a menudo desconfianza y desprecio, sobre todo cuando mantienen su nomadismo.

De hecho, la situación del gitano en España varía mucho según la región y el grado de integración. En este aspecto, el resultado más evidente de la política practicada desde los Reyes Católicos hasta Carlos III —con los muchos titubeos que hemos comprobado— es la sedentarización masiva que se hizo efectiva en la primera mitad del siglo XVIII. Como es sabido, fue esta primera etapa la que posibilitó la redada de 1749. Las estadísticas oficiales publicadas después de la pragmática de Carlos III demuestran el modestísimo éxito obtenido por ésta. Más del 88% de los gitanos de España —exceptuada Cataluña— ya estaban sedentarizados ante de 1783. Sólo mil doscientos dieciocho aprovechan la aministía general para solicitar un domicilio. Además, el número oficial de contraventores es de noventa, y el término engloba a los sedentarios encausados por delitos de derecho común.

Así, pues, la sedentarización de la gran mayoría de los gitanos es un hecho adquirido en el transcurso del siglo XVIII, y las medidas un poco más

59 Aranzadi, Estanislao de, *Diccionario de legislación,* t. VIII, Pamplona, 1951, nº 9577, pág. 659.

liberales de 1783 no cumplieron un papel decisivo en este fenómeno. En cambio, contribuyeron en cierta medida a una mejor integración de estos sedentarios tendiendo a sacarlos de su condición de parias.

El aflojamiento de la atención respecto de los gitanos a partir de 1788 y los desórdenes provocados por la guerra civil, incitaron a los menos integrados a reanudar su vida errante a comienzos del siglo XIX. Más tarde, en el siglo XX, cíngaros oriundos de otros países de Europa vinieron a engrosar las filas de estos nómades, pero prácticamente no se mezclaron y los españoles suelen distinguir a los recién llegados llamándolos "húngaros". Los gitanos españoles que aún practican el nomadismo ancestral constituyen hoy una minoría. Muestran tendencia a considerarse más auténticos que sus hermanos de raza ahora sedentarios y, a su vez, éstos no los frecuentan apenas y los desprecian cordialmente.

Por razones sobre las cuales tendremos ocasión de volver, en ciertas regiones la integración se cumplió mucho antes y fue mucho más profunda; sobre todo en la Baja Andalucía, donde a finales del siglo XVIII el mestizaje es ya relativamente importante y donde, ya en esta época, ciertas familias ocupan una posición social bastante envidiable. A la inversa, en otras regiones la sedentarización fue muy tardía; es el caso de Cataluña que, administrativamente autónoma hasta 1716, hasta entonces se había contentado con praticar la expulsión. Aquí se pueden observar disparidades singularmente espectaculares entre algunas familias que, instaladas sobre el territorio catalán antes de la aplicación de las leyes castellanas en virtud de privilegios particulares pudieron eniquecerse con el comercio de caballos y, por otra parte, la masa de los gitanos sometidos al régimen general y cuyos descendientes, salvo alguna excepción, fueron a amontonarse en las chabolas.

Cierto es que el fenómeno no es privativo de Cataluña, y hallaremos gitanos viviendo en miserables barracas en la periferia de todas las grandes ciudades. Asimismo, los gitanos andaluces están lejos de hallarse todos en el mismo caso, pero la proporción de los que se encuentran totalmente marginados es en general menos importante en el bajo valle del Guadalquivir que en las provincias del norte.

El amplísimo panorama de los gitanos sedentarios abarca desde el rico comerciante propietario de lujosas tiendas hasta el pequeño chatarrero de chabola. Si en cuanto al primero se puede hablar de integración efectiva, el caso del segundo es mucho más dudoso. En cuanto a la asimilación, soñada durante tantos siglos por todos los soberanos españoles, ¡éste es otro asunto! La integración no es la panacea: mientras que algunos gitanos triunfan en los negocios, hacen brillantes estudios universitarios o, cosa aún más rara, una carrera política, o simplemente se insertan en la sociedad dominante gracias a la música o a la tauromaquia, en cambio el espectáculo de millares de ellos arrojados en los grandes vertederos humanos de los arrabales no puede suscitar ningún entusiasmo, ¡incluso cuando se ha visto practicar el moderno método del apilamiento vertical en jaulas de hormigón! La obstinación de las leyes logró arrancar a estos parias del siglo XX, pedazo por pedazo, los últimos signos exteriores de su antigua cultura. En los presidios del siglo XVIII los gitanos dejaron los jirones de su antigua vestimenta y las reliquias de su lengua india, pero supieron salvaguardar una particularidad menos visible y más esencial: una organización social fundada en la solidaridad del clan familiar, que corre paralela con la existencia de una forma de justicia que le es propia y con la superviencia de ciertas costumbres. Mientras los gitanos más acomodados, mejor "insertados" en la sociedad ambiente sigan casándose según sus ritos y tomando bajo su protección a los parientes menos afortunados, mientras insistan en decirse gitanos contra viento y marea, entonces la asimilación total "exterminadora" seguirá siendo un fracaso y no hay por qué lamentarlo. El genocidio cultural de una minoría no aporta estrictamente nada a la sociedad dominante, como no sean algunas escorias suplementarias; por el contrario, significa una mutilación del patrimonio común de la humanidad entera.

Segunda Parte

La justicia en acción

Los jarai por las esquinas
con velones y farol
en alta voz se decían:
¡Mararlo, qu'es calorró!*

La organización de la justicia

Decididos los soberanos españoles, desde 1499, a arremeter contra el nomadismo gitano y obtener la desaparición de este cuerpo extraño mediante la alternativa de la sedentarización o la expulsión, eso en un primer tiempo, y luego por el encierro en residencias vigiladas, el éxito relativo de estos diferentes métodos iba a depender, naturalmente, de la eficacia de la policía. Al comienzo esta policía es muy rudimentaria, y es frecuente que sus tareas sean delegadas al conjunto de la población. Así, pues, la pragmática de los Reyes Católicos prevé, en última instancia, que los gitanos refractarios a las soluciones que se les han propuesto pasarán a ser esclavos de por vida de quienes decidan apoderarse de ello. Por otra parte, cuando se organiza la persecución de gitanos fugitivos, a menudo no queda otra posibilidad que la de armar a los campesinos de manera improvisada y prometerles recompensas en caso de captura. En los primeros tiempos, los gitanos, que circulan en bandas bastante importantes y en general bien armadas, disponen de una neta superioridad. El progresivo mejoramiento de los medios puestos a disposición de la justicia acabará por invertir la relación de fuerzas y los últimos nómadas, acorralados en las montañas como vulgares presas de caza, serán prácticamente eliminados.

En el vértice de la jerarquía judicial encontramos, como es lógico, al rey. Este ya no administra justicia directamente como sucedía en la Edad Media, sino que delega sus poderes en el Consejo (Consejo Real de Castilla o Real Cámara). Desde el reinado de Felipe II el soberano será asistido por secretarios de Estado y del Despacho que se transformarán, bajo Felipe V, en verdaderos ministros, uno de los cuales se especializará en la administración de justicia. Por debajo del Consejo, constituido por letrados y con sede en la Corte, hallamos, a escala de los antiguos reinos o provincias, tribunales o AUDIENCIAS, igualmente compuestos por licenciados en derecho, repartido en oidores y alcaldes del crimen. Al igual que en el seno del Consejo, los intereses del Estado son defendidos por un Fiscal.

Fuera de ello, a partir de finales del siglo XV, dos tribunales superiores, denominados CANCILLERIAS, funcionan uno en Valladolid y el otro en Granada (tras un breve período en Ciudad Real), cada uno de ellos con

* Los hombres por las esquinas / con velones y farol / en alta voz se decían: / ¡Maldito, es un gitano! [T.]

jurisdicción sobre una mitad de España. CANCILLERIAS y AUDIENCIAS tienen estructuras y funciones prácticamente idénticas; sirven de Corte de Apelación y les compete el conocimiento privativo de cierto número de casos particulares. En materia criminal, sólo aquellas sentencias de las AUDIENCIAS que impliquen la pena de muerte pueden ser remitidas a las CANCILLERIAS, y los fallos de éstas son en principio irrevocables. Sólo en casos muy graves procede el recurso al Consejo. Sin embargo, en lo que concierne a los gitanos, la complejidad y ambigüedad de las leyes dedicadas al respecto harán muy frecuente esta práctica, más aun cuando, convertido el "exterminio" de la minoría en un problema nacional, el Consejo tomará las cosas cada vez más en sus manos, quitará a las CANCILLERIAS y AUDIENCIAS algunas de sus atribuciones y exigirá se le informe de cuanta novedad se presente en este terreno.

En el plano local, quien ejerce la justicia real es un CORREGIDOR o un ALCALDE. El corregidor puede ser un hombre de toga o bien de capa y espada. Cuando debe su cargo únicamente a su estado noble, es asistido por uno o dos ALCALDES MAYORES, quienes deberán ser licenciados en derecho y le reemplazarán en caso de necesidad. Debe apuntarse que el homólogo del corregidor en una jurisdicción señorial lleva el título de GOBERNADOR, y que el corregidor de Sevilla recibe el nombre de ASISTENTE.

En el nivel más bajo de la escala encontramos ALCALDES ORDINARIOS o DE FUERO elegidos entre los habitantes de los pueblos, siempre legos en materia de derecho y muy a menudo analfabetos. La política centralista tenderá a eliminar progresivamente esta elección popular y a imponer la designación de los alcaldes por el Consejo o por el corregidor.

Fuera de los límites de los poblados, la jurisdicción de los corregidores y alcaldes se completa con la de la SANTA HERMANDAD, justicia paralela creada por los Reyes Católicos y especialmente encargada de la represión del bandidismo en las zonas rurales. Posteriormente, y a pesar de conservar ciertos privilegios, se reducirá a una simple policía rural a la cual sucederá, en 1835, la actual Guardia civil. Los jueces o "alcaldes" de la Hermandad tienen bajo sus órdenes guardias a caballo (CUADRILLEROS) encargados de las bajas faenas policíacas, como sucede con los ALGUACILES de las ciudades.

A estos diferentes tipos de jurisdicciones civiles hay que añadirles la de la Iglesia, que aquí se manifiesta en la cuestión del derecho de asilo y que no debe confundirse con la Inquisición, de la que hablaremos más adelante. Desde luego, todas estas "justicias" celosas de sus prerrogativas no dejan de enfrentarse entre sí. Para complicar aún más esta tensa atmósfera, el Consejo puede despachar PESQUISIDORES o ALCALDES DE SALARIO con el fin de instruir un asunto particular o incluso de arbitrar un conflicto de jurisdicción como los que acabamos de mencionar, así como COMISIONADOS (o comisarios) encargados de una misión precisa por un tiempo determinado: la caza de gitanos, por ejemplo.

Para completar este rápido bosquejo de la justicia española de la época moderna debemos precisar que, así como los corregidores y alcaldes acumulan funciones administrativas civiles y judiciales, y hasta militares en el caso de los gobernadores, no hay una clara separación entre justicia y policía. Cuando el juez (alcalde o corregidor) se presenta en el lugar de los hechos, siempre está acompañado con un ESCRIBANO —indispensable para la redacción de las actas— y con ALGUACILES, empleados subalternos de la justicia a quienes incumbe el arresto de los malhechores. Cuando se trata de operaciones de gran importancia es frecuente recurrir al auxilio del ejército e incluso a la colaboración de las poblaciones locales.

Aun es preciso añadir que la justicia no dispone de un presupuesto particular de origen estatal, y que va tirando con las multas aplicadas a los condenados e incluso con los bienes que se incautan a los simples procesados, lo cual es, en principio, ilegal. En estas condiciones, mantener individuos insolventes —en las cárceles que además son escasas y poco seguras— es algo que no deja de plantear delicados problemas, entendiéndose que toda persona encarcelada debe subvenir a sus propias necesidades.

No extrañará ver que ciertos comisarios, que pretenden convertir su cargo judicial en una fuente de lucro, arremeten más contra los jueces locales culpables de tolerancia o complicidad que contra los propios gitanos, cuyos pobres andrajos no siempre son convertibles en dinero, y cuando algunos de aquellos traen a sus prisioneros gitanos a una cárcel situada en su trayecto, las autoridades y la población local suelen protestar enérgicamente contra este regalo envenenado.

Actitudes diversas de la justicia y dificultades de la persecución de los gitanos

La multiplicidad de jurisdicciones —eclesiástica y civil, corregidores y Santa Hermandad, alcaldes mayores nombrados por el Consejo y alcaldes ordinarios elegidos por los vecinos...— en conjunto es más bien favorable a los gitanos. Lejos de sumarse entre sí, estos diferentes poderes judiciales no hacen más que rivalizar y a veces se anulan unos a otros. En el seno de esta justicia polimorfa, la relación con los gitanos y la actitud a su respecto son muy variadas. Ciertos alcaldes de pueblo dicen ignorar por completo la existencia de leyes contra los gitanos, y es verdad que la promulgación de estas leyes a veces se conoce en el campo con mucho retraso. Además, muchos de estos jueces pedáneos no saber leer y se confían en escribanos que no siempre cumplen su cometido a conciencia. Con frecuencia se les acusa de dejarse intimidar por los gitanos, pero también es cierto que a veces se acostumbran muy bien a su presencia y no les llama la atención unas actividades que las altas esferas juzgan ilícitas, como la herrería, a menudo indispensable para los campesinos de la región, o el tráfico de caballos, del que ellos mismos pueden obtener ciertas ventajas en especie e incluso hasta sustanciales beneficios con la percepción de derechos particulares sobre la venta de animales. Finalmente, en su propio terreno, en los pueblos, se onoce mejor a los gitanos con los cuales se vive. No se los juzga ndiscriminadamente, según los estereotipos de las instancias superiores, como carne de horca que es preciso exterminar. Muchos vecinos los consideran hombres corrientes y atestiguan en su favor diciendo:

> Aunque se los llame gitanos, se conducen como todo el mundo.

En los pueblos, quizás haya todavía más inclinación a la piedad, como parece indicarlo la anécdota siguientes. Durante el verano de 1740, un alguacil de la Corte deja Madrid con la orden de perseguir a los gitanos que merodean por las cercanías pues el Consejo desea alejarlos lo más posible de la capital. Lo asisten un teniente de dragones del batallón de Francia y nueve soldados de su compañía. Muy pronto enviará un informe donde comunicará las dificultades de su misión. Ha tenido que atravesar regiones montañosas sumamente inhóspitas y de difícil acceso y nunca halló el menor rastro de los gitanos que buscaba. Lo que sucede es que en general alguien alerta a éstos de su llegada y salen a escape, o bien buscan refugio en las iglesias, donde los ampara la inmunidad eclesiástica.

El 3 de agosto, a la hora del ángelus, el alguacil llega con su tropa a Leganés y descubre a unos gitanos en una ermita situada en las inmediaciones de la localidad. El grupo se compone de una mujer joven que lleva a un niño de pecho en sus brazos, una muchacha de quince años y dos chiquillas de doce y ocho. El jefe de la expedición deja cuatro centinelas cerca del santuario para impedir la fuga de las gitanas e interceptar a quienes intentaran venir en su busca. Ahora bien, al dar las diez, los soldados ven llegar a un muchacho, hijo de un concejal del lugar, que, en voz alta e inteligible, recomienda a las gitanas no abandonar su refugio advirtiéndoles que una tropa de soldados las acecha con intención de enviarlas a prisión en Madrid. Poco después, se presenta un alcalde de la Santa Hermandad y hace otro tanto. Con el fin de ponerlo en aprietos, el alguacil le dice que detenga al hijo del concejal, pero el hombre se niega alegando no tener competencia para ello. El alguacil recurre entonces al alcalde del lugar y lo envía al domicilio del concejal, a la una de la madrugada, pero el hijo, amigo de los gitanos, no se halla en casa. El concejal y el alcalde de la Hermandad serán invitados a comparecer ante la Sala de Alcaldes de Madrid, pero ambos pondrán ciertos pretextos, se quedarán en el lugar y el asunto concluirá ahí.[1]

Por más que los conflictos de jurisdicción suelan favorecer a los gitanos también pueden tener consecuencia nefastas, como sucedió en Ciudad Real en 1732. Llamado al orden por el Consejo tras haber sido denunciado por la Santa Hermandad, que lo acusa de negligencia y tolerancia culpable, el alcalde de esta población decide extremar su celo y detiene a varios gitanos en forma un tanto intempestiva. Será necesaria una nueva intervención del Consejo para moderar el ardor del magistrado susceptible y devolver su libertad a las desdichadas víctimas.[2]

1 AHN, Consejo de Castilla, Sala de Alcaldes de C. y C., 1740,. folio 647.

2 AHN Consejos, leg. 54, exp. 1.

PRIVILEGIOS, Y CONFIRMACIONES DE LA SANTA HERMANDAD VIEJA DE CIUDAD-REAL.

Soy del Rey nueſtro Señor.

Año de 1721.

Comparecencia.

EN la Ciudad de Ciudad-Real, en primero dia del mes de Abril de mil ſetecientos y ſiete años, ante los ſeñores Don Juan Franciſco Velarde y Bermudez, D. Juan Triviño de Loayſa y Matſa, Alcaldes de la Santa Hermandad Vieja de eſta Ciudad-Real por el Rey nueſtro ſeñor, con juriſdiccion Ordinaria en todos ſus Reynos, y Señorios, pareciò Joſeph Ruiz de Villanueva, Promotor Fiſcal de eſta Santa Hermandad, y dixo: Que por quanto ſe han reconocido, y experimentado algunos fraudes en los Privilegios, que haſta aqui ſe han dado de mano eſcritos, valiendoſe de ellos perſonas à quien no ſe le ha dado titulo de eſte Tribunal, como de otros, que por muy viejos, y rotos ſe traen, y tambien los titulos de Comiſſarios, que ſe han dado haſta aqui, algunos de ellos los traen ſin ſer legitimos Miniſtros, ſolo à fin de te-

A ner-

Fig 9 - Privilegios de la Santa Hermandad, publicados en 1721 (AHN, Consejos, leg. 52, exp. nº 12)

Algunos conflictos de jurisdicción

1) *La Santa Hermandad y la justicia local*

El organismo fundado por los Reyes Católicos en 1476 para compensar las insuficiencias del sistema judicial de la época era, en general, sumamente impopular. Ello respondía a diversas razones, y en particular al hecho de que su mantenimiento incumbía exclusivamente a los contribuyentes plebeyos. Debe decirse igualmente que las atribuciones de la Santa Hermandad eran muy variadas y a menudo se cruzaban con las de la justicia ordinaria, que en su competencia entraban no sólo los delitos cometidos fuera de los poblados sino también los de las localidades de menos de cien habitantes, aquellos cuyos autores se habían desplazado de un lugar a otro y también los casos de violación, quebrantamiento de domicilio privado o rebelión contra la fuerza pública.

Los privilegios de esta milicia un tanto especial eran frecuentemente contestados, lo cual dio lugar, entre finales del siglo XV y comienzos del XVIII, a numerosos recordatorios. Estos documentos —sobre todo los últimos— suelen aludir a la persecución de los gitanos que, a causa de su movilidad y de la índole de sus delitos, ocupan un lugar de preferencia en el campo de actividades de la Hermandad.

Precisamente, los conflictos entre ésta y la justicia local parecen ser muy frecuentes en la primera mitad del siglo XVIII. En 1718, un comisario de la Santa Hermandad, Diego de Melgarejo y Mena, residente en Málaga, parte en expedición a Ronda con la misión de detener a ciertos ladrones, asesinos y desertores y sobre todo a un gitano que figura a la cabeza de la lista. Se trata de un tal Alonso Mateos, perseguido ya por la Santa Hermandad unos años antes y que había logrado fugar de la prisión. Melgarejo sabe que la feria de Ronda atrae todos los años a gitanos de toda Andalucía; así que decide dirigirse a ella con la esperanza de dar con los rastros del buscado. Durante varios días registra el mercado y las calles de Ronda sin éxito alguno en lo que respecta a su misión, pero su activiadd investigativa le permite comprobar que allí se encuentran muchos gitanos de Sevilla, Córdoba, Jaén, Antequera y de varias localidades cercanas a Ronda practicando tranquilamente sus tráficos de caballerías, lo cual está expresamente prohibido por la pragmática de 1717. Ordena al alcalde de la población que inspeccione los lugares donde residen todos estos gitanos y los arreste, pero el magistrado se niega a cooperar pretextando que todos gitanos que han acudido a la feria pueden comerciar libremente por haber obtenido los respectivos privilegios. Melgarejo responde denunciando al alcalde ante el Consejo, quien encarga el arbitraje del conflicto a la Cancillería de Granada. Esta designa un relator que continúa la investigación, y a raíz de su intervención se detiene a doce gitanos acusados de infringir la pragmática y de haber efectuado falsas declaraciones para que se les reconociera como castellanos viejos. Las sanciones que se les aplican son más bien graves, pero varían de la simple expulsión de la ciudad y la Corte a seis u ocho años de galeras. También es severo el veredicto con los alcaldes ordinarios de los poblados vecinos a Ronda, de los que proceden los gitanos que se encuentran en la feria y que han venido con autorizaciones y salvoconductos más o menos ilegales. En cuanto a los cargos dirigidos contra el alcalde mayor y el corregidor de Ronda, son singularmente aplastantes. Se acusa a ambos de haber tolerado en el real de la feria la presencia y actividades ilícitas de gitanos de la ciudad o del exterior, pero también de haberse dejado comprar par haacer la vista gorda ante estos tráficos de caballerías de haber concedido a ciertos gitanos certificados de castellanos viejos que los autorizaban a ejercer el comercio prohibido; además, los funcionarios se habrían negado a detener a los gitanos contraventores, habrían soltado a los ya aprehendidos y se habrían opuesto a las actividades judiciales del comisario de la Santa Hermandad impidiendo a sus guardias salir con sus armas cortas.

Por su lado, el alcalde y el corregidor abren un sumario contra el comisario de la Hermandad y su recaudador intentando que sobre estos diferentes puntos han comprado testigos falsos. El relator de la Cancillería de Granada guardará la mayor de las prudencias: se conformará con condenar al corregidor y al alcalde de Ronda a los gastos del juicio, dejando al Consejo la tarea de dirimir el litigio entre la justicia local y la Santa Hermandad.[3]

Unos años después, en 1724, la feria de Consuegra es teatro de un conflicto de idéntico género. Arqueros de la Hermandad han detenido a dos gitanos provocando desórdenes en la multitud, esto al decir del alcalde quien se niega a declararse incompetente alegando que los dos detenidos gozan del estatuto de castellanos viejos. Por su lado, la Santa Hermandad arguye que los gitanos se habrían resistido violentamente a su arresto, esgrimiendo puñales y armas prohibidas. El consejo se pronunciará declarando que el asunto compete exclusivamente a la justicia local pues los gitanos no habían cometido delitos fuera del poblado, y reprochará a los cuadrilleros de la Hermandad una intervención intempestiva que fue capaz de turbar el orden público. Los gitanos no residían en Consuegra sino en una localidad muy cercana, Madridejos, y un informe favorable de los alcaldes de este pueblo bastó para absolverlos.[4]

En ocasiones, las relaciones entre ambas jurisdicciones se agravan seriamente y agentes de la Santa Hermandad van a parar a la cárcel. Así ocurrió en Guadalajara, en 1719. Lanzados a la persecución de unos gitanos por la zona de Alcalá de Henares, un comisario y varios cuadrilleros de la Hermandad llegan a Caspueñas, al nordeste de Guadalajara, donde cercan a los gitanos que se han refugiado en una casa lindante con el molino de aceite. Uno de sus fusiles se dispara —accidentalmente, dirán— y hiere a una gitana. A la mañana siguiente, la tropa de la Hermandad llega a las puertas de Romanones, unas leguas al sur. Al punto se ven rodeados por seis o siete gitanos y una decena de jinetes armados. El alcalde del pueblo, asistido por su escribano, notifica a la cuadrilla una orden del corregidor e intendente de Guadalajara rogándole exhibir sus cartas de comisión. Finalmente, el

3 AHN, Consejos, leg. 24, exp. nº 5.
4 AHN, Consejos, leg. 27, exp. nº 1.

corregidor les reclama las minutas de las actas que han levantado, los manda a prisión y abre un sumario por la gitana herida.

Los cuadrilleros protestan argumentando hallarse fuera de la jurisdicción ordinaria y el Consejo, obligado a reconocer que el caso entra sin duda en la competencia de la Santa Hermandad, los deja en libertad y les permite continuar la causa abierta contra los gitanos fugitivos.[5]

En el siglo XVII, un alcalde de Zalamea se había hecho célebre por dos COMEDIAS, una de Lope deVega y la otra de Calderón. Encarnaba precisamente a una justicia popular —o, si se prefiere, la de una burguesía naciente— que osaba oponerse al poder y a los privilegios de la nobleza. Un siglo después, otro alcalde de Zalamea es héroe de un conflicto de justicia, pero esta vez se alza contra la Santa Hermandad, y con una energía digna de su legendario predecesor. En setiembre de 1738, varios comisarios de la Hermandad recorren la Serena en busca de gitanos. Estos parecen contar con espías, pues desaparecen como por encanto y se refugian en asilos eclesiásticos. El 14 de setiembre, día de feria y de la celebración nocturna del SANTO CRISTO, los cuadrilleros llegan a Zalamea, donde proceden a realizar arrestos e incautaciones en el barrio habitado por los gitanos. Entre las ocho y las nueve de la noche, se avisa a uno de los alcaldes que individuos armados están alborotando e interceptando a los transeúntes. Asistido por su alguacil y algunos soldados de un regimiento de dragones acantonados en la ciudad, el alcalde acude para tomar conocimiento de los sucesos.

Precisamente cuando llega al lugar, los cuadrilleros han comenzado a reunir los caballos y los otros bienes de los gitanos susceptibles de ser subastados. Exige a los comisarios la presentación de sus ejecutorias y actas. Ante su respuesta evasiva y unas actitudes que él juzga irrespetuosas, los manda a todos a prisión. En el informe que seguidamente envía al Consejo elude atacar de frente a la Santa Hermandad, pero se lanza violentamente contra los individuos que la componen y que, en su opinión, son más temibles que los ladrones a los que pretenden perseguir; pues lo único que los motiva es el anzuelo de las ganancias y les preocupa muy poco el orden público. En el caso presente, les reprocha haber embargado los animales y ropas de unos gitanos contra los cuales no cabía ninguna inculpación, y haberse dejado arrastrar por la codicia hasta el punto de desvestir a aquellas gitanas cuyos andrajos presentaran algún interés. Añade que el comisario que conduce el asunto es un ignorante que ni siquiera ha sido capaz de firmar su deposición. En cuanto a los gitanos, si bien no pretende ponerlos por las nubes, estima que se trata de gente honrada y da a entender que valen más, en cualquier caso, que los cuadrilleros lanzados a sus alcances.

Por su parte, los cuadrilleros encarcelados dirigen una queja desesperada a sus superiores. Dicen estar amarrados con grillas en un calabozo inmundo donde apesta de tal modo que no pueden tragar bocado y que no tardarán —según su propia expresión— en "dejar allí el pellejo". Agregan que la noticia de su arresto se ha extendido por toda Extremadura y Andalucía, y que

[5] AHN, Consejos, leg. 54, exp. nº 1.

si se quiere evitar que esta milicia pierda todo su crédito en estas dos provincias es imprescindible una reparación pública. Hacen saber también que el alcalde responsable de su triste situación ha declarado, ante el corregidor y otras personas, que los agentes de la Santa Hermandad eran todos unos ladrones.

Después de unos dos meses de detención, el Consejo hará soltar a los dos cuadrilleros, pero se los suspenderá de sus funciones hasta nueva orden y deberán entregar sus títulos a los alcaldes de Zalamea. El conflicto entre las dos jurisdicciones será arbitrado por un alcalde mayor, caballero de la orden de Alcántara. Finalmente los comisarios de la Hermandad recuperarán sus títulos, pero con la advertencia de no volver a exceder los límites de su jurisdicción. Los oficiales de la Santa Hermandad protestarán contra esta decisión querellándose por los malos tratos infligidos a sus cuadrilleros y acusando a la justicia de Zalamea y a un influyente personaje de la ciudad, don Pedro Zevadera, de proteger abiertamente a los gitanos. Entre los testimonios recogidos contra este cacique citarán en particular una breve escena durante la cual unas gitanas bailan bajo su balcón cantando seguidillas de este estilo:

¡Don Pedro Zevadera
vivas mil años,
que eres honra y amparo
de los gitanos!

Por su parte, el juez designado por el Consejo meterá a todo el mundo en el mismo saco: a los gitanos que no respetaron la pragmática de 1717 pues residen en localidades que no figuran en la lista concurrieron a la feria; a los alcaldes ordinarios que, elegido soslamente por un año, son completamente ignorantes y desconocen la ley que tienen a su cargo aplicar; por último, a los comisarios de la Santa Hermandad, calificados de individuos sin escrúpulos, reclutados sin discernimiento alguno y cuyos únicos móviles son poder pasearse con armas prohibidas y enriquecerse despojando a los gitanos y otros delincuentes hallados a su paso.[6]

En 1742, o sea cuatro años después del asunto de Zalamea, habitantes de varios pueblos de la misma región de Extremadura tomarán partido por los gitanos y en contra de la Santa Hermandad. Los primeros choques tienen lugar cerca de la Puebla del Prior, al sur de Nérida, donde dos comisarios de la Hermandad, acompañados por su guardia de a pie y algunos soldados, han detenido a un herrero gitano llamado Pedro Cortés, *alias* "Pedro sin madre". El alcalde les niega autorización para llevarse al prisionero, se queda con él y poco después lo deja en libertad. El hermano de Pedro, Francisco Cortés, también herrero y domiciliado en el poblado vecino, Ribera del Fresno, hace el bravucón, se jacta de tener armas en su casa y declara que si hubiesen venido a prenderlo como a su hermano, no habría vacilado en disparar. El alcalde convocado para arrestarlo se niega a hacerlo. Los comisarios se presentan

6 AHN, Consejos, leg. 82, exp. nº 8.

entonces en el domicilio del gitano, quien pide socorro a gritos. Inmediatamente el barrio entero acude a defenderlo con espadas y porras. Las voces lanzadas por los cuadrilleros, "¡Favor al rey y a la Santa Hermandad!", no consiguen aplacar a la multitud y se hace preciso ir en busca del alcalde. Este logra restablecer la calma y toma al gitano bajo su responsabilidad. Pero muy pronto Francisco Cortés es puesto en libertad y esa misma noche efectuará una suerte de provocación penetrando en la posada donde se alojan el escribano y los arqueros de la comisión, acompañado por varios habitantes de la localidad entre los que se cuenta un concejal, todos empuñando sus espadas desenvainadas.

En Santa Marta, un poco más al oeste, al intentar detener a otro herrero gitano, los comisarios desatan un nuevo motín. Los aldeanos invaden la plaza, hieren al guardia de a pie y lo reducen a prisión. Algo más lejos, en Almendral, al sur de Badajoz, la misma tropa persigue a tres gitanos y pretende embargar sus bienes. Esta vez, el alcalde se enfada y amenaza con enviar a todo el mundo a la cárcel, obligando así a los cuadrilleros a marcharse con las manos vacías.

El Consejo, consultado sobre este asunto, en un principio tomará partido por la Santa Hermandad. Le propondrá continuar el sumario, arrestar a los gitanos e imponer multas a los alcaldes. Sin embargo, los expedientes promovidos por las esposas de Pedro y Francisco Cortés le harán cambiar de opinión y muy pronto los dos hombres serán puestos en libertad.[7]

Estos pocos ejemplos demuestran a las claras que, al menos en ciertas regiones, los pobladores no ven a los gitanos como unos monstruos abominables dignos de los peores castigos, y que los textos estudiados en el capítulo precedente distan de reflejar el conjunto de la opinión pública. Aquí el gitano es el artesano honrado, conocido por todos y apreciado por sus servicios.

Los alcaldes ordinarios, elegidos entre estos aldeanos, encarnan cabalmente una concepción fundada en el continuo trato y la estima mutua. Así, pues, su actitud para con los gitanos no está dictada solamente por el miedo, la corrupción o la ignorancia, como afirman sus adversarios, sino sobre todo por un cierto sentido de la justicia que sus colegas letrados no suelen compartir. ¿Hace falta precisar que este sentido innato y casi instintivo de la justicia nada tiene que ver con la aplicación ciega de los textos legales?

A la inversa, los guardias de la Santa Hermandad —todavía llamados ARQUEROS— son vistos como intrusos, indeseables, individuos poco recomendables que han hallado en esta milicia ocasión para pavonearse con armas y para satisfacer su sed de rapiñas a expensas de la buena gente, con el pretexto de reprimir el bandidismo. Además, ya hemos visto cómo su grito de guerra: "¡Favor al rey!", podía amotinar en su contra a los habitantes de un barrio e incluso de un pueblo.

En la cima de la escala judicial, el Consejo, sustituto del rey, procura arbitrar severamente estos conflictos. Vistos desde esta altura, los alcaldes

7 AHN, Consejos, leg. 78, exp. nº 1.

ordinarios parecen incompetentes, y el Consejo prefiere confiarse en comisarios elegidos por él entre los alcaldes mayores letrados. No se lo puede acusar de apoyar especialmente a la Santa Hermandad, pero a veces reconocerá su implacable eficacia, pues, allí arriba, tiene los ojos más cerca del texto de la ley que de las realidades cotidianas.

2) *Los comisarios cazadores de gitanos o cazadores de primas*

Juzgándose a la justicia ordinaria insuficiente y en general incompetente en lo que respecta a la aplicación de las leyes contra los gitanos, en la primera mitad del siglo XVII van surgiendo comisarios que, en un principio, son alcaldes mayores, licenciados en derecho, encargados por el Consejo de la estricta aplicación de esas leyes y de la persecución de los delincuentes en un sector determinado. Es así como en la Mancha, año 1633, el licenciado Juan Hurtado recorre el territorio de la orden de Santiago y el del marquesado de Villena, donde los gitanos disfrutan al parecer de ciertas protecciones particulares.

En 1638, a raíz del ataque por parte de unos gitanos de una caravana de muleros que transportaba sederías por cuenta de un negociante portugués, el licenciado Juan García de Córdoba recibe el encargo de hacer averiguaciones en un radio de ciento treinta kilómetros alrededor de Madrid. Las dificultades empiezan desde un principio. Es visible que algunos procuran disuadirlo de meter la nariz en este asunto. En Buitrago, la justicia local se niega a confiarle las actas relativas al arresto de un gitano y el inventario de los bienes embargados. Tras una disputa con el corregidor durante la cual el comisario lo amenaza con denunciarlo al Consejo y le aplica una multa de 500 ducados, a la mañana siguiente no le es fácil dejar la localidad pues varias personas intentan impedírselo. Además, el gitano detenido, único testigo del asunto, es puesto en libertad.

Ahora bien, llega al conocimiento de García de Córdoba que los gitanos han vendido buena parte de su botín en los pueblos de la región, ofreciendo tejidos a precios sin competencia y realizando trueques. Durante su investigación, acusa de encubrimiento a varios habitantes de unas localidades cercanas al Jarama, así como a varios alcaldes culpables de negligencia o de omisión. Luego baja a Alcalá de Henares donde cuatro gitanos, jefes de banda, se habrían dado cita. Aquí vuelve a tener problemas con la justicia local. El corregidor, que había hecho detener a dos gitanos a raíz de una gresca, ordena de súbito su liberación. Desdichadamente para ellos, el comisario del Consejo llega a tiempo y los prende a la salida de la cárcel. Además, consigue arrestar a una decena de gitanos y gitanas con la ayuda de los estudiantes de la Universidad. Por último regresa a Madrid, donde echará mano sobre algunos miembros de la banda que intentaban salvarse alistándose en el ejército.[8]

[8] AHN, Consejos, leg. 51060, exp. nº 4.

A comienzos del siglo XVIII, la caza del gitano practicada por estos jueces especializados cobrará más amplitud y ya no se limitará al arresto de unos cuantos delincuentes. Entre 1718 y 1725, don Bernardo Ventura de Capua, a la vez alcalde mayor, capitán de caballería y gobernador en la ciudad de Gata, no lejos de la frontera portuguesa, recorrerá de un lado a otro toda Extremadura así como una parte de Castilla y el norte de Andalucía, sembrando el terror a su paso.

Tras un primer encuentro con miembros de una familia gitana de Ceclavín que se desplazaban con una carta del Consejo, una autorización de salida de su alcalde y algunas armas y caballos, inmediatamente confiscados, don Bernardo da parte al Consejo de su hazaña y jura librar a toda la región de los individuos de esta especie entregándolos muertos o vivos. Provisto de una orden de misión, inicia una primera expedición por la jurisdicción del conde de Galisteo, al oeste de Plasencia. Su tropa de caballería va seguida por veinticuatro civiles reclutados por él en Gata y en una aldea vecina, y se las amaña para dejar apostados espías en lugares estratégicos. En Villa del Campo se lanza en persecución de una pequeña banda de gitanos y los sorprende, en plena noche, refugiados en el cementerio de la iglesia de Riolobos. Sus hombres rodean el lugar y él les recomienda no disparar; sin embargo, mientras ha ido a despertar al alcalde y al cura, estalla el tiroteo. Parece que los gitanos habían intentado escapar y efectuaron algunos disparos para proteger su huida. En efecto, dos de ellos han logrado largarse, pero el balance es serio: un muerto y media docena de heridos entre los gitanos rodeados incluyendo una mujer gravemente alcanzada, ¡y ninguna víctima entre los asaltantes!

Antes de reanudar la marcha en dirección a Gata, Ventura de Capua notifica al alcalde de Riolobos la orden de mantener una guardia en la iglesia y el cementerio bajo pena de 200 ducados de multa y la responsabilidad legal por los daños ocasionados en caso de fuga de gitanos, pues mientras éstos no abandonen el lugar disfrutan del derecho de asilo y se ha de esperar la posibilidad de negociar su suerte con la justicia eclesiástica.

El corregidor de Plasencia, la población vecina, debió de estimar que el alcalde de Gata le estaba pisoteando un poco el terreno. Lo cierto es que, decidido a dar muestras de su celo, saca a los gitanos de su asilo eclesiástico y luego reclama a su rival las minutas del proceso iniciado contra sus prisioneros con el fin de asegurar su defensa frente a la Iglesia, ahora que ha incurrido en infracción. En Gata se lo manda lisa y llanamente a paseo y el corregidor se queja ante el fiscal del Consejo, quien desestima su demanda y le encarga simplemente mantener a los prisioneros a disposición de don Bernardo.

Entretanto, éste lleva a cabo su indagación en la región de Ceclavín. Interroga a los pobladores de la ciudad y localidades vecinas sobre las costumbres de los gitanos, su atuendo y su lengua, con objeto de poder inculpar al alcalde y al escribano de haber infringido la pragmática de 1717. Estos pobres diablos acaban en el banquillo de los acusados, embargando de inmediato sus escasos bienes.

De todos estos interrogatorios resulta que antes de la llegada de Ventura de Capua los habitantes de Ceclavín y alrededores no tenían por qué quejarse de las actividades de los gitanos. Es cierto que estos hombres no vestían como todo el mundo, que hablaban una jerigonza incomprensible —¡algunos se preguntan si no será vasco!— y practicaban el comercio de caballerías, pero nadie sabía que estas cosas estaban prohibidas, empezando por el alcalde, casi analfabeto, que, aparentemente, firmó la autorización de salida sin comprender su contenido, confiando en lo que le habían dicho los gitanos. En lugar de confesar que la querían para comerciar, le dijeron que tenían que ir a cobrar una deuda. Por lo demás, aquí nadie ha oído hablar nunca de la pragmática contra los gitanos, y el escribano menos que los otros. Obsérvese de paso que un año después de su publicación en Madrid, la ley de 1717 sigue siendo desconocida en este sector de Extremadura. . . Pese a la opinión del procurador del Consejo, quien estima que la impericia y la falta de inteligencia no constituyen excusas, el alcalde y el escribano tendrán el beneficio de circunstancias atenuantes.

En diciembre de 1718, Ventura de Capua extenderá su radio de actividades mucho más al sur y su primera proeza será el arresto de una pareja de gitanos acompañada por un chaval de doce años y otro de dos, en la feria de Medellín. El hombre lleva consigo varios papeles, entre ellos una carta del Consejo y, como niega ser gitano, se le pregunta por qué deambula con estos documentos. Responde que los tiene a causa de su tez oscura, que podría inducir a confusión. El argumento no convence a don Bernardo, quien encarcela a toda la familia. Aparte de sus cuatro borriquillos, los bienes que se le incautan no pesan mucho; una almohada henchida de lana, una sábana de lienzo, unos mantelillos, una camisa de hombre, dos pequeños jergones, un viejo bolso, un bocado de caballo y el tubo de hojalata que contenía sus papeles.

Ante este miserable botín, el alcalde de Gata escribe al Consejo señalándole la necesidad de imponer multas a los representantes de la justicia que se muestran demasiado negligentes. Se da luego una vueltecita por el lado de Coria, donde se presenta en el domicilio de una familia gitana, los Bejerano, a las cinco de la mañana. A pesar de lo temprano de la hora los hombres están ausentes. Don Bernardo interroga a las mujeres y les pregunta por qué habitan en Coria siendo que tienen un papel del Consejo que fija su residencia en Plasencia. Ellas responden que están ahí por orden del corregidor de Plasencia. Don Bernardo no se estima satisfecho y cuanto menos que la carta del Consejo, dirigida a proteger a la familia Bejerano de eventuales perseguidores, lo nombra expresamente entre éstos. Los testigos interrogados opinarán con alguna disparidad respecto del aspecto vestimentario de la familia Bejerano. Unos dirán que su forma de vestir es absolutamente corriente mientras que otros hacen notar el atavío un tanto singular de las mujeres. En cualquier caso, todo el mundo concuerda en que su conducta es irreprochable. Ventura de Capua no opina en la misma forma y da tres días a los Bejerano para volver a Plasencia, amenazándolos con enviarlos a galeras. El Consejo le renueva sus poderes pero intentará moderar un poco su exceso de celo, recomendándole dejar en paz a los gitanos que no son propiamente contraventores de la pragmática.

Durante el mes de febrero de 1719, Ventura de Capua emprenderá un largo recorrido que lo llevará hasta la Corte remontando primero la frontera portuguesa hasta Ledesma, y luego bajando por la región de Salamanca y la Sierra de Gredos. En Navasfrías detiene a un gitano que andaba con un trabuco, en Ciudad Rodrigo a un manco. . . En Ledesma, obedeciendo sus órdenes el corregidor saca a tres gitanos de una iglesia. En total, el alcalde de Gata ha conseguido meter en la cárcel a una decena de desdichados, culpables de algunos hurtos y de unas pocas estafas y para quienes reclama castigos ejemplares.

Gracias a tales hazañas Ventura de Capua obtiene nuevos privilegios del Consejo. En lo sucesivo podrá intervenir en cualquier jurisdicción sin tener que presentar sus títulos a las autoridades locales. Sólo se las verá con éstas para entregarles lo que quede de los bienes embargados, una vez que haya retirado él su parte. En mayo de 1719 vuelve a partir hacia el sur y se dirige a Andalucía, atravesando la región de la Serena, al este de Mérida. Su primera presa, en Monterrubio de la Serena, es harto escaso: tres pequeñuelos y dos gitanas. Don Bernardo va comprobando que, a su paso, su caza favorita se volatiliza como por encanto. En la feria de Guadaitoca, en la que todos los años participan más de doscientos gitanos, no ha visto ni uno solo. . . Los de Monterrubio están en la iglesia de Benquerencia, los de Zalamea se han refugiado en el hospital. Sin embargo, en esta última localidad, famosa por sus alcaldes, como se sabe, donde consiguió aprehender a un gitano domiciliado en Fuente Ovejuna...

En Azuaga, casi sobre la frontera andaluza, los gitanos han hallado asilo en un convento. Ventura de Capua aprovecha para efectuar una minuciosa indagación destinada a inculpar a la justicia local, según su costumbre. Desde ahí hace una incursión a través de la Sierra Morena, hasta Alanís, donde detine a tres gitanos y tres gitanas a los que envía a Sevilla. Nuevamente en Zalamea, abre un sumario contra el alcalde, quien deberá comparecer ante el Consejo.

Hecho esto y tras setenta y dos días de campaña, el alcalde de Gata vuelve a casa, desde donde envía su informe al presidente del Consejo de Castilla. Dos de sus caballos han muerto, otros cuatro se hallan en mal estado... En cuanto a los gitanos, ¡no quedaría uno sólo en toda Extremadura, como no sea tras los muros de algunos conventos en donde esperan días mejores!

Ventura de Capua seguirá así rastreando las mismas regiones durante varios años. A su paso, iglesias y conventos se llenan y los gitanos portugueses cruzan presurosos la frontera. En agosto de 1719 está en Zafra; en noviembre del mismo año está otra vez en la región de Salamanca, donde vuelve a estallar el tiroteo en un cementerio, en Gajates, cerca del Alba de Tormes. Del lado de los soldados hay que lamentar un caballo herido en la pata; del de los gitanos, quedan tres muertos sobre el terreno.

El alcalde de Gata proyecta una solución global del problema consistente en hacer trabajar a los gitanos en las fábricas y, sobre todo, sugiere trasladar a las capillas de los presidios a los gitanos refugiados en asilos eclesiásticos, táctica que será puesta en práctica unos años después con el acuerdo de la Iglesia. En 1722 hace una captura poco común: se trata de un joven noble de Gata que había emprendido la fuga tras herir a un muchacho de su edad. Se alistó en el ejército en varias ocasiones, desertó otras tantas y acabó por compartir la vida errante de una pequeña tropa de gitanos.

El resultado global de las actividades de Ventura de Capua resulta empero bastante pobre, habida cuenta de sus exageraciones habituales. Cuando afirma que los gitanos "siembran el terror en los campos", se advierte que los únicos delitos que se les achacan no son, en definitiva, más que simples infracciones a la pragmática en lo que respecta a la lengua, el traje o el comercio de caballerías y, cuando evoca "peligrosas bandas de gitanos", visto más de cerca se observa que en general no se trata sino de familias de cinco o seis individuos, mujeres y niños incluidos, que se desplazan con algunos borriquillos para acudir al mercado. Es cierto que a veces los gitanos están armados, pero se puede observar que sólo utilizan estas armas para defenderse y que, con ocasión de los choques con la tropa del capitán-alcalde, las únicas víctimas son siempre de su bando.[9]

Durante quince años, de 1730 a 1745, la caza de gitanos y sobre todo de los beneficios judiciales, será monopolizada por otro comisario del Consejo llamado Tomás Cesareo, ni licenciado en derecho ni capitán de caballería, pero sí inspector encargado de la represión del contrabando de tabaco y muy ambicioso. Con él, el teatro de las operaciones se desplazará hacia el este, hacia la Mancha. Sus órdenes de misión le permiten designar auxiliares, que lo seguirán en sus correrías y podrán llevar armas prohibidas. El juzgará a los gitanos contraventores de la pragmática, pero deberá comunicar sus sentencias al Consejo antes de aplicarlas. Por último, podrá vender los caballos embargados a los gitanos una vez hecho lo necesario por hallar a sus legítimos propietarios, y utilizará el producto de estas ventas para su propia remuneración y la de sus ayudantes.

Tomás Cesareo habita en Buendía, hoy a orillas del "MAR DE CASTILLA" y, en 1736, desciende a lo largo de la Sierra de Degollados en persecución de un gitano apodado *Zorro*. Enterado de que se ha refugiado en la iglesia de Barajas de Melo, pide a los alcaldes que encuentren una estratagema para hacerlo salir. Cuando el comisario llega a la puerta de la iglesia unos aldeanos que lo acompañan se han echado sobre la mujer del gitano, quien se hallaba en el atrio, e intentan llevársela. Entonces aparece *Zorro*, seguido de un niño gitano, y amenaza a los asaltantes con unas grandes tijeras para conseguir que suelten su presa. En efecto, la gitana se desprende y se precipita hacia el pórtico, reclamando con fuertes gritos el derecho de asilo. El niño la sigue hacia adentro pero *Zorro* es apresado. Le atan las manos a la espalda y lo conducen a prisión.

[9] AHN, Consejos, leg. 7, exp. nos. 8 y 9; leg. 62, exp. nº 4. Consejo de Castilla, Sala de Alcaldes de Casa y Corte, 1722.

En el interior de la iglesia se verifica la identidad del resto de la banda. Se trata de la madre, la mujer y dos hijos de José Saavedra, alias *Zorro,* igualmente apodado "Pepe el gitano". Cesareo embarga y vende sus burros mientras, por su lado, la esposa del "peligroso bandido" prepara la defensa de su marido. Puede exhibir los certificados de bautismo de sus hijos y probar que la familia vive desde hace diez años en Torrubia del Campo —un villorrio situado algo más al sur— donde se gana honradamente la vida trabajando la tierra.

Por otra parte, el interrogatorio de ZORRO dará para muy poco, pues éste se obstina en responder "Iglesia" cuando se le pregunta su identidad, y hace saber que sólo hablará en presencia del juez eclesiástico de Cuenca. Los testigos aluden a un caballo, veintiséis libras de azafrán y ochocientos reales, que habrían sido robados seis o siete años antes por ZORRO en compañía de un miembro de su familia apodado *El Zurdo.* Desde entonces, sólo se le podría reprochar el trueque de algunos borriquillos, actividad, como sabemos, ilegal para los gitanos.

Tomás Cesareo aprovecha las circunstancias para abrir un sumario contra los representantes de la justicia y diversos habitantes de Barajas y de pueblos vecinos, que o bien han recibido a los gitanos en sus casas o bien han cambiado animales con ellos. Así son detenidas diecinueve personas por encubrimiento o complicidad, y en el acto se les confiscan sus bienes. Todas ignoraban hallarse en infracción, y la mayoría de ellas jamás habían oído hablar de las leyes contra los gitanos. Algunas declaran haber actuado por caridad, albergando a un gitano enfermo en el portal de su casa o dándole algo de comer. No tarda en estallar un conflicto entre Cesareo y sus víctimas, quienes se dirigen al Consejo clamando inocencia.

El juez itinerante responde exigiendo poderes más amplios. Se queja de la falta de cooperación de la justicia local y desea poder perseguir a los alcaldes en actividad, así como a los particulares que hacen trueque o comercio con los gitanos, pues los textos no son lo bastante explícitos a este respecto. El Consejo le concede lo que pide, pero Cesareo no se considera satisfecho ya que sus ganancias le parecen insuficientes. Solicita, pues, un aumento de las multas y el derecho a exigirlas antes del cierre del proceso, con objeto de hacer frente a los primeros gastos.

El fiscal del Consejo juzgará inadmisible esta última petición, y por otra parte los habitantes de Barajas se defenderán abriendo un sumario contra el comisario, donde denunciarán sus prácticas irregulares y el desvío de los fondos para fines personales. Sin embargo, Cesareo sigue levantando protestas a su paso. En noviembre de 1736, el Consejo le ordena soltar a dos gitanos arrestados por él en Mota del Cuervo y devolverles los bienes embargados. Poco después, el alcalde de Ocaña protesta porque el comisario ha metido en la cárcel de esta ciudad a tres gitanas acompañadas de ocho niños, a las que debe mantener con limosnas a falta de mejores recursos.

Al año siguiente, el Consejo renueva su confianza en Cesareo pero recomendándole usar de sus poderes con moderación. No obstante, el cazador de primas no deja de reclamar dinero y de quejarse de la justicia ordinaria, que le pone un escollo tras otro. En 1739 reclama 200 ducados, caballos para sus hijos, que lo acompaña en sus expediciones, así como un refuerzo de cuatro soldados de caballería, pero, entretanto, las protestas contra sus actividades se han acumulado y proceden de corregidores, como los de Cuenca, Huete y San Clemente. Las hazañas del comisario serían meras fanfarronadas y el método que pretende aplicar para percibir su salario y el de su tropa no es del todo legal.

Pese a la opinión del fiscal del Consejo, quien sugiere rescindir su comisión, Cesareo continuará algún tiempo con sus abusos y nuevas quejas habrán de llegar al Consejo. El prior de Uclés reclama la restitución, bajo pena de excomunión, de cuatro gitanos sacados por la fuerza del asilo eclesiástico. En Tarancón, el comisario ha llegado con diecisiete gitanos a los que deja en la cárcel de la localidad, y se apresta a abrir un sumario contra los alcaldes, quienes piden ayuda y protección. Estas últimas proezas dan alas a Cesareo, quien ahora quería 500 doblones de dietas, y una escolta para proteger su persona. Arguye que, conducida con habilidad y firmeza, la caza de gitanos puede ser una apreciable fuente de ingresos para el Estado... ¡y accesoriamente para él mismo! Como el Consejo parece poco afanoso por soltarle las sumas que pide, sugiere que se le conceda, en su lugar, la percepción de los derechos de justicia de varias provincias, o, si acaso, una corregidoría como Huesca o San Clemente.

En agosto de 1740 Cesareo obtendrá, en efecto, la administración de las multas y derechos de justicia de las provincias de Guadalajara, Cuenca, Toledo y Madrid, a condición de mantener a sus expensas una comisión encargada de la persecución de los gitanos y otros malhechores. Unos años después, su actividad en este dominio será juzgada insuficiente, por lo que se lo destituirá de sus funciones y deberá contentarse, como premio consuelo, con un grado de teniente sin sueldo.[10]

3) *La jurisdicción eclesiástica*

a) *Tiroteo en un convento.* Hemos visto[11] que el derecho de asilo, considerado durante mucho tiempo como el principal amparo de los gitanos y atacado en consecuencia, al promediar el siglo XVIII se vuelve, a su respecto, caduco. Entretanto, han sido frecuentes los conflictos entre la jurisdicción civil y la eclesiástica, y ya hemos tenido ocasión de mencionar algunos. En ciertos casos el asunto cobró un cariz dramático, como en La Campaña, al nordeste de Sevilla, en 1722.

En la noche del 23 de noviembre, cuatro jinetes armados fueron a refugiarse en el convento de los franciscanos. Los acompañaba una mujer pero, según la regla, el padre guardián —el superior del convento— la obligó a permanecer en el exterior de la clausura. A tres de estos individuos se los

10 AHN, Consejos, leg. 109, exp. nº 6; leg. 159, exp. nº 2.

11 Véanse págs. 41 a 44.

identifica como gitanos; en lo referente al cuarto, es un personaje sumamente enigmático. Tiene los cabellos largos y el rostro atezado; lleva un gorro y un tricornio, una capa blanca con esclavina y zapatos de tacones. El alcalde del lugar, que al mismo tiempo es gobernador y superintendente general —pues nos hallamos en territorio del marquesado de Villanueva del Río—, acude al convento para confiscar las armas y los caballos, pero lo único que obtiene son unas imprecisas informaciones sobre la identidad del misterioso individuo. Este declara llamarse don Andrés Díaz de Palacios y haber estado al servicio del rey —entiéndase: haber sido militar—. Añade que se ha casado con una gitana y que tuvo que escapar con su mujer, sus dos cuñados y un anciano pues sus padres, furiosos por este casamiento, quieren matarlo. Afirma estar buscando un sitio seguro donde poder instalarse y cultivar la tierra, pero se niega a decir dónde nació y de dónde viene.

Por su parte, el padre guardián dice que no puede entregar ni armas ni animales a la justicia sin comunicarlo a las autoridades eclesiásticas competentes. El alcalde consulta entonces a un abogado, quien le declara que puede efectuar la incautación y poner en venta las armas y los caballos si sus propietarios son reconocidos como gitanos. Ese último punto parece fácil de demostrar pues hay testigos que oyeron a los desconocidos expresarse "en su jerga". Así, pues, los cuatro hombres representan una buena ganga para la justicia local. Según la pragmática de 1717, son pasibles de la pena de muerte, lo cual podrá explicar, además, su resistencia.

Seguro de estar en su derecho, el alcalde regresa al convento y exige que se le entreguen las armas y animales de los sospechosos. El reverendo padre guardián se escuda tras la jerarquía: el asunto no es de su competencia, y a quien corresponde defender la jurisdicción eclesiástica es al cura de La Campaña. El cura reacciona en los mismos términos; él no es competente y el caso debe ser sometido, en su opinión, al vicario general de Sevilla. Esta vez, el alcalde protesta. La autoridad del cura le parece ampliamente suficiente y envía los tres avisos acostumbrados, previos al embargo. El cura insiste en su posición y responde esgrimiendo las sanciones eclesiásticas.

El alcalde se considera ya autorizado para hacer caso omiso. Sin embargo, consulta una vez más a su asesor, quien le aconseja ordenar al cura depositar los bienes litigiosos bajo la responsabilidad de una persona lega, llana y abonada, declarándose dispuesto a prestar caución juratoria de no hacer más diligencias sin nuevas averiguaciones.

Ahora bien, muy pronto hay novedades. Un vendedor ambulante de Córdoba acaba de llegar a La Campaña, así como dos vecinos de Hornachuelos, localidad situada en la orilla derecha del Guadalquivir, y los tres hombres tienen cosas que revelar sobre los individuos que se han refugiado en el convento de los franciscanos. El vendedor ambulante los ha visto en Pozoblanco, donde el tal Díaz de Palacios se hacía pasar por alguacil de Ciudad Real y donde el gobernador le habría negado autorización para permanecer en la localidad. Por otra parte, el vendedor ambulante ha oído decir que esta gente había sido expulsada de La Hinojosa, y que habría participado en una refriega con arcabuces en La Cardenchosa, jurisdicción de Fuente Ovejuna.

Los dos vecinos de Hornachuelos aportan precisiones sobre el incidente de La Cardenchosa. Advertida de la presencia de bandidos armados por un comerciante de Soria, la ronda de Fuente Ovejuna se presentó en el pueblo para prenderlos. Los bandidos se habrían resistido haciendo uso de sus armas, y en el tiroteo habría resultado muerto un gitano, herido en el pecho el responsable de la ronda y con una pierna rota una gitana. Uno de los testigos añade que supo de labios de una guardia de la ronda de Córdoba que Palacios y uno de sus compañeros habían estado en galeras.

Así, pues, nada más se necesitaba para penetrar en el convento y hacerse no sólo con las armas y los caballos sino también con sus propietarios. El 28 de noviembre, el alcalde gobernador, acompañado por dos escribanos y doce hombres armados, se presenta a la puerta del convento. Como ésta está cerrada, manda pedir al padre guardián que tenga la bondad de abrírsela, pero la respuesta es negativa. Tras llamar varias veces y esperar un cuarto de hora, el gobernador hace abrir la puerta por un cerrajero, quien cumple la tarea con toda limpieza.

La visita al convento empieza por las cuadras, donde se examinan caballos y marcas. Después, el contingente se divide en dos. El gobernador ordena a uno de los escribanos ponerse a la cabeza de una sección y realizar algunas pesquisas. Por su lado, él penetra en la sala DE PROFUNDIS, donde la comunidad está tomando su comida, y luego sale al claustro donde lo alcanza un notario del vicariato que lo conmina a respetar la inmunidad bajo pena de responder por las consecuencias. El gobernador contesta que si es preciso apelará al nuncio apostólico y que no vacilará en recurrir a la autoridad temporal. Al punto, despacha a un hermano lego en busca del padre guardián, quien manda decir que está ocupado. El gobernador se dirige a su celda y lo encuentra en compañía del vicario y de varios religiosos. Dirigiéndose al superior y al vicario, les pide que no perturben la acción de la justicia y que lo ayuden en todo lo posible, pues en caso contrario se vería forzado a comunicárselo al rey. El padre guardián se limita a responderle que puede hacer lo que se le antoje y el gobernador se marcha y prosigue la inspección del lugar.

Finalmente, Palacios y sus compañeros son descubiertos encerrados en una celda. Se les intima a que se rindan a la justicia bajo pena de perder el beneficio de inmunidad, pero ellos hacen oídos sordos. El gobernador hace venir entonces al padre guardián y al vicario y les pide que intervengan para que los cuatro hombres se sometan sin resistencia. El vicario cumple lo solicitado pero los gitanos se niegan terminantemente a entregarse a la justicia real; querrían ser juzgados por la Iglesia y encarcelados por el vicario. Este les responde que no tiene prisión y que para defenderlos no dispone de más armas que las censuras.

Se hacen entonces tres intimaciones y, según el escribano, se escucha un grito, "¡A ellos, que nos ahorcan!", seguido de cerca por un disparo. El gobernador pregunta quién hizo fuego. Se le responde que los gitanos y, en ese mismo momento, hacen una descarga contra la puerta de la celda. El gobernador ordena el inmediato cese del fuego y las negociaciones se reanudan.

Palacios y sus compañeros aceptan finalmente entregarse a la justicia, a condición de que el vicario y el padre guardián sean los primeros en entrar en su celda para comprobar que no tienen armas. El gobernador protesta pero acaba por aceptar y el escribano no encontrará, efectivamente, ningún arma. Los gitanos son llevados a la cárcel de La Campaña con la mujer que los acompañaba y dos niños, uno de dos años y el otro de diez. Entre sus harapos aparecerá algo bastante insólito: dos libros y una estampa religiosa.

Con excepción de esas detonaciones que vienen a turbar la meditación de los monjes franciscanos en un lugar consagrado a la oración, el caso en sí mismo es muy baladí. Acabamos de asistir al arresto de unos pocos gitanos que habían intentado colocarse bajo la protección de la jurisdicción eclesiástica. Iglesias y conventos eran, como se sabe, los úncos lugares donde los fugitivos podían esperar hallar algún reposo y la última etapa de la familia Palacios había sido el convento de los Pájaros en Hornachuelos. Se sabe también que esta protección eclesiástica, que ya era muy precaria, veinte años después quedará reducida a la nada. Cabe mencionar aquí la emoción del vicario cuando se dirige a los gitanos a través de la puerta de su celda tratando de evitar el derramamiento de sangre: "¡Hijos míos, no tengo armas para defenderos!"[12]

En cualquier caso, el incidente hace constar la desconfianza y hasta la hostilidad experimentada por los monjes respecto de una justicia local cuyo empeño en apoderarse de cuatro gitanos, acompañados de una mujer y dos niños, parece motivado sobre todo por el anzuelo del lucro, en este caso la esperanza de echar mano a una buena captura en forma de armas y caballos. Esta historia también permite observar el funcionamiento de la escalada de la violencia. Estos gitanos parecen de intenciones más bien pacíficas, y los únicos delitos que se les achacan derivan de las draconianas medidas de la pragmática de 1717. El haber dejado su lugar de residencia los hace pasibles de la pena de galeras, y el poseer caballos también. En estas condiciones, los gitanos tienen que viajar armados pues es la única forma de intimidar a sus perseguidores, pero esta circunstancia agravante los expone a la pena de muerte. Nos hallamos pues ante individuos absolutamente acorralados por la ley, y que desde que cometen la primera infracción, desplazándose de una ciudad a otra, por ejemplo, caen en un círculo vicioso que no puede desembocar sino en situaciones desesperadas. Aquí, es la propia ley la que fabrica al delincuente. ¿Queremos la prueba? Dos meses antes de estos sucesos, un tal Andrés Díaz de Palacios resultó implicado en un proceso instruido por el corregidor de Ciudad Real contra los gitanos de esta ciudad y obtuvo un sobreseimento, al igual que sus compañeros de infortunio. ¡Por lo tanto, Andrés Díaz de Palacios no era un bandido, su única culpa era haber nacido gitano!

b) *Una boda escandalosa*. En noviembre de 1781, dos años antes de la pragmática de Carlos III, un asunto muy diferente reúne en el mismo costal al cura de Villarejo de Fuentes, una aldea de la provincia de Cuenca, y a los alcaldes del lugar, denunciados los tres por un pelafustán aguafiestas, un amar-

[12] AHN, Consejos, leg. 24, exp. nº 1.

gado, probablemente envidioso, y que por añadidura se llamaba don Melquíades Antonio Fáfula[13] y Llamas.

Nuestro cascarrabias reprocha a los alcaldes y al cura de haber tolerado unos festejos inadmisibles con ocasión de una boda gitana. Numerosos gitanos que se habían reunido en Villarejo para esta celebración se habían permitido desfilar a caballo por las calles, de dos en dos, como un regimiento y, lo que es más grave, uno de ellos blandía una esapada desenvainada y otro una bandera, de suerte que, según los propios términos del susodicho Fáfula, esto se parecía más a la aclamación de un rey que a cortejo nupcial. Lejos de poner término a tan insolente manifestación, los alcaldes se habían sumado a la multitud y uno de ellos —Dámaso Ramírez, hermano del cura— llegó incluso hasta la indecencia de conducir a la novia a la iglesia tomándola de la mano. Durante todo ese tiempo unas gitanas bailaban ante el sacerdote, y fue así, bajo una lluvia de dulces y al son de una guitarra, como se efectuó la entrada en el lugar santo. La misa fue seguida con muy escasa devoción debido a este guirigay y al espectáculo de las gitanas, que ocupaban una parte del coro con sus faldas alzadas sobre la cabeza.

La salida de la ceremonia fue pretexto para nuevos desmanes. Los recién casados emprendieron la marcha acompañados con gran pompa por la muchedumbre, en medio de los gritos de los chavales, y precedidos por un gitano que se había disfrazado con una sábana y hacía mil payasadas, mientras la multitud gritaba a voz en cuello: "¡Vivan los gitanos!".

Las personas de buen sentido, entre las que se cuenta el señor Fáfula, no acababan de entender que se hubiese autorizado semejante mascarada "por ser preparativas a un tumulto y contra lo prevenido por superiores órdenes, y más en una gente forajida, destituida del temor de Dios". El denunciante, que pide no sea revelado su nombre, añade que el alcalde Ramírez y sus compadres han obtenido de los gitanos sus mejores bestias, sin duda en reconocimiento por haber tolerado estos jolgorios intempestivos así como la presencia de la horda entera durante la feria local. Por último, aclara que si el cura es tan favorable a los gitanos es porque se trata de un antiguo jesuita. Recuérdese que la Compañía de Jesús había sido expulsada de España catorce años antes a raíz de numerosas acusaciones, por lo general carentes de fundamento, como las de laxismo moral e insubordinación.

Como quiera que sea, el Consejo y su procurador, Campomanes, no toman a la ligera el escándalo de Villarejo de Fuentes, ya que ordenan una investigación que por otra parte confirmará, salvo unos pocos detalles, la exactitud de los hechos descritos por Fáfula. Sólo en un punto difiere el informe de la carta de éste; se trata del caballo que el alcalde Ramírez ha obtenido de los gitanos y que a todas luces no constituye una gratificación o un soborno, pues se le dio a cambio de otro animal de mayor calidad. Tomando nota de este detalle, Campomanes no dejará de señalar que tales tráficos son completamente ilícitos. Añadirá que el vagabundeo de estos gitanos, al parecer sin oficio ni domicilio fijo, constituye igualmente un

13 "Fáfula" es sinónimo de "Fulano".

delito, y que la justicia de Villarejo debería poner las cosas en su sitio. Propone una advertencia para el alcalde Ramírez. Si continúa frecuentando a los gitanos, se le aplicarán las penas previstas para los protectores, encubridores y cómplices de estos forajidos. En cuanto al cura, el obispo de Cuenca recibe el encargo de amonestarlo y de transmitirle la desaprobación del Consejo por haber tolerado en su iglesia tamaña irreverencia y semejante desorden.

Conminado a justificarse, el cura dirá que, al producirse la entrada en la iglesia, tuvo el cuidado de recomendar a los gitanos que asistiesen al oficio con devoción y respeto, y que una vez debió hacer intervenir al sacristán para poner fin a algunos murmullos. Niega, por otra parte, que las gitanas hayan ocupado el coro, pues según él, estaban hincadas de rodillas o sentadas en la nave.

Por otra parte, el proceder de Fáfula parece irritar al obispo. ¿Por qué motivo llevó el asueto ante el Consejo si lo más sencillo era comunicárselo directamente a él? Como juez celoso de sus prerrogativas y de su autoridad convoca al cura de Villarejo y, tras recriminarle el haber recibido a los gitanos en su iglesia, lo amenaza con recurrir, en caso de reincidencia, a las sanciones previstas por las pragmáticas reales, por el derecho canónico y por las órdenes del Consejo.[14]

Es sabido que la ley que habrá de firmar Carlos III ya está pronta, y que justamente su mira es combatir toda forma de ostracismo respecto de los gitanos. Sin duda el obispo de Cuenca no estaba al corriente de este proyecto de ley. En cuanto a Campomanes, ¡debió de estar un tanto distraído el día en que lo aprobó ... y lo firmó!

4) *Conflictos en los tribunales superiores*

La marca del hierro candente

a) *El caso Antonia Jiménez.* Todos los casos que trataremos ahora se refieren a la aplicación de la pena del hierro candente prevista por la pragmática de 1783, y de procedimiento un tanto complicado... El artículo 11 estipula que los alcaldes ordinarios deben instruir los procesos y establecer la lista de los gitanos vagabundos pertenecientes a su jurisdicción. Seguidamente, el artículo 12 dispone que estos documentos deben pasar a manos de los corregidores, quienes tras añadirles su dictamen, los transmiten a la Sala del Crimen de la que dependen. Esta Sala, en virtud del artículo 13, ordena inmediatamente la aplicación en la espalda de los condenados de una marca realizada con un hierro candente y que llevará las armas de Castilla. Sin embargo, el artículo 14 prevé que cuando el tribunal exprese un parecer contrario al del corregidor, el asunto ha de presentarse ante el Consejo, quien zanjará el diferendo. Es así como entre 1784 y 1788 una media docena de

[14] AHN, Consejos, leg. 4206, exp. ssn.

casos son sometidos al arbitraje del Consejo, y algunos de ellos alcanzarán una particular repercusión. Así sucede con el de Antonia Jiménez, que durará de 1784 a 1786.

El 19 de mayo de 1784, entre las nueve y las diez de la noche, el alcalde José Caturla, adjunto al corregidor de Valencia, efectúa una ronda por las calles de esta ciudad acompañado por un escribano y varios alguaciles. Al pasar por la calle de Zaragoza ven a una jovencita que parece estar calzándose un zapato. La iluminan con una linterna y, por su manera de vestirse, reconocen a una gitana. Ella dice que está esperando a su tía, que ha entrado en una tienda. El alcalde ordena a la ronda efectuar un reconocimiento en la tienda y entonces la muchacha confiesa que se trataba de una excusa. La llevan a la cárcel de San Narciso, donde se la interroga tres días después. Declara llamarse Antonia Jiménez, ser oriunda de Castellón de la Plana y residir en Mislata. Tiene dieciocho años y vive de la mendicidad. Su padre era un gitano catalán; murió en el arsenal de Cartagena. Su madre también ha fallecido y la huérfana vive con una tía llamada Antonia Castelló. Intimada a explicar su presencia en Valencia, la joven Antonia dice que su tía ha caído enferma y que hace ya dos meses que se encuentra en el hospital de esta ciudad. Añade que desde su llegada, ocurrida quince días atrás, la visitaba a diario.

En esta declaración el alcalde encuentra por lo menos una contradicción. ¿No afirmó primero la detenida haber llegado a Valencia en cuanto su tía cayó enferma, hace dos meses? ¿Por qué declaró después que había llegado hacía quince días? La muchacha no sabe qué responder. El alcalde le reprocha igualmente haber pretextado que esperaba a su tía, la cual, según dijera, se hallaba en una tienda, siendo que en realidad estaba en el hospital. A su juicio, esto significa claramente que se trata de una vagabunda, sin domicilio fijo e infractora a la pragmática. Antonia se limita a balbucir:

—¡Señor juez, por amor de Dios, míreme vuesa merced con caridad!

El alcalde pronuncia su veredicto el 27 de mayo. Declara a Antonia Jiménez doblemente culpable del delito de vagancia, y de uso del traje gitano, prohibido por la ley. En consecuencia, reclama para ella la pena del hierro candente prevista por el artículo 13.

Por el contrario, el procurador del tribunal de Valencia estimará que la contravención de Antonia Jiménez no está demostrada en absoluto. No cabe aducir en su contra el delito de vagancia; ya que su llegada a Valencia se debió a la enfermedad de su tía. Así, pues, el caso queda en suspenso hasta que el corregidor esté en condiciones de justificar su condena. Pero éste se ve necesitado de ausentarse para ocuparse de la reparación de la carretera de Barcelona y confía el asunto al alcalde Caturla, el mismo que lo había iniciado. Ahora bien, en el hospital no hay modo de dar con la famosa tía Antonia Castelló. En cambio, sí se encuentra en él una vieja gitana que dice llamarse Francisca Jiménez y ser la abuela de una joven de diecisiete a dieciocho años encarcelada en San Narciso. Afirma que Antonia Jiménez vivía con ella y se ocupaba de su casa hasta el momento de ingresar la primera en el hospital.

Añade que su nieta la visitaba aquí todos los días, y ahora la echa mucho de menos. Dos gitanos, cultivadores de Beniopa, que se encuentran en el mismo hospital, confirman la declaración de la abuela.

Los resultados de esta averiguación se transmiten al fiscal del tribunal, quien mantiene su parecer de que la joven gitana no ha incurrido en infracciones. En efecto, las últimas deposiciones prueban que vivía en casa de su abuela y que desde su llegada a Valencia la visitaba diariamente en el hospital. El 24 de julio parece darse un carpetazo al asunto. El tribunal comunica a Francisca Jiménez la orden de ir a recoger a su nieta de la cárcel. En realidad, a causa de la postración de su abuela, la propia Antonia Jiménez fue a buscar a ésta, acompañada por un escribano. Montaron a la vieja en un borrico y las dos gitanas emprendieron la marcha, una conduciendo a la otra.

Dos meses después, el 28 de setiembre, el corregidor envía al rey una carta de protesta. Recuerda que, según el artículo 14, en caso de divergencia entre el veredicto del corregidor y el del tribunal debe recurrirse al arbitraje del Consejo, y estima que la autoridad que él ejerce en nombre del soberano ha sido burlada de una manera inadmisible. A raíz de esta intervención, el conde de Floridablanca escribe al tribunal de Valencia, el 14 de diciembre, comunicándole la desaprobación real. El rey verá de buen grado que se arreste nuevamente a Antonia Jiménez, que el tribunal dé explicaciones acerca de su puesta en libertad y que cuide, en el futuro, de no perturbar la buena armonía que debe presidir sus relaciones con el corregidor.

Por consiguiente, el tribunal despacha una orden de arresto relativa a Antonia Jiménez, pero sin resultado. Finalmente, es el alcade Caturla quien aprehende otra vez a la muchacha, a principios de enero de 1785. Puesto al corriente, el tribunal redacta su respuesta al ministro de justicia. Estima haber dado sobradas pruebas de indulgencia frente al corregidor, cerrando a veces los ojos sobre ciertas faltas profesionales y subraya que su función no se limita a castigar los delitos perpetrados por los simples súbditos de Su Majestad sino que también ha de preocuparse por reparar los perjuicios eventuales cometidos por ciertos jueces. En lo que atañe al asunto Antonia Jiménez, el procurador había estimado que el recurso al Consejo no se imponía más que cuando susbsistía una duda respecto de la aplicación del hierro candente, y éste no era caso puesto que aquí no cabía invocar infracción alguna contra la pragmática.

A finales del mes de enero, el corregidor de Valencia escribe a su vez a Floridablanca para manifestarle su desazón. Tres muchachas gitanas, que habían sido detenidas en las calles de Valencia al mismo tiempo que Antonia Jiménez, han sido liberadas por los oidores del tribunal con ocasión de su visita semanal. Por su lado, el tribunal solicita al alcalde Caturla que le precise los motivos del nuevo arresto de la joven gitana, dado que su orden de arresto no había sido transmitida a la justicia de Valencia. Se le contesta que Antonia Jiménez se había presentado en Valencia, sin autorización del alcalde del lugar donde residía, para comprar una mantilla, por la que había pagado una peseta. Si se la detuvo, así como a otras gitanas de su edad, fue en virtud de una instrucción del corregidor que ordenaba a los alguaciles aprehender a todos los gitanos que fueran vistos en las calles de la ciudad.

El tribunal cierra entonces el expediente y lo envía al rey con un informe de quince páginas destinado a demostrar la inocencia de Antonia. Las contradicciones observadas en las declaraciones de la joven gitana, quien mencionó a una tía que habría entrado en una tienda mientras que se trataba de una abuela internada en el hospital, son atribuidas a la tierna edad de la muchacha, a su sexo débil y al espanto provocado por un encuentro inesperado al anochecer. Se podrían invocar otras explicaciones; por ejemplo, el hecho de que las designaciones KAKO (tío) y BIBI (tía) son utilizadas en numerosos grupos cíngaros como términos de respeto para dirigirse a personas entradas en años y, sobre todo, el hecho de que las peculiares condiciones de vida de los gitanos les enseñan desde muy pequeños a dar pruebas de una extrema prudencia, sobre todo con respecto a la policía.

El tribunal considera que la situación de esta joven huérfana que queda sola a raíz de la hospitalización de su abuela, es por completo digna de compasión, que la mendicidad era su único recurso, que la hora en la que se la había aprehendido podía ser considerada normal en el mes de mayo, que sus vestimentas —cuya naturaleza no ha podido ser mejor precisada— no podían ser calificadas de "gitanas" en una época en que la moda femenina se presta un poco a confusión y que la muchacha probablemente no tenía la posibilidad de llevar otras. Los magistrados de la Sala del crimen señalan igualmente que Antonia Jiménez no hablaba la jerga de sus semejantes, que no echaba la buenaventura y que no se le podía reprochar ninguna de las prácticas supersticiosas o fraudulentas que no hace mucho caracterizaban a las gitanas. En resumen, su único delito es haber apelado a la caridad pública cuando se hallaba privada de todo amparo, y su lamentable caso no puede dar lugar a medidas penales.

El expediente salió de Valencia el 11 de febrero de 1785. El primero de junio, el ministro de Justicia Floridablanca lo transmite a Campomanes, Fiscal del Consejo. El 3 de abril de 1786, la pobre Antonia, consumida por la espera y sin noticias de su proceso, supone que se han olvidado de ella y desde la cárcel envía una demanda al tribunal de Valencia suplicándole que dé un impulso al juicio. El procurador le responde que se la mantiene en prisión por orden del rey y que no tiene otro recurso que dirigirse directamente al soberano. La súplica será despachada a la Corte el 30 de agosto, con dictamen favorable del tribunal. Floridablanca la transmitirá a Campomanes el 8 de octubre, indicando el deseo del rey de que el caso quede resuelto en el menor plazo posible. La Sala de los Alcaldes, encargada de pronunciarse, aprobará finalmente la actitud del tribunal de Valencia. El rey dará su aval pidiendo que se recuerde al tribunal que, en casos semejantes, tiene el deber de consultar al Consejo, y la decisión real será enviada a Valencia en diciembre de 1786. Así, pues, finalmente se reconoce la inocencia de Antonia Jiménez, ¡pero ésta habrá pasado en prisión nada menos que treinta meses![15]

b) *El asunto de Cañaveras* . El segundo caso, que también se refiere a la aplicación del artículo 13 de la pragmática —acerca de la marca del hierro

[15] AGS, G, y J., leg. 1004.

candente—, es contemporáneo del primero y se prolonga también durante dos años. Una familia gitana que afirmaba estar realizando un peregrinaje, hizo un breve alto en junio de 1784 en una localidad de la Alcarria, Cañaveras, de camino al parecer al santuario de Nuestra Señora del Tremedal. Un mes después, los gitanos tienen la mala ocurrencia de volver a pasar por Cañaveras, donde son detenidos. Se los conduce a la prisión de Cuenca y el corregidor de esta ciudad confirma el veredicto de los alcaldes de Cañaveras. Estos han reclamado la aplicación de la marca del hierro candente, sanción que por lo demás les parece insuficiente y que desearían ver combinada con unos cuantos años de presidio.

Ahora bien, los magistrados de la Sala del crimen de la Cancillería de Granada, que deben dar su parecer, tendrán posiciones encontradas. Mientras que la mayoría de ellos aprueba la decisión de los alcaldes y del corregidor, otros estiman que los gitanos no han cometido ninguna infracción. Habitualmente, las sentencias consultivas de este tipo requieren unanimidad. Por otra parte, se trata de un procedimiento nuevo y el caso no está previsto por la pragmática. Así pues, el tribunal consulta al Consejo y éste, tras tomarse un tiempo de reflexión, dictará, el 3 de junio de 1786, un fallo destinado a sentar jurisprudencia . En lo sucesivo, en lo tocante a la aplicación del artículo 13, el tribunal podrá hacer ejecutar la sentencia cuando ésta haya obtenido la mayoría de los votos. Esta decisión tendrá efecto, con los peregrinos de Cañaveras, el 13 de diciembre de 1786. Ese día se aplica la pena del hierro candente a un anciano de ochenta años y a un muchacho de veinte. Un tercer gitano muere durante su detención y la gitana que los acompañaba —probablemente la mujer de este último— acaba de dar a luz en la cárcel. Se librará del asunto con una simple advertencia y escapará a la marca infamante.[16]

c) *Los asuntos de Deza y de Medina Sidonia.* Otros dos asuntos relativos a la aplicación del mismo artículo 13 merecen ser tratados. El primero comienza en 1784 en Deza, cerca de la frontera aragonesa, donde una familia de siete miembros, oriunda de Cataluña, es arrestada por vagancia por la justicia ordinaria. Es el conflicto inverso al del caso de Antonia Jiménez: esta vez quien se compadece de los gitanos es el corregidor de Soria. Considera que no han merecido sanción pero que se los podría recoger en un hospicio. Por el contrario, la Sala del crimen de Valladolid estimará que la familia Jiménez, al parecer sin domicilio, es pasible de la aplicación del artículo 11, y propondrá la pena del hierro candente para los padres y para el hijo mayor, de diecisiete años. El procurador del Consejo —¡siempre Campomanes!— no verá para ello ningún inconveniente, pero en definitiva el Tribunal supremo tomará una decisión más humanitaria. Considerando que el cabeza de familia no se entregó voluntariamente a la vagancia sino que se vio forzado a dejar su domicilio de Montroig porque no encontraba trabajo, encomendará a la Cancillería de Valladolid designarle un lugar de residencia donde pueda vivir decentemente sin tener que mendigar su pan, y colocar al chico de diecisiete

[16] AHN, Consejos, leg. 4206, exp. s.n., Cañaveras, 1784.

años en un regimiento, sin que esta medida pueda ser considerada como una sanción.[17]

Cerca de Medina Sidonia, en 1787, una patrulla volante de guardias del Tesoro descubre ropas disimuladas en los matorrales. Muy cerca de allí, seis gitanas se han refugiado en una cueva. Afirman vivir solas y pretenden que los objetos hallados por los guardias fueron depositados allí, la víspera, por cinco desconocidos que las amenazaron. Sus explicaciones no resultan convincentes y se las lleva a prisión. Poco tiempo lleva relacionar este hallazgo insólito con una agresión cometida pocos días antes en la región, en la posada de Retín. Algunos muleros, un ganadero de Tarifa y dos viajeros genoveses fueron despojados de sus ropas por varios desconocidos, que los obligaron a echarse al suelo amenazándolos con sus fusiles y los maniataron.

Las gitanas insisten en negar toda relación con los malhechores, que dicen ser incapaces de identificar. Sólo pueden certificar que no son gitanos. La investigación probará que una de ellas es la madre de dos de los agresores y que otra es la esposa de un tercer hombre de la banda. Esta circunstancia agravante se suma al delito de vagancia achacado a las seis mujeres. El gobernador de Cádiz hace constar que el artículo 16 de la pragmática no prevé excepción más que para los jóvenes de ambos sexos menores de dieciséis años, y de ello colige que todas las inculpadas son pasibles de la pena del hierro candente.[18]

Una vez más, los magistrados de la Cámara criminal de Granada juzgarán el caso con otros criterios. Exhuman para la circunstancia las conclusiones del proceso de Cañaveras y no vacilan en comunicar al rey sus reservas respecto de la aplicación del artículo 13 al sexo débil. "Todas las leyes establecidas miran con más benignidad a las mujeres, por lo delicado de su sexo" —alegan—, y añaden que el artículo 16, citado por el gobernador de Cádiz, no está del todo desprovisto de ambigüedad, pues la excepción acordada a los jóvenes de menos de dieciséis años no implica automáticamente la extensión de la pena a las mujeres de más edad que ésta. A. despecho del carácter un tanto espacioso de este último argumento, el Consejo conincidirá con la opinión del tribunal de Granada y no parece que posteriormente se haya aplicado la marca del hierro candente a mujeres. Apúntese empero que la observación sólo es válida para la jurisdicción de la Cancillería de Granada, es decir, para la mitad sur de España, con excepción del Levante, que depende de la Audiencia de Valencia. Precisamente, en esta jurisdicción una mujer recibió la marca del hierro candente en 1785, en Castellón de la Plana. Por lo que respecta a la Audiencia de Barcelona, en el asunto de San Andrés de Palomar, del que muy pronto volveremos a hablar, dos gitanos y tres gitanas juzgados en 1786 habrán de recibir gravísimas penas, pero no habrá alusión alguna a la aplicación del artículo trece.

17 AHN, Consejos, leg. 51.507, exp. s.n., Valladolid, Soria y Deza, 2 a, 1784.

18 AHN, Consejos, leg. 51.505, expl. nos. 4 y 6.

Un juez "filántropo": Francisco de Zamora

Para favorecer la inserción social de estos antiguos parias que llamaban gitanos, el artículo 18 de la pragmática de 1783 había previsto la creación de comisiones de beneficencia encargadas, en particular, de la educación y formación profesional de los jóvenes. Los autores de la ley habían insistido, en efecto, en el hecho de que en la intención de regenerar al pueblo maldito las medidas puramente penales serían insuficientes. Sin embargo, la justicia no estaba en absoluto preparada para aquellas tareas, y los hospicios y casas de enseñanza, que debían constituir la infraestructura de la nueva política filantrópica, eran cruelmente escasos. Entonces el artículo 16 quedó mayormente descuidado, salvo en una región que ya llevaba la delantera en materia de expansión industrial: Cataluña. Un alcalde de circunscripción de la Sala del crimen de Barcelona, Francisco de Zamora y Aguilar, va a especializarse en la formación de los gitanos jóvenes y en la conversión de los adultos en ciudadanos modelo.

En noviembre de 1785 escribe al conde de Floridablanca, primer ministro de Carlos III, dándole a conocer sus primeros éxitos en el terreno educativo. Agrega a su carta un paquete con trabajos ejecutados por muchachas de Barcelona: cordones, cintas de hilo o de seda, trenzas de palma, encajes y festones. Añade también unas interesantes precisiones sobre el precio de costo de estas mercancías y los beneficios realizables. Con una libra de medias viejas corrientes, de once cuartos, se pueden fabricar de siete a ocho docenas de cordones a trece cuartos la docena, y de cinco medias viejas de seda de ochenta y cinco cuartos, se pueden sacar ciento veinte varas (100 m) de cordón a seis maravedíes cada una. Ocho docenas de cordones ordinarios o ciento veinte varas de cordones de seda representan el trabajo diario de una niña, y cada una de ellas puede ganar así entre noventa y tres y noventa y cinco cuartos, ¡es decir lo suficiente para comprar otras cinco medias usadas y volver al trabajo!

En su carta, Zamora subraya que en la operación tuvo que invertir algún dinero de su bolsillo, y sobre todo que invirtió mucho tiempo en un trabajo ingrato, pero que para él nada de todo esto importa al lado de la satisfacción de ser grato a su destinatario, a quien debe su puesto de magistrado. Floridablanca responde, poco tiempo después, que el rey ha visto con mucho placer los trabajos de las gitanillas y que le rogó transmitiera sus felicitaciones y su estímulo. En las altas esferas se espera que el juez de Barcelona haga muchos adeptos, y su ejemplo es citado en el diario oficial del 16 de diciembre, donde se precisa que las agradecidas niñas ruegan todos los días por la salud del monarca y de sus ministros, que contribuyeron al dictado de medidas tan providenciales.

Unos días después, Zamora reúne a sus jóvenes alumnas y sus padres para leerles el elogioso artículo. Todo el mundo llora de la emoción y se decide escribir al rey manifestándole la gratitud de la asamblea. El procurador Joséf Boba, brazo derecho de Zamora, es el encargado de redactar la misiva siguiente:

Fig. 10 - "Halte de Bohémiens près de Perpignan". Litografía de Desrosiers

—Señor. Disimule Vuestra Majestad que después de dos siglos de pertinacia en los de nuestra clase, se pongan estas pobres familias domiciliadas en Barcelona a los Reales Pies de Vuestra Majestad a cuya soberana piedad había reservado Dios nuestro remedio.

Se acercan al Trono, Señor, no sólo a dar gracias a Vuestra Majestad porque con tanta suavidad ha querido corregirnos, sino también porque, al primer esfuerzo que han hecho nuestros pobres hijos, se ha dignado dar una muestra tan pública de su aprobación soberana.

Esta nos obliga a perfeccionar la obra que hemos empezado, y ella anima también a los antes llamados gitanos de Barcelona a ponerse a los Reales Pies de Vuestra Majestad en número de 76, Señor. En nombre de estas familias. Joséf Boba. [33]

La aprobación real ha dado alas al abnegado juez que, el 7 de enero de 1786, hace abrir un expediente por un escribano del Tribunal con el fin de hacer constar todas sus actividades en el terreno de la educación de los gitanos. Designa en él a los auxiliares encargados de respaldarlo en su pesada tarea: el procurador Boba, un miliciano llamado Juan Bibern y un secretario. Unos días después, el último agrega al expediente la lista de ochenta y cuatro gitanos domiciliados en Barcelona, precisando que todos ellos ejercen una actividad honrada gracias a don Francisco de Zamora. Para los muchachos colocados como aprendices, el juez ha previsto un modelo especial de contrato según el cual el maestro no se limitará a dar de comer a su aprendiz y enseñarle su oficio, sino además tendrá la obligación de instruirlo en la doctrina cristiana, cuidando de que vaya a misa y reciba los sacramentos, esté aseado, tenga buenos modales y hable la lengua del país. Por otra parte, mientras dure el aprendizaje, todas las noches deberá enviar al muchacho a la Lonja para que siga cursos de dibujo.

Entre las personalidades que contribuyen con sus limosnas a la financiación de esta obra de beneficencia pueden señalarse los nombres del gobernador de Cataluña, de la condesa del Asalto, del obispo de Barcelona, del Inquisidor y de dos capitanes de la guardia valona.

Los representantes de la justicia de los poblados cercanos a la capital catalana no tardan en solicitar a nuestro especialista la gentileza de ocuparse igualmente de sus casos. En ciertas localidades, como San Andrés de Palomar, Hospitalet y Tarrasa, las autoridades pacrecen tener algunos problemas con sus gitanos, que siguen llevando el mismo tipo de vida que antes de la publicación de la pragmática. Enviado para el reconocimiento, el miliciano Bibern confirma las quejas de los bailes, a raíz de lo cual el propio Zamora decide tomar las riendas del asunto y dedicar su tiempo libre a remediar esta situación.

El domingo 14 de mayo llega a Sabadell con su secretario, el procurador Boba y Juan Bibern. Constata que todos los gitanos censados en esta localidad han vuelto a vagabundear, con excepción de una familia —la de Vicente Escuder—, que vive amontonada en un granero, mezclada con los animales. Zamora encuentra una vivienda decente para los Escuder. Hacer traer sillas, cama, un arcón, un crucifijo y algunas estampas religiosas. Al mismo tiempo, pide a los gitanos que adapten sus vestimentas a la moda del país. El hijo de Vicente Escuder, un chico de diecisiete años, mudo de nacimiento, es colocado en una fábrica de tejidos, donde aprenderá a cardar e hilar. Su hermana, una niña de doce años, es confiada a una maestra que deberá enseñarle los trabajos de aguja y a quien Zamora entrega en premio cinco pesetas y media. En cuanto al padre, se le encuentra un empleo de trajinero.

Después de esta cumplida jornada, el pequeño equipo emprende el regreso —se necesitan tres horas para cubrir los veintitrés kilómetros que distan de Sabadell a Barcelona—. Hacia las siete de la tarde, los cuatro hombres, acompañados por sus lacayos, llegan a las inmediaciones de San Andrés de Palomar y es entonces cuando escuchan unos ruidos sospechosos: ¡cantos y gritos de alegría! Detrás de una cerca, no lejos de la carretera, varias personas parecen estar de juerga en torno de una gran fogata. Zamora envía a Bibern para informarse de qué se trata. Este se precipita armas en mano y no tarda en llamar a los lacayos en su ayuda. Cuando el resto de la tropa llega al lugar, él está teniendo a raya a una docena de gitanos de ambos sexos a los que ha obligado a echarse boca abajo. Se les atan las manos a la espalda y se los conduce a la cárcel de Barcelona. No tardarán en ser juzgados y más adelante veremos qué pasará mucho tiempo antes de que vuelvan a juerguear.

El 24 de junio de 1786 —esta vez es sábado—, Zamora se dirige a Tarrasa y pide ver las viviendas de los gitanos que han sido censados en la localidad. La respuesta es que se alojan en graneros o en hornos de cal, que carecen de empleo y divagan por todas partes. En efecto, el juez nota que los doce gitanos arrestados cerca de San Andrés figuraban en la lista de Tarrasa. Antes de partir da instrucciones muy estrictas al decano del ayuntamiento para que detenga a los otros y, conforme a su costumbre, instala en el lugar a un espía encargado de avisarle para el caso de que las autoridades locales no cumplan con su deber. Pocos días después, un muchacho que declara ignorar su nombre caerá en la red tendida por Zamora y será conducido al hospicio de Barcelona.

En el mes de julio, el celoso juez consagrará todos sus fines de semana a giras de inspección por la periferia de Barcelona. A comienzos de este mes acude a San Andrés de Palomar, donde visita a los gitanos del lugar, que viven "gitanescamente" en una suerte de caballeriza en ruinas, una de cuyas entradas está tapada con estiércol. Veintiséis personas pertenecientes a seis familias diferentes viven en este sórdido lugar en compañía de dieciocho caballerías. Zamora apunta, en particular, que no tienen camas, que hacen fuego delante de la puerta y que, siguiendo su costumbre, utilizan ollas de hierro para cocinar.

También aquí, nuestro filántropo comienza por ocuparse de los gitanos pequeños. A un chico de quince años lo coloca como aprendiz en el taller de un fabricante de alpargatas, los más pequeños son enviados a la escuela y las niñas deberán acudir a casa de una maestra que les enseñará a coser e hilar. El problema más espinoso es la reubicación de todas estas familias. Dos de ellas quedarán en San Andrés y Zamora exige que su habitación esté provista de separaciones y dispuesta como las otras casas del país. Dos familias irán a

San Martín de Provensals y otras dos a San Baudilio (hoy en la periferia de Barcelona), donde se deberán alojar de la misma manera. Además, corriendo con los gastos, el juez se ocupa de vestir a todos estos gitanos a la moda del país.

El domingo 16 de julio, el sábado 22 y el domingo 23, Zamora concurre a Hospitalet, donde cuatro familias gitanas viven a ras del suelo, entre sus animales, en un antiguo granero. Una de las mujeres parece tener "costumbres reprensibles" y vive en concubinato con uno de los gitanos. Se la despacha a la prisión de Barcelona. Una de las familias es invitada a instalarse en la capital. Las otras tienen un plazo de diez días para cambiar radicalmente su modo de vida, y para facilitar esta mutación se les deja algún dinero. Un chico es confiado como aprendiz a un zapatero remendón y otro es enviado a la escuela.

El último domingo de julio y en el primer fin de semana de agosto Zamora está en Sarriá, donde los gitanos viven en las mismas condiciones que los precedentes. Los cuatro hijos de la familia están librados a sí mismos y un día en que deambulan por las calles de Barcelona el juez los recoge y los viste. En adelante, el chico aprenderá a fabricar alpargatas y sus tres hermanas harán encaje. Aquí la reubicación de la familia resulta más difícil, y Zamora deja al baile un plazo de dos meses para resolver el problema.

A finales de setiembre, el incansable benefactor llega hasta Mataró, donde contempla una vez más un espectáculo intolerable. Los gitanos yacen por el suelo sobre esteras de palma en dos pequeñas chozas, y lo que escandaliza una vez más a Zamora es ver que duermen todos juntos, "sin separación", hombres y mujeres, niños y niñas. Observa que el fuego está fuera, delante de la puerta, las tijeras de esquilador en la pila de leña y el burro atado a una estaca. En el interior, un cadáver de animal descuartizado cuelga de una de las casuchas, y todos los visitantes reconocen horrorizados que se trata de un perro que los gitanos se aprestan a comer. Por otra parte, el juez ha podido comprobar que la llamada Teresa Jiménez, que según se tenía entendido estaba aprendiendo a hilar, no sabe hacer otra cosa que tocar la pandereta en las fiestas que los campesinos del Vallés celebran en la ermita de la Salud.

Zamora deja aquí las mismas consignas que en sus precedentes giras y deja para más adelante la tarea de encontrar trabajo para los jóvenes gitanos de Mataró, pues no puede quedarse más tiempo en esta ciudad.

En el mes de octubre, el procurador Boba contabiliza las sumas gastadas para mejorar las condiciones de alojamiento de los gitanos, comprar muebles, ropas, telares y otros instrumentos de trabajo y evalúa el importe total de los gastos en 6182 reales de vellón. Establece igualmente la lista de las ropas distribuidas a los jóvenes gitanos enviados a trabajar: camisas, calzones, medias, zapatos o alpargatas.

Ocho gitanillos de cinco a quince años han sido confiados al hospicio, donde los chicos hacen alpargatas y las niñas trabajos de aguja y donde hay verdadera prisa por remediar su crasa ignorancia en materia de religión. Lo más difícil fue, al parecer, obligarlos a dormir en una cama. Según el prior, las niñas se levantaban por la noche y se tumbaban en el suelo.

A comienzos de noviembre, Zamora efectuará varias visitas imprevistas en las localidades ya inspeccionadas para verificar si han sido cumplidas sus instrucciones y, en conjunto, se muestra más bien satisfecho. A finales del mes, interviene ante el intendente de Cataluña para que las autoridades de las localidades en las que ha instalado a los gitanos concedan a éstos un plazo de tres años antes de reclamarles contribuciones.

El 31 de diciembre de 1786, Antonio de Zamora cierra por fin su expediente. Lo despachará el conde de Floridablanca adjuntándole una larga carta destinada a poner de relieve las dificultades con que debió topar, así como sus méritos personales. Expresa, en conclusión, su anhelo de que su obra ejemplar sea imitada y proseguida y sugiere que él mismo podría ampliar su radio de acción a toda Cataluña. Sin embargo, tendrá que conformarse con agradecimientos y su gran impulso filantrópico se detendrá ahí. Tal vez no sea inútil recordar que este movimiento, muy característico del espíritu "ilustrado" del siglo XVIII, no estaba más desprovisto de segundas intenciones interesadas que la caridad cristiana que aspiraba a suplantar. En el caso concreto de Antonio de Zamora y Aguilar, lo que se tenía en mira era la promoción personal, perspectiva ésta, en resumen, casi tan grata como un lugar de elección en el más allá. En el plano más general de la ideología de las Luces, sabemos que la finalidad de estas medidas humanitarias era la transformación de una parte nada desdeñable de la población en trabajadores activos y contribuyentes. Hemos podido observar la indignación del juez de Barcelona ante un modo de vida y unas costumbres "gitanescas" y, acreditados al salvajismo natural de un pueblo bárbaro. Sin duda no pasó por la mente de este magistrado ilustrado el que las condiciones de existencia infrahumanas que descubre durante sus giras de inspección son precisamente la consecuencia de una legislación que no podía tener otro efecto que la transformación de hombres libres en pobladores de chabolas. El liberalismo condicional, que a partir de 1783 pasa a ser la regla, no tendrá apenas resultados más convincentes. ¡Sin embargo, también aquí se supo actuar con firmeza! En el caso de los doce gitanos arrestados el 14 de mayo de 1786 en San Andrés de Palomar, es probable que se haya querido dar un castigo ejemplar. Quince días después de interrumpir brutalmente su pequeña fiesta, todos reciben pesadísimas condenas. Los dos hombres, de cincuenta y treinta años respectivamente, cumplirán diez años de presidio en Orán. Las tres mujeres, dos de treinta años y la tercera de cuarenta, se llevan diez años de prisión. Los niños, una chiquilla de dos años y medio y tres chavales de cinco, nueve y trece años, serán internados en el hospicio de Barcelona. Dos pequeñines de seis y diez meses quedan provisionalmente con sus madres, en la cárcel, hasta el final de la lactancia; después de lo cual se unirán a los otros en el hospicio. Los delitos retenidos contra los cinco adultos son los siguientes: ociosidad, vagancia y carencia de domicilio. A esto se añade el robo de un pollo, que además no fue probado. La zanahoria filantrópica no puede esconder el palo; ¡éste ha golpeado lo más fuerte posible y el juez Zamora puede dormir el sueño del justo![19]

[19] AGS, G. y J., leg. 1004, 1005.

Ya que la filantropía nos lleva a hablar de las sanciones, trataremos de evocar rápidamente la suerte reservada a los gitanos cuando se los detiene y condena. A partir de 1539 se los envía a galeras en virtud de una decisión de Carlos V, y esta medida se les aplicó sin duda desde ese mismo año ya que tres de ellos, que se encontraban en la galizabra San Ginés, en mayo de 1545 iban a ser liberados tras cumplir una pena de seis años encadenados a un banco de este navío. Se les dejaría un plazo de sesenta días para elegir un domicilio fijo y, de no hacerlo, serían devueltos a sus remos.

Sin embargo, pocos días antes de una liberación que quizá ya no esperan, en el *San Ginés* estalla un motín. Los galeotes, entre los que se contaban otros diez gitanos, un joven vizcaíno de dieciséis años y un ladrón reincidente a quien ya habían cortado las orejas, sabían, gracias a un turco llamado Shaban, que el alguacil y ocho soldados cuya paga se hacía esperar demasiado estaban por abandonar el navío. El día en que parten, el 14 de mayo, el capitán ha bajado a tierra para tratar de hacer otros reclutas, y a bordo sólo quedan cinco soldados. Mientras estos últimos toman su comida, los gitanos fingen armar una juerga; cantan en su "jerigonza", como dirá un testigo. Pero de pronto las cosas parecen tomar un mal sesgo; los gitanos remedan una violenta riña, se insultan, se agarran por los cabellos y llegan a las manos. Los soldados van de uno en uno a ver lo que sucede y uno por uno caen en la trampa, con excepción del último, que ha preferido correr hacia la proa para pedir auxilio. Los gitanos los cogen por las piernas, los hacen caer entre los bancos y los maniatan. Dos de ellos conseguirán desprenderse, pero los gitanos ya han roto sus cadenas con hachas y martillos e intentan escapar. Tres de ellos son heridos por los soldados; otros siete logran alejarse en una canoa, cruzan la bahía y desaparecen en los bosques. A pesar de las recompensas prometidas a unos veinte lugareños que se lanzan tras sus pasos, se pierden sus huellas.

Alrededor de 1550, las penas de galera aplicables a los gitanos se generalizan en toda la península. Además, a partir de la constitución de la LIGA SANTA contra los turcos, en 1571, aumentan considerablemente las necesidades de remeros y el contingente habitual de condenados pasa a ser insuficiente. El 19 de diciembre de 1572, un año después de la batalla de Lepanto, Felipe II envía una carta circular a todas las justicias para tratar de compensar ese déficit. Los procesos en curso deberán concluir cuanto antes, y los delitos susceptibles de acarrear una pena de galeras serán cada vez más numerosos. Junto al robo, el proxenetismo, la vagancia, la blasfemia y la estafa, el simple hecho de ser gitano constituye en lo sucesivo un motivo ampliamente suficiente.

Pronto se desencadena una auténtica caza del gitano apto para el remo. Baeza y Ubeda envían cada una seis gitanos, Guádix siete. En Cuenca, sobre diecinueve gitanos arrestados, quince se juzgan aptos para el servicio. Los que eran sedentarios y cuya conducta era irreprochable podrán disfrutar de una pequeña paga, según los reglamentos en vigor. Sin embargo, los nuevos reclutas son enviados hacia su puerto de embarque con una buena guardia y pesadas cadenas. Todos van esposados y se los ata a la misma cadena mediante argollas de hierro que llevan alrededor del cuello. Tienen, en general, entre diecisiete y veinticinco años.

En 1575, antes de partir para Flandes, don Juan de Austria escribe a su hermanastro Felipe II recordándole que muchos gitanos sirven como galeotes sin haber cometido el menor delito. Insiste para que no se les siga tratando como presidiarios y se los remunere, pues sus familias, sin recursos, se han visto obligadas a reiniciar su vida errante. Sin embargo, a comienzos del siglo XVII la situación de los gitanos se agrava. En 1609, el Consejo de Castilla condena a cuantos tienen la culpa de ejercer otro empleo que el del cultivo de la tierra a seis años de galeras "al remo y sin sueldo". En 1635, un decreto real destina a galeras a todos los gitanos de veinte a cincuenta años que no tuvieran oficio ni amo a quien servir y, cuatro años después, se dicta una orden de arresto contra todos los miembros sanos de la comunidad gitana pues "hay gran falta de galeotes y remeros, y en todos los lugares hace mucha sobra esta infame raza".[20]

A finales del siglo XVII, las penas de galeras tienden a aumentar y pasan de seis a ocho años para los gitanos que hayan permanecido nómadas así como para los sedentarios qu posean armas de fuego. A partir de 1726, todo sedentario que se desplace sin autorización es igualmente pasible de ocho años de galeras. Sin embargo, la época de las galeras toca a su fin y España tiene ahora más necesidad de soldados que de galeotes. Se organizarán grandes redadas en los lugares frecuentados por los ociosos de todas las categorías; pero la suerte de los gitanos conocerá una vía divergente, pues no se les tiene confianza suficiente para alistarlos en el ejército. Ya no es cuestión de apoderarse de los nómadas, sino simplemente de abatirlos como vulgares presas de caza; en cuanto a los sedentarios, se hará de ellos individuos más productivos enviándolos a las minas de mercurio o a los presidios de Africa del Norte.

Ya sabemos que en 1749, a instigación del obispo de Oviedo, se decretó el arresto general de todos los gitanos de España. Sabemos también que unos diez mil gitanos fueron víctimas de esta espectacular operación y que, si bien la detención de algunos fue de corta duración, otros tuvieron la mala suerte de pudrirse durante deieciséis años en los arsenales transformados en presidios.[21] Las reservas formuladas por el intendente geneal de la Marina y por los comisarios de los diferentes departamentos resultaron inútiles, y a toda prisa se acondicionan locales improvisados y se traen tropas de refuerzo para garantizar la vigilancia de esta multitud de presidiarios. En Cartagena, seiscientos gitanos son amarrados con cadenas a las galeras a la espera de que se reparen los edificios que les serán destinados. En La Carraca, Cádiz, se desalojan los depósitos que sirven para almacenar estopa y allí quedan amontonados mil ciento noventa y tres gitanos en condiciones tremendamente insalubres. El director no omite señalar que están tan apretados que son de

20 Pellicer, José, *Avisos históricos*, Madrid, 1965, pág. 27.

21 Véase Cap. I, págs. 44 a 46.

temer riesgos de asfixia o epidemia, y que no sería improbable que surjan amotinamientos. La situación de los prisioneros es más dramática aún por cuanto en el momento de su arresto se les despojó de sus vestimentas y están prácticamente desnudos. Además, la suma prevista para su manutención —ocho cuartos y un poco de pan de munición— demuestra ser insuficiente.

Las circunstancias propicias estaban reunidas y además cundía la desesperación, así que en la noche del 7 de setiembre de 1749 estalla en La Carraca un primer motín. Los gitanos se habían armado de clavos arrancados del piso y de puñales de madera fabricados por ellos para tratar de intimidar a los guardias y emprender la huída. La guarnición, compuesta por unos sesenta soldados, no tuvo mayor dificultad para controlar a los treinta y dos sospechosos y poner grilletes a los que se suponía eran los cabecillas. Se levantan dos horcas con el fin de amedrentarlos y de desalentar cualquier otra tentativa; pero la investigación destinada a establecer la culpabilidad de los responsables se para en seco, pues los gitanos se hacen solidarios y no sueltan palabra.

Intimado a despedir a los peones y sustituirlos por gitanos, el director del arsenal expresa su sorprea y desaprobación. Se pregunta en particular qué rendimiento podrá obtener de estos presidiarios entorpecidos por pesadas cadenas cuando deban trabajar con barro hasta la cintura. Sin embargo, poco a poco, todo el mundo es puesto a trabajar. Los adultos manejan maderos destinados a la construcción de los buques o transportan piedras y materiales para las instalaciones porturarias. Los herreros tienen la suerte de que se los emplee en su especialidad, y los chavales de siete a quince años deben trabajar en la velería, donde fabrican ruedas y canillas. Otros hacen estopa o trenzan cordajes.

En octubre de 1749, cuando llega a La Carraca la orden de liberación de los gitanos considerados inocentes, quinientos treinta y cuatro prisioneros gozarán de este beneficio, mientras que catorce han muerto en los primeros cuatro meses de detención y los seiscientos cuarenta y cinco restantes —o sea más de la mitad del contingente de origen— seguirán clavados a sus hierros.

En el arsenal de Cartagena, donde los detenidos son oriundos del Levante, la situación no es más alentadora. Algunos gitanos han sido reclamados por sus municipios de origen; los otros, olvidados, comienzan a preguntarse qué será de ellos.

En la tarde del 22 de julio de 1750, algunos deciden no esperar más. Son casi las ocho. El sol se pone. El gitano que actúa como capataz, Miguel de Malla, grita a sus compañeros que ya es hora de parar el trabajo y de ir hacia las galeras,donde los prisioneros se siguen alojando. Acto seguido, dos gitanos se ponen a correr hacia la cañada que lleva a la montaña, seguidos muy pronto por varios otros. El capataz da la alarma y los soldados de la guarnición aprehenden a catorce fugitivos. Uno solo ha conseguido escapar.

Los primeros interrogatorios dan una idea general de las condiciones de detención en el arsenal. Todos los gitanos se quejan de hallarse injustamente privados de su libertad y separados de sus familias, de ser amarrados por las noches a una cadena y empleados en trabajos demasiado duros, del maltrato y la injuria permenentes. Uno de ellos declara

El motivo [de la fuga] fue el considerar el tiempo que se hallan privados de su libertad —que todo hombre la desea—, sin haber dado la causa más leve para ello; los continuos trabajos en que diariamente están empleados así de capanear tierra, sacar madera de embarcaciones, a que no estaban acostumbrados y sí a la labranza del campo que era su ejercicio, como el verse ultrajados así de moros que con palabras feas les mandan, como de los alguaciles que sin ningún motivo los apalean diciéndoles iguales palabras que aun a los perros estuviera mal dicho, aumentándose a esta infelicidad el que no puedan socorrer a sus pobres mujeres e hijos, careciendo de su vista, que si tuviesen este consuelo pudieran ser más tolerables sus trabajos. . .[22] [34]

En su infome al ministerio, el intendente Barrero señala que el hecho de que estos gitanos no hayan sido reclamados por sus municipios de origen no constituye una prueba de culpablidad. Según él, si se los abandonó a su triste suerte es sencillamente para no tener que devolverles los bienes que se les consfiscaron al apresarlos y, en tales circunstancias, su tentativa de fuga puede considerarse excusable. El rey estimará, por su parte, que no hay por qué sancionar más a individuos ya condenados a la cadena perpetua y que quienes merecen castigo son sus guardianes, por no haber sabido impedir su fuga.

En julio de 1751 los representantes de la justicia de Málaga descubren a veintiún muchachos gitanos de once a catorce años a quienes sus madres habían disfrazado de niñas por miedo a que los enviaran a presidio. Por decisión real serán puestos a disposición del intendente de Cartagena para empleárselos en los trabajos del arsenal. En 1755, se sumarán a ellos cuarenta niños gitanos de siete a ocho años, oriundos de la región de Valencia.

Los años pasan y los desdichados a quienes nadie reclama siguen sin saber qué cosa se les reprocha, ni cuánto tiempo va a durar su martirio. Por su lado, el ministerio de Marina se queja de las gravosas cargas ocasionadas por el mantenimiento en los arsenales de tan grande cantidad de detenidos. Los directores de estos arsenales se encuentran cada vez más molestos por la prolongación de lo que aparece, a los ojos de muchos, como una formidable injusticia, y las tentativas de evasión se multiplican. En enero de 1756, dos gitanos evadidos del arsenal del Ferrol, en Galicia, son aprehendidos por un cabo del regimiento de infantería de la región cantábrica y arrojados a la prisión de Ciudad Rodrigo. En abril de 1761, otros dos gitanos, detenidos en el mismo arsenal, se escapan a su vez y en un mes atraviesan a pie prácticamente toda España para regresar a sus residencias, en la provincia de Almería. Cuando sólo les resta por andar unos cien kilómetros, un alguacil los encuentra, los detiene y los conduce a la cárcel de Quesada.

Cuando, en 1763, Carlos III decide la liberación de todos los gitanos que aún se encuentran en los arsenales, el Consejo recibe sencillamente el encargo de fijarles domicilio. Sabemos que en lugar de apresurarse a satisfacer los anhelos del soberano, los dos fiscales de este Consejo, Campomanes y Sierra Cienfuegos, se lanzarán a una polémica acerca de la mejor manera de resolver definitivmente el problema gitano, lo cual retrasará dos años más la

[22] AGS, Sala de Marina, leg. 723

liberación efectiva de los últimos detenidos. Estos, ilusinados con la promesa de una liberación cercana, se impacientan cada vez más y no cesan de enviar al ministerio urgentes peticiones de conmovedora ingenuidad. Evocan las inhumanas condiciones de vida que vienen sufriendo desde hace dieciséis años a raíz de una condena injusta, e insisten en las repercusiones morales de su detención: la suerte de sus mujeres e hijas obligadas a mendigar al borde de los caminos y expuestas a la deshonra, mientras que sus propias almas se exponen a la condena eterna desde que están separados de sus esposas.

La orden del Consejo llega finalmente en julio de 1765. Los sobrevivientes de la gran redada de 1749 son devueltos a sus casas. Sabemos, empero, que aún habrá que esperar dieciocho años para que se decrete la aministía general y para que el simple hecho de ser gitano deje de constituir, en principio, un delito pasible de galeras o del presidio a perpetuidad.

La Inquisición

Se trata aquí, claro está, de la Inquisición española de la época moderna, creada por los Reyes Católicos en 1478 con la aprobación del papa Sixto IV, y abolida oficialmente en 1834. Nuestra documentación está compuesta por unos treinta expedientes procedentes de los tribunales de Cuenca, Madrid y Valencia, y sus dos terceras partes —o sea veinte sobre treinta— pertenecen a la categoría de los llamados procesos de "hechicería". Sin embargo, más adelante veremos que esta importancia es sumamente relativa y que estos casos no pueden caracterizar apenas la actividad del Santo Oficio.

En lo tocante a la de las gitanas que tendrán que vérselas con el tribunal de la Inquisición, no se puede hablar de brujería —no hay aquelarre, no hay relaciones lascivas con un diablo con forma macho cabrío—; los hechos reprochados a las acusadas corresponderían más bien a la pura magia, si no se tratara, en definitiva, de ingeniosas estafas bien caracterísitcias del "genio" gitano.

1) *Los tesoros encantados*

Una de las prácticas más típicas de nuestras gitanas —de la que además no poseen la exclusividad pero en la cual adquieren un renombre no del todo usurpado— es la caza de tesoros ocultos. La mayor parte de España había sido rescatada de los moros, lentamente rechazados hacia el Sur. Posteriormente, sus últimos descendientes más o menos convertidos, los moriscos, serán definitivamente expulsados sin derecho a llevarse su dinero. Todo esto no dejará de hacer soñar a los cristianos pobres que se instalarán en su lugar, en los sitios que en otro tiempo aquellos abandonaran. Aun admitiendo que algunos hallazgos aislados dieran pábulo al rumor, muy pronto esto se convertirá en un verdadero mito y, para nuestras gitanas, en una industria floreciente. Nuestro primeros ejemplos se remontan al siglo XVI y son por tanto anteriores a la expulsión de los moriscos. Además, aun en los casos más tardíos, se sigue hablando de "moros" y subsiste el recuerdo de una opulenta civilización desaparecida que continúa poblando la imaginación de la gente.

Un día del mes de abril de 1539, en la aldea de Palomares de Huete, entre Cuenca y Tarancón, un sastre llamado Juan de Escalona, cuya mujer es cristiana nueva —entiéndase: descendiente de judíos conversos— va a la casa de un tal Francisco Calderón donde asiste a una partida de naipes. Los jugadores piden fichas y les traen un puñado de garbanzos. Entonces, uno de ellos exclama jocosamente:

—¡Francisco Martínez, por vuestra vida, que nos deis unos tantos y dadnos algunas fichas y guardad estos tomaredes los garbanzos para vuestra olla! [35]

El interpelado responde inmediatamente:

—¡Voto a Dios, que garbanzos ni judíos no los querría aver en mi casa! [36]

El sastre se siente aludido y replica:

—¡Juro a Dios que el más ruin judió es mejor que el mejor cristiano viejo! [37]

El asunto no tarda en llegar a oídos de los inquisidores. Para dar más de la medida, el denunciante añade que los esposos Escalona han ido a consultar a una gitana y que la mujer del sastre le pidió un remedio mágico que la protegiera de la Inquisición. Ante el tribunal, Juan de Escalona reconoce que la ira lo ha movido a decir cualquier cosa y que lamenta sus manifestaciones respecto de los cristianos viejos; pero, en lo que concierne a la gitana, su versión de los hechos diverge totalmente de la que se consignó en el acta de acusación. La maga habría venido a su domicilio con el pretexto de echar la buenaventura y le habría prometido hacerle descubrir un tesoro oculto en la casa. El sastre le habría entregado dos reales, una taza y unos dados de plata y se habría dirigido con ella, acompañado por su mujer, a la ermita vecina, donde la gitana, tras hacer dos bolas con masa de pan, habría colocado el dinero en una de las bolas y arrojado la otra a un perro, que la habría tragado. Resultándole sospechosa la estratagema, Escalona habría reclamado entonces lo suyo, pero a la postre no habría recuperado más que la taza y uno solo de los dos reales.[23]

En 1585, dos mujeres de Barchín del Hoyo denuncian ante la Inquisición de Cuenca a una gitana que intentó con cada una de ellas el mismo tipo de timo. Se presenta primero como curandera y obtiene de sus víctimas diversos objetos de plata, sábanas, encaje, trigo y harina, amenazándolas con peores desgracias si se niegan a hacerle entrega de estos elementos. Una de las dos mujeres, que ha recurrido a las dotes de la maga para que tratara a un hijo

[23] AOC, Inquisición, leg. 143, exp. 1758.

enfermo, se niega a creer en el tesoro que no obstante se le describe con detalles: se trata de diez barreños llenos de monedas de oro y de otros diez conteniendo reales de plata. La gitana se conformaría con el 20% de estas riquezas en premio a su trabajo, pero su clienta la manda de paseo. La otra, mucho más cándida, cae en la trampa. Aquí el animal que sirve de intermediario con las potencias ocultas que guardan el tesoro es un burro. La gitana le hace tragar —aparentemente— una bola de masa en la que ha colocado cuatro reales. Al mismo tiempo, coloca sobre el animal un serón lleno de paja. Para la segunda operación, la maga utiliza "un librito lleno de páginas" y pide a su cliente tres granos de trigo y tres briznas de paja; después, pronuncia las palabras siguientes:

> Este trigo florece y granece y sostiene a vivos y muertos y, así, tú, ánima penada y mora encantada y espíritu, nos darás este dinero sin cavar ni sin pescar, ni sin perjuicio ni daño. [38]

En eso, saca la paja que estaba en el serón, retira la bola de masa que contiene cuatro reales, agrega otros cinco reales y se lo da todo al burro. Ahora bien, la pobre bestia cae enferma y la cliente se alarma. la gitana le explica que el animal está simplemente fatigado, pues la noche precedente la mora encantada lo montó y dio una vuelta con él, mientras que el espíritu y el alma en pena corrían detrás esta vez, la joven mujer comienza a dudar. Amenaza con contarle todo a su padre que es el amo del burro, y reclama el dinero y los objetos que se le tomaron tratando a la gitana de bruja. Esta responde que se limitó a utilizar un libro de desembrujamiento y que por lo tanto nada se le puede reprochar. Puesto al corriente de la superchería, el marido de la víctima se lanzará en persecución de la gitana —que se ha largado— para tratar de recuperar ropas y dinero.[24]

En el siglo XVIII, la Inquisición de Valencia nos proporciona varios otros ejemplos de cazas del tesoro donde se apela a métodos un tanto diferentes. En la mayoría de los casos el contenido del tesoro es expuesto con minucia. Una vez se trata de dos jarras, una llena de monedas de oro y la otra de monedas de plata, cubiertas por dos fuentes de plata ¡utilizadas en otro tiempo para afeitar a un rey moro! Otra vez se mencionan cuatro jarras rebosantes de monedas de metal precioso. Un tercer tesoro comprende, además de cuatro jarras llenas de oro y plata, un baúl repleto, joyas en abundancia, ropa blanca y un turbante de inestimable valor.

El tesoro suele estar situado en una habitación bastante modesta cuyo suelo es probablemente de tierra apisonada: la cocina o la cuadra. Como se sabe, ha pertenecido a unos moros y sigue embrujado, lo que hace necesaria la intervención de la maga. En ciertos casos, la gitana precisa que la hucha fue hechizada por sus antiguos propietarios para impedir que los cristianos se apoderaran de ella. ¡Es decir que la contramagia utlizada para desembrujar estos tesoros apela siempre a ritos cristianos, suprema habilidad que puede servir eventualmente para desarmar a los inquisidores! Una gitana pide dinero para

[24] AOC, Inquisición, leg. 303, exp. 4366.

hacer decir nueve misas a nueve reales cada una (¡la cifra es simbólica, no se puede regatear!). Otra quiere hacer decir doce misas en tres iglesias diferentes, con el fin de desbaratar los ardides de cuatro hermanos que han embrujado el tesoro. En otros casos, las misas están destinadas a un ánima del purgatorio ligada al tesoro, y éste no aparecerá sino cuando el ánima alcance el Paraíso.

Las gitanas conocen también ciertas oraciones apropiadas a las circunstancias y que sus clientes deben repetir en voz alta. Casi siempre están dedicadas a san Juan Bautista:

> Glorioso san Juan
> en la mar entraste
> suertes echaste
> mejor las sacaste.
> Por tu santidad,
> por tu virgindad,
> y por tu honestidad,
> que nos enseñes señal de esta moneda
> de este tesoro entesorado,
> bienes perdidos de moros,
> porque se aprovechen los cristianos,
> para hacer bienes de pobres
> y para que nos aprovechemos de ellos
> en honra y gloria del Señor. [39]

Existe una oración al Santo Sacramento por el mismo estilo que hay que rezar al pie del altar mayor y, en los momentos importantes, se invita a los clientes a recitar el credo.

Las gitanas proponen a veces devociones más extrañas, como la que consiste en entrar en una iglesia con un pie descalzo. En principio, la aparición del tesoro debe coincidir con determinadas fiestas religiosas y ciertas prácticas propiciatorias deben ejecutarse en las horas consagradas a la oración según el ritual católico. Las desembrujadoras utilizan mucho también la señal de la cruz, agua bendita y cirios. Ciertas operaciones exigen la compra de un cirio muy especial, hecho de varias ceras diferentes, fabricado por cierto artesano y que ha de costar bastante caro a los aficionados a tesoros.

Así que los más escrupulosos cristianos viejos se pueden quedar tranquilos, pero de todas formas es preciso que ls gitanas hagan un poco de magas si quieren que se las tome en serio. Utilizan a este efecto algunos pequeños trucos propios para dejar pasmadas a las personas ingenuas. El que se emplea con más frecuencia consiste en sumergir en agua —bendita, de preferencia— un papel en el cual aparecen unos dibujos. Surge la imagen en colores sobre una hoja de papel blanco que parece haber sido suministrada por el o la cliente y que la gitana dobla en dos antes de introducirla en un recipiente lleno de agua. Donde aparece el dibujo, el papel no parece estar mojado. Ese dibujo representa en general a un moro tocado con un turbante —¡el presunto propietario del tesoro!—, un ángel, una bella señora o un ánima del Purgatorio. A veces el moro y la dama tienen en la mano, simbólicamente, las llaves del tesoro. Se puede ver también las jarras en las que se encuentran las monedas de oro y de plata, o las cruces que se hallan en las monedas, o incluso las monedas y alhajas de toda clase y también, en ciertos casos, siete cirios ardiendo en siete candelabros, una custodia y un crucifijo. Estas últimas apariciones son aptas para apartar toda idea de intervención diabólica y, por otra parte, el fenómeno siempre es desencadenado por rezos y santiguadas. Cuando la imagen aparece, la gitana hace los comentarios apropiados: el ángel que lleva un cirio ha de iluminar el tesoro, siete joyas significan siete días, etcétera.

Existe un truco más sencillo que consiste en sumergir en un barreño lleno de agua bendita la clara y la yema de un huevo, acompañando la operación con oraciones y santiguadas de uso. Tras dejar el barreño una noche al exterior, la gitana puede hacer ver a sus clientes que la clara de huevo se asemeja a la plata y la yema al oro. Después, hará un agujero en el suelo de la cocina y verterá en él el contenido del barreño, que se hundirá con violencia para ir a reunirse con el oro y la plata del tesoro formando un pequeño remolino.

La gitana que realiza este truco no es una novicia. La noche de Todos los Santos ejecuta un número mucho más espectacular. Reúne a toda la familia de sus clientes en la habitación debajo de la cual se supone que está escondido el tesoro, y el suelo aparece la mar de brillante, como si estuviese cubierto por diamantes y otras piedras preciosas. Los espectadores pueden andar sobre este prodigio, pero no tienen derecho a tocarlo con las manos. Al día siguiente, la maga recoge todo, lo vierte por el mismo agujerito que había absorbido el agua bendita y el huevo, y la cosa desaparecerá de la misma manera.

Siempre la misma —¡conoce por lo visto todas las triquiñuelas!— pondrá a punto un nuevo procedimiento para hacer aparecer un dibujo misterioso, esta vez sobre su propia piel. Se recoge una manga y pasa un trapo por su brazo. Después frota vigorosamente éste con tizones de la chimenea recitando al mismo tiempo las oraciones de costumbre. Al final, se limpia el brazo con el trapo y sobre su piel se dibuja un moro con una jarra. Cuanto más se frota el brazo más nítida es la imagen.

Un último truco consiste en hace rodar por su mano, sin mover el brazo ni soplarle encima, una aguja en la cual se han ensartado dos bolitas de cera. Aquí el fenómeno significa que el tesoro está rodando de una casa a otra. Más adelante encontraremos el mismo tipo de práctica, utilizado en otras circunstancias.

Finalmente, cuando el tesoro está a punto de aparecer, las gitanas dibujan, en el lugar donde se entiende que está, uno o varios círculos en los cuales los clientes debeán depositar la mayor cantidad posible de oro o de plata según la índole de las riquezas escondidas. Este círculo mágico no carece de relación con el de las invocaciones diabólicas, donde no penetran más que metales preciosos. Pero, al tiempo que solicita este inquietante acercamiento a la brujería, la maga gitana se precave de él trazando en el centro una cruz y recitando, una vez más, las oraciones. A veces hay que rociar círculos y cruces

Fig. 11- La buenaventura. Biblioteca Nacional de Madrid

a medianoche y a la hora de las primeas oraciones del atardecer con agua y un polvo rojo contenido en unos frascos.

De cada una de estas prácticas "mágicas" las gitanas extraen diversos beneficios, ya sea directamente haciéndose pagar sus servicios, ya sea, y esto es lo más corriente, recuperando diestramente ciertos objetos de valor utilizados para la cremonia. La operción del círculo constituye casi siempre la etapa final del proceso, de lejos la más rentable, pues un máximo de monedas u objetos de oro y plata ha de ser depositado allí para atraer el tesoro, y el propósito de la gitana es evidentemente apoderarse sutilmente de ellos. En una de estas operaciones, la gitana se lleva poco a poco un botín que constituye para ella un verdadeo tesoro: primero cuatro pesetas, después dos monedas de veinte reales, una de oro y la otra de plata, dos monedas de cuarenta reales, dos doblones y, para terminar apoteósicamente, doscientos escudos de oro, que debían ser incrustados en un cirio de tres onzas y que había que recoger a medida que cayeran en un pañuelo listado.

Los ángeles y las ánimas de difuntos que intervienen durante el descubrimiento de los tesoros embrujados no están tan desencarnados como ingenuamente podríamos pensar: una gitana reclama un pan para un ánima, que va a contentarse, es verdad, con ponerlo sobre las jarras que contienen el tesoro, y otra reclama una gran lonja de tocino para un ángel que los musulmanes no podrán reivindicar. En suma, dinero, joyas, objetos preciosos, ropa blanca, vestidos, comida, todo es bueno para nuestras magas; y la técnica consiste en hacer durar lo más posible el trámite a fin de obtener un máximo de ventajas en especie o en naturaleza, reactivando periódicamente el interés mediante una operación "mágica" más o menos espectacular. ¡En uno de los casos estudiados, el desembrujamiento del tesoro dura casi un año!

En lo que atañe a las prácticas propiamente dichas, la aparición del dibujo sobre un papel mojado en agua y el círculo mágico dibujado con un pedazo de carbón constituyen una suerte de bosquejo sobre el cual la imaginación de las gitanas puede bordar hasta el infinito. Los métodos citados en los procesos del siglo XVI parecen más toscos, pero hay que notar que el verdadero genio de estas mujeres consiste en saber adaptarse a la psicología, la credulidad y los supuestos medios de sus víctimas. Por lo que respecta a la psicología, es importante no espantar demasiado a los clientes con prácticas o invocaciones satánicas, pues éstos podrían atraer una denuncia a la Inquisición o, sencillamente, el abandono de la búsqueda del tesoro y el reclamo de las sumas o bienes prestados a la gitana. Pero como quiera que sea, hay que inspirar un poco de miedo y justificar la reputación de la maga. Para eso, las plegarias y el agua bendita no son suficientes, de ahí la sutil mescolanza mágico-religiosa antes evocada y que no es nada insólita: magia y religión no son forzosamente antinómicas; ritos de la Iglesia como la misa, el bautismo, la comunión, el exorcismo se emparentan claramente con prácticas mágicas y la magia siempre hizo uso de los lugares y elementos del culto sagrado. Aquí, la clave está en la dosis; hay que fascinar al cliente sin herir demasiado su conciencia. Así, por ejemplo, una de las gitanas más prolijas en oraciones

Fig. 12 - "La Jitanilla salada o la buena ventura". Biblioteca Nacional de Madrid

y santiguamientos afirma deber su ciencia a un libro que su madre habría traído del país de los moros.

2) *La adivinación*

Si las gitanas se han ganado fama de encontrar tesoros enterrados, es porque se pretenden *zahoríes*. Esta palabra viene del árabe *zuhari*, que significa "geomántico", individuo que practica la adivinación por el suelo. De una manera general, el nombre *zahorí* se aplica a toda persona dotada de doble visión y, en particular, a los brujos. Una gitana se presenta así a la cliente:

> — Mira, señora, yo sé mucho porque he estado en Argel diez años y sé leer en arábigo y, habiéndote mirado con atención, veo que tienes en el rostro una señal que has de ser muy venturosa, porque te ha de venir un tesoro si tú quieres hacer lo que yo te dijere, y te advierto que soy *zahorí*. [40]

La interesada, desconfiando, enseguida busca ponerla a prueba pidiéndole que le diga lo que tiene en su bolsillo, pero la gitana, sin inmutarse, le responde que le es imposibe saberlo porque su interlocutora lleva una túnica de color rojo.[25]

Así pues, la "ciencia adivinatoria" de las gitanas puede cobrar las más variadas formas, pero la más famosa, la más mencionada por las leyes y los testimonios literarios, es la *quiromancia*. La "buenaventura", como se la llama vulgarmente, sirve casi siempre de preliminar, de medio para entrar en contacto con el cliente y con vistas a intentar, de ser posible, una operación más interesante. Existen, por supuesto, otras técnicas de acercamiento: la mendicidad, la venta de objetos diversos puerta a puerta. A veces, los propios clientes deciden consultar a la maga. Pero la buenaventura sigue siendo la más frecuente entrada en materia.

En general los inquisidores no toman muy en serio esta magia rudimentaria, pero según los teólogos consultados durante ciertos juicios esta práctica no debe considerarse superflua cuando se le suman circunstancias agravantes. Por su lado, las gitanas saben muy bien que su práctica adivinatoria habitual no basta para justificar una condena seria. Así pues, no hacen demasiados misterios, y cuando se las interroga sobre sus recursos en general responden que se limitan a pedir limosna y a echar la buenaventura. Veamos cómo describe una de ellas, ante los inquisidores, el comienzo de una entrevista con una clienta:

> Pasando ésta por una calle de esta ciudad que no sabe cómo se llama, estaba una mujer moza a una puerta y esta confesante le dijo que si le quería comprar unos coralillos, y dicha mujer, dijo a ésta como vio que era gitana que le dijese la buenaventura, y ésta por que le diese algo para pasar su vida, como con efecto la dio dos cuartos, la tomó la mano y la dijo cuatro pataratas según

[25] AHN, Inquisición de Toledo, leg. 92, exp. 3.

costumbre de gitanas, como haber dicho ésta: "larga vida tienes. *No eres envidiosa. Una persona tienes que te quiere bien"* , etc.[26] [41]

Como vimos un poco más arriba, las gitanas no sólo leen en las líneas de la mano; saben interpretar los signos que ven en la cara de sus clientes. Se trata de un truco que permite introducir cualquier tipo de mistificación, pero es indudable que nuestras adivinas miran con más frecuencia las caras que las manos, y que sus dones —cuando existen— se emparentan más que nada con la psicología. En cualquier caso, saben leer las emociones, las preocupaciones. No se les escapa una mirada algo tristona, o una expresión preocupada. Cierta mujer parece un tanto melancólica y una gitana que acaba de entrar en su casa le pregunta qué le pasa. Responde que ha sido deshonrada por un hombre que ahora la ha abandonado por otra. Así comienza todo un "asunto".

Como *zahoríes* que son, las gitanas no ven solamente los tesoros encantados sino, de una manera general, todo aquello que se encuentra en otra parte, ausente u oculto, se trate de objetos, animales o personas. A veces se echa mano a sus "dones" para reencontrar bienes perdidos o robados. En Requena, año 1627, una gitana llamada María de la Casta, pero más conocida bajo el apodo de *La Menora*, pues es la viuda de un tal Pedro Menor, se ha ganado una sólida reputación en este terreno. Un viejo gitano, Gaspar Malla, había perdido a su burra y suponía que se la habían robado; lo cual demuestra, de paso, que los robos de este género no siempre seguían un sentido único. La gitana, tras consultar la suerte según una técnica que, en este caso, no se nos revela, encuentra al ladrón y puede inclusive, para confundirlo, precisar que el animal se halle en el campo, atado a una mata y sujetado con una cuerdecilla. La Menora encuentra también una azada, que reaparece en el sitio del que había desaparecido, y después un arado. En este último caso indica a la víctima, en forma indirecta, la identidad de su ladrón. Este se recusa y la gitana dice entonces a su cliente: "Vaya a tal sitio y verá usted a ese hombre trabajando con su arado", lo cual se verificará luego.

Las dotes de la adivina hallarán otras interesantes aplicaciones. Una jovencita de Requena pidió prestado a un escribano de la ciudad un gran collar de perlas de cristal para llevarlo en una boda. Cuando lo devuelve, le dicen que faltan siete perlas. La pobre mujer queda perpleja. Le aconsejan consultar a la vidente y, tras un pequeño regateo sobre el precio de la consulta, ésta le afirma que no hubo ningún robo y que el collar se lo habían prestado en el mismo estado. Otra mujer de Requena interroga a La Menora para saber si su marido la engaña y, aquí, la gitana utiliza el truco del papel humedecido en agua. Si aparecen rayas, esto significa que el marido tiene una querida. En efecto, sobre el papel se dibujan unos trazos, no muy mojados, pero una vecina, al ser puesta al corriente, estimará que se trata de un caso de Inquisición y ello impondrá una interrupción transitoria a las actividades de La Menora.

[26] AHN, Inquisición de Toledo, leg. 92, exp. 3.

Así pues, las gitanas pretenden saber todas las cosas presentes y futuras. Utilizan sus prácticas "mágicas" no sólo para encontrar un objeto robado o para descubrir la identidad del ladrón, sino también para saber si el marido tiene una querida o la mujer un amante, para verificar si un enfermo está "aojado" y conocer la identidad de la persona que echó el maleficio. Pueden decir a muchachas crédulas, utilizando métodos que no pertenecen a la quiromancia, si se casarán o ingresarán al convento. A las mujeres casadas les revelan el número y destino de sus futuros hijos. De una manera más general, pueden hacer conocer a sus clientes el estado de sus negocios o la evolución de un tema que les preocupa. Aquí se advierte en qué forma la adivinación puede servir como introducción para otras prácticas cuyo fin es modificar el destino en un sentido favorable. Y es lo que se produce en la mayoría de los casos.

3) *Los remedios mágicos*

Cabe formular ciertas reservas sobre el valor de las previsiones de las gitanas en materia de medicina. De todas formas, en la época que nos ocupa su reputación de curanderas parece sólidamente establecida. La Menora, cuyas dotes para la advinación acabamos de evocar, se decía también *saludadora*, es decir, curandera.

Por lo general, la gitana encuentra en sus clientes algunos síntomas evidentes: mala cara, cansancio, ligera claudicación, y propone inmediatamente sus servicios. Con santiguadas y rezos o hechizos es capaz de curar prácticamente cualquier cosa, desde la erisipela del pie hasta las afecciones de la matriz. Debe apuntarse que estas prácticas mágico-religosas se suman a menudo a la aplicación de ungüentos o tratamientos con ayuda de fumigaciones, decocciones e incluso de ciertas preparaciones culinarias. Una gitana propone a sus clientes un ungüento compuesto de aceite, clavo, canela y una raíz especial que ella trae consigo. Hay que friccionarse con este ungüento cada tres días rezando al Señor, a la Virgen y a la Santa Trinidad. también curan con ámbar y coral molido. Las virtudes de las plantas son tenidas en cuenta, y se confeccionan emplastos con grasa de buey, hojas de rábano y otras hierbas. Una gitana pretende curar los dolores de vientre con zumo de lirio, planta conocida por sus virtudes vomitivas y purgantes. ¡Su paciente debe comer también buñuelos, tres mañanas seguidas e invocando a la Santa Trinidad!

4) *El "deshechizamiento"*

Cuando la medicina tradicional no da los resultados esperados, es frecuente que se crea uno hechizado. Y esto es lo que le sucede, en 1625, a un joven joyero madrileño. Hace dos años que está padeciendo cuando una gitana le dice que está aojado. La larga duración de la enfermedad lo tiene a él mismo persuadido de ello, y la gitana le propondrá un tratamiento mágico que comienza ese mismo día y se practica utilizando un cuchillo, un poco de sal, un poco de agua bendita y bendiciones e invocaciones a la Santa Trinidad. Al joyero le costará tres reales.[27]

Una joven viuda que vive en la calle Mayor disfrutará a su vez de la cura milagrosa de la curandera. Ella también estaba embrujada. Sufría desde hacía cuatro años de un mal que los médicos —¡que le habían hecho setenta y siete sangrías!— eran incapaces de curar. Después de nueve visitas de la gitana, que se limita a santiguarla y a pronunciar algunas palabras mágicas; ¡está completamente restablecida!

En Barchín, año 1585, una gitana atiende a un niño que parece hallarse muy enfermo. Según ella, se trata del mal de ojo, y asegura muy ufana que acabará con él antes de ocho días. Un ánima del purgatorio, una morisca encantada y un espíritu maligno, a los que ya vimos encarnizarse con un burrito, maltratan también al pequeño enfermo. Para poder realizar el tratamiento, la maga se hace entregar dinero, joyas, encajes, tres celemines de trigo y harina. Algo después pretenderá que todo esto está enterrado en un olivar y que no es posible recuperar nada antes de su regreso, previsto para el día de los muertos. Consciente de que la han robado, la víctima dejará correr el asunto sin protestar, pues efectivamente su hijo se encontró curado al cabo de dos o tres días.[28]

5) *Los maleficios homicidas*

Capaces de luchar contra los hechizos, las gitanas también pueden echarlos. Ofrecen con harta frecuencia a muchachas que mantienen, como púdicamente se dice en los juicios, "relaciones ilícitas", rápidos medios para quitarse de encima un esposo molesto. En Toledo, en 1623, una gitana afirma a sus clientes que puede resolver esta clase de asuntos en ocho o quince días, gracias a un polvo que cuesta doce reales.[29]

En el Toboso, en 1639, una bailarina gitana expone a una mujer un muy curioso método destinado a acabar con la vida de su esposo. Se trata de dar un poco de pan mordido por éste a un sapo, sobre el cual la maga ha pronunciado unas palabras en su lengua. Pero el sapo se negará a tragar el pan y el marido seguirá en buen estado de salud.[30]

Por último, en Valencia en 1725, una mujer que fue abandonada por su cónyuge podrá optar entre un remedio que lo haga volver y un maleficio que lo mate.[31]

27 AHH, Inquisición de Toledo, leg. 93, exp. 7.
28 AOC, Inquisición de Toledo, leg. 92, exp. 3.
29 AHN, Inquisición de Toledo, leg. 92, exp. 3.
30 AOC, Inquisición de Toledo, leg. 460, exp. 6335.
31 AHN, Inquisición de Valencia, leg. 524.

6) *Los maleficios sexuales*

Al lado de estas recetas, felizmente poco eficaces, para dar muerte a alguien, las gitanas conocen también métodos apropiados para "ligar", como se decía antaño —es decir para volver impotente a un hombre—, o incluso para "desligarlo", es decir para liberar a la víctima de esta clase de maleficios. Una joven gitana arrestada en Huete en 1604 provista de unos curiosos remedios mágicos que incluyen, entre otras cosas, un tubérculo que los testigos toman por el corazón de un animal y que terminará siendo una raíz de ARUM DRACUNCULUS, vulgarmente llamado aro o tragontina, pretenderá que la planta se utiliza para provocar la impotencia masculina.

Sea como fuere, la más extraña historia de este tipo acontece en Madrid, en 1624, y tiene por víctima presunta ni más ni menos que al marqués de Toral, Ramiro de Guzmán, futuro duque de Medina de las Torres y virrey de Nápoles. Ese año se comenta mucho la boda del marqués con la hija única del conde-duque de Olivares, María de Guzmán y Zúñiga. El contrato se firmó en octubre de 1623 y las nupcias han de celebrarse en enero de 1625. Esta unión tenía que despertar envidias pues el elegido acabaría colmado de honores, tal como sucedió, en efecto, con Ramiro de Guzmán.

Durante el verano de 1624, un criado de la marquesa de Toral, Juan de Pinedo, conoce en palacio a un gentilhombre vizcaíno. Este aconseja a Pinedo prestar cuidados al joven marqués para evitar que lo dejen impotente. Pinedo confía la cosa a un alguacil de la Corte, Alonso de Baldenebro y el alguacil, por su parte, la comenta con un gentilhombre irlandés, Juan de Falbeo, quien pasa la mayor parte del tiempo cazando herejes en los barrios de mala fama de la capital, con objeto de informar al rey de todo lo que de sospechoso pudiera observar. Uno de sus lugares predilectos de observación es una taberna situada en el barrio de San Francisco y administrada por una tal Agueda de Herrera, quien recibe en secreto individuos de todas las procedencias.

Pocos días después de su conversación con el alguacil, el irlandés, siguiendo el consejo de su confesor, se dirige con la tabernera a visitar a unas gitanas. Estas habitan algo más allá del mercado de la carne —el RASTRO—, en la calle de la Arganzuela, donde hace poco se hallaba la mancebía. Lo dejan un momento en la calle y, espiando por la ventana, oye a una vieja gitana decirle a Agueda que se ocupa de su caso más para servirla que por interés, pues hay quienes le proponen todo el dinero que quiera para dejar impotente "al que se va a casar con la hija de Olivares".

La tabernera presenta también a Falbeo un "farmacéutico de Salamanca, gran estudiante", quien se jacta de ligar y desligar a cualquiera con la misma facilidad con que se bebe un vaso de agua.

El rumor no tarda en llegar a la Inquisición, quien por supuesto intenta poner en claro el pretendido maleficio que está amenazando al marqués de Toral. Agueda de Herrera confiesa que ha tenido un amante y que éste la dejó por otra. Reconoce haber entregado no poco dinero y objetos personales a las gitanas, que le prometieron devolverle al infiel, pero no suelta prenda sobre

Fig. 13 - "Dames qui consultent une gitane du Sacro Monte". Grabado de Gustave Doré

los maleficios destinados a volver impotente a éste con cualquier otra mujer que no sea ella misma, desmintiendo de este modo ciertas declaraciones de Falbeo. Interrogada sobre las palabras oídas por el irlandés a través de la ventana, Agueda afirma que no se acuerda. Lo cierto, según ella, es que una de las gitanas le aseveró que unos gentileshombres que llevaban insignias de órdenes militares, así como duquesas y marquesas, le han dado dinero en profusión para recompensar sus trabajos y que un día una mujer que se hallaba en su casa le dijo que todos esos importantes señores iban a ver a las gitanas para pedirles que "ligaran" al futuro marido de la hija de Olivares. En cuanto al gran estudiante de Salamanca —ciudad donde, en una cueva, según la leyenda, se enseñaba el arte de la magia—, si no se lo inventó de arriba abajo, toma sus rasgos de varios clientes de la buena tabernera. Uno de ellos es un latonero de veintiséis años, enamorado de la bella Agueda, quien denuncia a ésta la estafa de que es víctima por parte de las gitanas y propone sus propios servicios con la esperanza de empezar a gozar los favores de la hospedera. Puesto un día en presencia de un extranjero barbado, rubio y enjuto —el irlandés Falbeo— que ofrece mil escudos a quien pueda "desligar" a un gentilhombre amigo, el joven latonero se limita a responder que de eso no entiende y que se gana bastante bien la vida como para no tener que meterse en cosas "que sólo sirven para hacer ruido".

En efecto, el asunto amenazaba con hacer algún ruido. Consistía sin embargo en muy poco: un rumor malévolo referido al marqués de Toral y probablemente inspirado por la envidia era su punto de partida. El celo intempestivo del irlandés y de su amigo el alguacil, secundado por el infortunio sentimental de una tabernera y la publicidad imprudente de una gitana, hacían el resto. Se trata, en suma, de un asunto harto trivial, pero lleno de lances imprevistos y peripecias burlescas. Las gitanas desconfían de Falbeo, en quien olfatean a un alguacil o a un familiar de la Inquisición; pretenden haber adivinado los tres pensamientos que tuvo cuando esperaba en la calle, mientras Agueda estaba consultándolas. Un alguacil y un escribano bajan a casa de las gitanas estando allí la tabernera. Pretenden haber venido por ella, pues se les avisó que solía frecuentar la casa para echar las habas. Agueda responde que sólo ha venido a buscar a una gitana que estando en su casa le robó una taza de plata. Finalmente, para quitarse de encima a los dos esbirros, les entrega ocho reales. El irlandés y su amigo imaginan toda una puesta en escena para cebar a las hechiceras. El alguacil se hace pasar por enfermo e idiota y Falbeo hace saber que pagará con creces a la persona que lo cure. Por su lado, la tabernera da rienda suelta a la fabulación para impresionar a Falbeo. Inventa el personaje del farmacéutico de Salamanca e imagina incluso un concurso de magia entre éste y las gitanas en la iglesia de la Concepción Jerónima.

En lo que atañe a las gitanas, los testimonios a su respecto son muy poco coincidentes. Unos hablan de dos gitanas llamadas María (o Mariana) y Catalina; otros mencionan tres, una joven y dos viejas y aluden ya sea a una manca llamada Ana o Adriana, ya sea a una viejecita llamada María Hernández. Todas estas informaciones contradictorias conducirán al arresto, en diciembre de 1624, de una gitana de veinte años llamada Isabel Cortés, llegada a Madrid para asistir al proceso en apelación de su marido condenado a galeras. Todo lleva a pensar que era completamente ajena al asunto y los inquisidores la entegarán finalmente al Consejo, que la reclama, en enero de 1625. Es preciamente el mes en que Ramiro de Guzmán contrae matrimonio con la hija del conde-duque. Queda viudo un año después, lo que no frenará su ascenso, guiado por Olivares, pero le permitirá casarse en 1636 con el mejor partido de Italia, la riquísima princesa de Stigliano.[32]

7) *Los sortilegios amorosos*

Pese a las jactancias de algunas gitanas, el recurso a sus pretendidos maleficios sexuales es más bien excepcional. En cambio, con harta frecuencia se apela a sus prácticas mágicas para atraer el amor o recuperar el de un —o una— infiel. Como sabemos, ésta es la razón por la que Agueda de Herrera, la tabernera citada como testigo en el asunto del marqués del Toral, frecuentaba a las gitanas de la calle de la Arganzuela. Su aire melancólico llama la atención de una joven gitana que entra en su casa con la intención de pedir limosna o de echar la buenaventura y, tras interrogarla sobre los motivos de su tristeza, le promete devolverle al amante veleidoso. Le hace traer diversos ingredientes para componer la efigie del infiel y recita diversas fórmulas de conjuro en las que menciona su nombre y el de la rival. La tabernera debe repetir las palabras mágicas nueve días seguidos, a medianoche, en el patio de su casa. Para alargar el asunto le afirma que su rival también ha recurrido a la magia y que hay que hacer cada vez más cosas para vencerla. Se tratará, entre otras, de ir a esparcir un polvo blanco en el umbral de la vivienda del hombre que la abandonó.

En Requena, año 1627, tras publicarse el edicto del Santo Oficio, una solterona bastante amargada denuncia a dos antiguas amigas que habrían tenido relación con unas gitanas. Una de ellas, enamorada de un tal Vicente Ferrer, utilizaba recetas mágicas bastante inocentes para obtener el amor de este caballero. El método era, por otra parte, poco eficaz, ya que la joven acabó ingresando en el convento y es ahí donde se la encontrará, doce años después, expirando.[33]

En Toledo, en 1671, una gitana quiromántica coge la mano de su cliente y le dice como al azar: "Hay una persona que te quiere bien". La joven confiesa que es amada por un monje. La gitana olfatea el buen negocio y se apresura a prometer a su interlocutora que hará venir al religioso a su habitación durante la noche.[34]

Siempre en la misma ciudad, cincuenta años después, una gitana engaña a tres mujeres que tienen "una pasión ilícita". Una de ellas ha tenido por amante a un joven que ahora está a punto de casarse. En los tres casos,

32 AHN, Inquisición de Toledo, leg 524, exp. 5.

33 AOC, Inquisición, leg. 423, exp. 5931.

34 AHN, Inquisición de Toledo, leg. 92, exp. 3.

se trata de devolver a sus queridas amantes un tanto inconstantes y en el último además hay que impedir la boda.[35]

En Valencia, en 1711, dos gitanas proponen a un hombre hacerlo penetrar secretamente en la celda de una parienta, que es religiosa. La monja está de acuerdo, pero los dos sucumben al miedo y abandonan su proyecto. En cuanto a las gitanas, les sacan a ambos todo el dinero posible con la amenaza de revelar el escándalo.[36]

Sin embargo, las recetas gitanas no sólo sirven a los amores culpables. Se las utiliza con harta frecuencia para devolver al hogar a un esposo voluble o a una mujer infiel e incluso, sencillamente, para restablecer la armonía de la pareja y el buen entendimiento de los cónyuges. Es cierto que "vivir en paz con su marido" es un eufemismo y que detrás siempre se perfila la silueta de una "mala mujer" que desvía en su provecho el afecto del esposo. En estos casos de desavenencia conyugal, las gitanas proponen siempre dos soluciones: o restablecer la paz del matrimonio, o hacer desaparecer al cónyuge. Ante el tribunal, las clientes afirman todas haberse inclinado por la primera opción, lo que no siempre fue confirmado por las magas.

El aspecto mágico de la seducción amorosa marcó vigorosamente su vocabulario, de ahí lo de sonrisa encantadora, mirada embrujadora, palabras que hechizan... Aquí, este vocabulario se toma al pie de la letra. Así como se recurrió a los trucos de las gitanas para cautivar o conservar el amor de un compañero, si éste es seducido por una rival —estas historias se conjugan casi siempre en femenino— esto significa que es víctima de un maleficio. Ahora bien, las gitanas tienen, en este dominio, una reputación bien afirmada. Saben inocular o curar el mal de amor, pueden —se piensa— volver a alguien irresistible o romper el hechizo del que es víctima un amante.

8) *Los talismanes*

Las gitanas procuran a sus clientes talismanes propios para variados usos y, en particular, para los sortilegios de amor. Los hay que sirven para atraer el amor o para retenerlo, para impedir a los maridos enamorarse de otras mujeres, para favorecer el buen entendimiento de la pareja o para hacer fecunda la unión. Los hay también para triunfar en los negocios, atraer la simpatía o tener suerte, principalmente en el juego.

Los talismanes utilizan el lenguaje simbólico en una suerte de magia imitativa. Por ejemplo, para atraer el amor es corriente el uso de un imán; pero también de flores, sal, granos de trigo y de una semilla misteriosa que una gitana llama "Hierba del Lecho". En su momento confiará a los inquisidores que era sólo semilla de zanahoria, y que sus imanes naturales no eran más que escorias de forja.¡Qué importancia tiene!, a falta de otras virtudes

[35] AHN, Inquisición de Toledo, leg. 92, exp. 23.
[36] AHN, Inquisición de Valencia, leg. 524.

particulares, un imán verdadero o falso debe atraer, la sal siempre ha simbolizado la alianza y la amistad, y todas las semillas significan fecundidad.

El imán, por otra parte, no sólo sirve para los sortilegios amorosos. Se lo utiliza cada vez que es necesario captar fuerzas propicias para hacer más eficaces las operaciones emprendidas o incluso para tener suerte en el juego. En este último caso, la preparación consiste en colocar el imán natural con una determinada hierba debajo de un altar, sobre el cual se dirá la misa ocho días seguidos. La hierba en cuestión debe ser cogida en la mañana de San Juan, como la artemisa, a la que la tradición druídica atribuía múltiples propiedades.

Una gitana ofrece a sus clientes una hierba gracias a la cual nadie podrá desearles el mal, a condición de pronunciar sobre ella algunas palabras en griego y latín, o una piedra que se encuentra en la cabeza de la golondrina, buena para cantidad de cosas —aunque la maga no aclara cuáles—, o incluso una misteriosa piedra salida del mar y empollada por un cuervo:

> Asimismo le dijo dicha que habían de tomar los huevos de un cuervo y cocerlos en leche y volverlos al nido, y que al cuervo traía después de la mar una piedra y la ponía entre los huevos y hacía que la empollasen y la dicha piedra, traída al lado izquierdo de la persona que la trajese hacía el mismo efecto que la hierba.[37] [42]

Esta superstición sobre los huevos de cuervo sobrevive aún en el siglo XX, así como la que se refiere a las PIEDRAS DE AGUILA, con la cual presenta ciertas analogías. Según Noydena, quien ofrece una detallada descripción de estas piedras, las hay de dos clases. Una es mahco y la otra hembra y ambas poseen maravillosas virtudes para facilitar el parto, a condición de haber sido recogidas en el nido del pájaro.[38]

9) *Los demonios familiares*

Entre los talismanes corrientes utilizados por nuestras gitanas podemos señalar asimismo las piedras preciosas o semipreciosas —en particular las piedras blancas— y las tradicionales cuerdas de ahorcados. Sin embargo, según un testimonio recogido en 1627 por la Inquisición de Cuenca, el mejor de los amuletos sería un demonio familiar que se puede llevar consigo encerrado en un frasco o sujetado en la punta de un pañuelo.

En Toledo, año 1671, una gitana llamada Isabel María Montoya no cesa de invocar, durante sus operaciones mágicas, a sus demonios familiares, que casi siempre son dos —el "grande" y el "pequeño", asistidos a veces

[37] AHN, Inquisición de Toledo, leg. 90, exp. 9.

[38] Noydens, en Covarrubias, Sebastián de, *Tesoro de la lengua castellana* (Madrid, 1611), Barcelona, Ed. de Martín de Riquer, 1943, págs. 869*b* - 870*a*.

incluso por el DIABLO COJUELO, hecho célebre treinta años antes por Vélez de Guevara, quien también lo había encerrado en un frasco. Sus demonios familiares advierten a la gitana de los actos y gestos de su cliente. Denuncian a éste cuando infringe las órdenes de la maga. Igualmente, son ellos los encargados de hacer morir a un marido molesto y de llevárselo con ellos. Para recompensarlos, la Montoya los alumbra varias noches seguidas con tres cirios y les ofrece dulces, que ellos ronchan como cerdillos... Por supuesto, quien corre con los gastos es la cliente mientras la gitana aprovecha la ganga, como confesará sin remordimiento ante los inquisidores.[39]

10) *El pacto con el diablo*

La posesión de un demonio familiar está relacionada con la noción de pacto con el diablo. Isabel María de Montoya decía a una de sus clientes: "No puede dejar de llamar al familiar porque he hecho pacto".

La misma gitana, tras abusar de la ingenuidad de otra cliente —una muchacha de veinte años—, le proporciona además un método para obtener el famoso pacto:

> Era necesario que ésta le diese al demonio algún miembro de su cuerpo, como un dedo u otro y que si no se picase la lengua con un alfiler y que con la sangre que saliese de ella hiciese una firma en un papel para dar solo al demonio y, que con esto tendría dicha y buena fortuna en cuanto mano pusiese en la vida.[40] [43]

En Játiva, a comienzos del siglo XVIII, una gitana pide a su cliente, quien desea tener suerte en el juego, que firme una invocación al demonio familiar. El hombre comienza a sospechar que se le exigirá un pacto con el diablo. Pregunta si tendrá que hacer alguna otra cosa. Se le responde que deberá sacar de su cuerpo un poco de sangre. Viendo confirmadas sus sospechas, se encoleriza y exige la devolución del dinero que había entregado a la maga.[41]

Es evidente que los casos citados encuadran tan sólo en el abuso de confianza, pero debe apuntarse que estas creencias estaban sólidamente arraigadas en los espíritus y que los inquisidores contribuían a mantenerlas. Sus expertos distinguían, en efecto, dos tipos de pactos, uno *implícito*, que intervenía cada vez que una maga se aplicaba a operaciones tendentes a provocar efectos sobrenaturales, y otro *expreso* o explícito que se manifestaba por invocaciones o por una firma hecha con la sangre de la persona involucrada.

39 AHN, Inquisición de Toledo, leg. 92, exp. 3.

40 AHN, Inquisición de Toledo, leg. 92, exp. 3.

41 AHN, Inquisición de Valencia, leg. 524, citado por Sánchez Ortega, M. E., *op. cit.*, pág. 417.

11) *Las prácticas mágicas*

a) *La paja que se mueve.* Las prácticas de las gitanas limitan a cierto número de manipulaciones que en general ejercen delante de sus clientes con la finalidad de impresionarlos, y a ciertos ritos en los que las víctimas deben participar. Manipulaciones y ritos siempre vienen acompañados de invocaciones especiales de las que hablaremos más adelante.

Una de las manipulaciones más corrientes, y que siempre produce mucho efecto, consiste en colocar en la mano de la cliente un pedacito de cera con forma de torta, del tamaño de una moneda, hincarle una brizna de paja, colocar sobre ésta una bolita o un rollito de cera y, por último, echar sobre el conjunto un poco de agua pronunciando determinadas palabras. Las gitanas utilizan preferentemente agua bendita; pero, si hay un poco de prisa, lo mismo servirán para la faena agua común o saliva. En el momento en que la manipuladora echa el agua, la cera que se encuentra encima de la brizna de paja entra en movimiento y provoca en general en las consultantes una mezcla de asombro y espanto. A veces, el objeto mágico es un poco más complejo; se le añaden agujas y puede adoptar formas variadas y parecerse a un pájaro, a una pierna o —según un dibujo reproducido sobre la deposición de un testigo— a una suerte de Z que tuviera dos ángulos rectos.

En este último caso, al narrar la escena a los inquisidores la cliente insistía en el hecho de que el objeto en cuestión sólo se movía cuando la gitana invocada al demonio familiar, y precisaba que aquélla le sujetaba firmemente la mano para impedir que lo tumbara todo al suelo. Arrestada poco tiempo después, la maga ofrece su propia versión de los hechos:

> Esta dijo: "*Mala mujer, trae aquí tu escoba.*" —La cual le parece a esta que era de paja de centeno, y sacó una pajita de avena que ésta llevaba para el caso en una poquita de cera y la escoba la pidió para que dicha mujer entendiese que era la paja de dicha escoba, y ésta de dicha paja y cera hizo un compuestico estando ello retorcido, con darle con un poco de agua se destuerce y afloja y parece que ello por sí mismo o se menea como si no estuviese retorcido. [44]

La gitana añade que decidió efectuar la operación para probar a la cliente que sus posibilidades estaban peligrando, porque se había negado a dar dinero, y que al ver que la paja daba dos o tres vueltas ésta había exclamado: "¡Jesús, lo que vuestra merced sabe!"

Sin embargo, estas explicaciones no le parecerán suficientes al procurador fiscal de Santo Oficio, quien encabezará la acusación con esta jugada y deducirá de ella que la gitana tiene hecho un pacto explícito con el demonio. Esta se defenderá de la acusación de bruja afirmando que sólo se trataba de unos truquillos para poder ganarse la vida a la manera de las gitanas, que saben echar mil buenaventuras y siempre tienen más de un ardid en su bolsa para sacarles algún dinero a sus clientes. Incluso propondrá al tribunal reconstruir la operación ante éste y probarle que no tenía nada de diabólica.

Declarará poder hacerlo de varias maneras diferentes y con varios tipos de paja, sin apelar al diablo.[42]

b) *El huevo coagulado*. Otro artificio, menos sofisticado, consiste en cascar un huevo dentro de un recipiente con agua. Si el huevo se cuaja, esto significa que el asunto emprendido está en el buen camino. Una gitana realiza varias veces la misma experiencia en circunstancias diferentes. Una vez se trata de hacer volver al hogar conyugal a una esposa infiel, y la manipuladora confía a su cliente que lo que él está viendo es un secreto de la naturaleza. Otra vez, el fenómeno ha de informar a dos mujeres sobre sus posibilidades de retener a sus amantes. Sin embargo, el truco no siempre obtiene el mismo éxito, y un testigo incrédulo afirma incluso no ver el huevo[5] cuajado y dice que de todas formas esto no probaría nada, pues el huevo podría no ser fresco. Ante la amenaza de los inquisidores de someterla al tormento si no dice toda la vedad, la gitana se apresura a deshacer el engaño:

> El cuajarse los huevos en agua fría es cosa tan natural, como se reconoce por la experiencia en cualquiera ocasión que se ejecute.[43] [45]

c) *El papel mágico*. Uno de los trucos más frecuentes utilizados por las gitanas para demostrar a su clientela que disponen de poderes sobrenaturales es el del papel sumergido en agua y sobre el cual aparecen dibujos, generalmente relacionados con la situación. Mencionábamos más arriba su empleo casi sistemático en asuntos de tesoros encantados. En un proceso de Inquisición que tiene lugar en Portugal en 1582, la cara que aparece en el papel es atribuida a un difunto. Se trata pues, en apariencia, de nigromancia, pero los inquisidores no son tan crédulos y se limitan a condenar a la culpable a las expensas del juicio y al reembolso de la suma estafada.[44]

Nuestra documentación incluye varios procesos donde los dibujos tienen sólo una significación simbólica, no siempre muy evidente, pero muy a menudo el papel sirve para materializar a los adversarios de la persona que consulta: la bruja que le ha echado el maleficio o simplemente una rival. En Maqueda, año 1635, la gitana hace aparecer cuatro figuras y dice a su cliente: "¡Ves aquí quién te mete mal con tu marido!"[45]

En ocasiones, una hábil escenificación hace más espectacular la operación, y el consultante juraría haber asistido a una intervención diabólica. Tras pedirle que lleve sobre el pecho un trozo de papel blanco, que al parecer se empleará en la manipulación, e informarse de la identidad de la persona a la que el consultante responsabiliza de su hechizo, la gitana se abandona a una suerte de conjuro exclamando:

[42] AHN, Inquisición de Toledo, leg. 92, exp 3.
[43] AHN, Inquisición de Toledo, leg. 92, exp. 23.
[44] Coelho, F. Adolpho, *Os Ciganos de Portugal*, Lisboa, 1892, págs. 177-178
[45] AHN, Inquisición de Toledo, leg. 88, exp. 122.

¡Ana Silvestre, la que has hecho mal a Jacinto, sal en este papel de la mano con él! [46]

Retira entonces su papel del agua y en él se dibujan un hombre y una mujer tomados de la mano. El cliente se asusta y pregunta si semejante prodigio ha sido obenido por medios lícitos. Entonces la gitana le responde:

¡Oh justo juez! Si mi confesor no me lo mandara, yo no lo hiciera.[46] [47]

a) *Las señales de la cruz*. Este gesto simbólico se utiliza copiosamente en todas las intervenciones de las gitanas y en particular cuando se trata de curar enfermos. En España a los curanderos se los llama, precisamente, *santiguadores*, y Covarrubias nos informa que a comienzos del siglo XVII era esta una actividad sumamente difundida, ejercida por cantidad de charlatanes y mujeres sin escrúpulos, expertos en abusar de los crédulos.[47]

En Barchín, año 1585, una cliente tiene a la vez un hijo enfermo —víctima de un mal de ojo, natualmente— y un presunto tesoro encantado en su habitación. La gitana finge bendecir la alcoba, el lecho y el arcón de su cliente, santiguándolos con un pedazo de pan en el que ha metido unas monedas;[48] en San Clemente, año 1620, una mujer que quiere hacer volver al hogar al esposo infiel —es decir, embrujado—, debe hacer cruces con los pies, encima de un barreño de trigo o de cebada.[49]

Un hombre aojado debe hacer una cruz con una sábana a la que la gitana ha dado forma humana y en la cual ha colocado un pedacito de cera en forma de paloma. Pero esto no basta; el paciente también debe marchar en cruz, por la noche, en el campo, invocando su propio nombre. Ahora bien, durante la última sesión de tratamiento, la noche de San Juan, la gitana desaparece de repente sin dejar rastros.[50]

e) *Los escritos*. La palabra escrita suele ser utilizada para obtener efectos mágicos. Así por ejemplo, unas gitanas proponen a su cliente que ponga por escrito todas las cosas cuya realización anhela fervientemente. Según un testigo, las gitanas prometen devolver el papel cuando sea firmado por el ánima SOLITARIA.[51]

En otra ocasión, tras haber realizado algunas suertes "por la paz del matrimonio", una gitana pide a su cliente que le entregue un papel firmado con su propio nombre, pero ésta se niega.[52] Lo que sucede es que, en estos casos, inmediatamente se piensa en el famoso pacto con el demonio, que se obtiene gracias a una firma ejecutada con la sangre del solicitante.

46 AHN, Inquisición de Toledo, leg. 93, exp. 7.
47 Covarrubias, S. DE, *op. cit.*, pág. 926-a.
48 AOC, Inquisición, leg. 303, exp. 4366.
49 AOC, Inquisición, leg. 400, exp. 5673.
50 AHN, Inquisición de Toledo, leg. 90, exp. 9.
51 AHN, Inquisición de Toledo, leg. 90, exp. 9.
52 AHN, Inquisición de Toledo, leg. 82, exp. 20.

Para tener suerte en el juego, un hombre debe escribir bajo el dictado de una gitana las palabras siguentes:

> Yo, Fulana Montoya, llamo a mi Familiar Mayor para que dé suerte en el juego a Fulano; y a mí me des un poco de leche en grano de rocío que recoges en la mañana de San Juan y yo te ofrezco estar muy obediente por el servicio que le harás asistiéndole en el juego durante cuatro meses: [48]

Después de lo cual el cliente debe firmar el papel con su nombre.[53]

12) *La magia imitativa u homeopática*

Los especialistas suelen clasificar los ritos mágicos llamados de transmisión, en dos categorías: los ritos imitativos u homeopáticos, y los ritos de contagio. Las prácticas de la primera categoría se fundan en las leyes de la analogía o de la semejanza, que Frazer traducía con la fórmula: "Lo semejante llama a lo semejante." Si olvidamos por un momento que aquí se trata de trucos bastante groseros destinados a impresionar a una clientela ingenua, nos inclinaremos a asociar la mayoría de los procedimientos descritos en los juicios, por su inspiración, con esta magia imitativa. Hemos visto, en efecto, que la figurita de cera clavada a la brizna de paja representa presuntamente a la persona u objeto deseado, y que su movimiento se interpreta como señal de la llegada —o del alejamiento— de la persona u objeto en cuestión. Aunque su significación sea menos clara, la coagulación natural del huevo sumergido en agua recibe el mismo tipo de interpretación. Asimismo, hemos visto que los dibujos que aparecen en el papel mágico son una representación, más o menos simbólica, de una situación concreta preocupante. Sin embargo, estas diferentes prácticas se presentan más como procedimientos adivinatorios que como medios para actuar sobre el curso de los acontecimientos gracias a una homeopatía mágica (*similia similibus curuntur*).

No sucede lo mismo con el ritual que consiste en colocar oro y plata en un círculo mágico con el fin de desembrujar un tesoro. Si la finalidad real de la operación es la sustracción por la gitana de las riquezas puestas así a su alcance, su justificación mágica descansa sin duda sobre el principio de similitud. "El oro llama al oro y la plata llama a la plata", explica a veces la maga.

El uso del imán en situaciones diversas es aún más revelador. Si atrae al hierro, ¿por qué no atraería el amor, la simpatía o, simplemente, la suerte? En un proceso de la Inquisición de Toledo, vemos a dos gitanas haciendo bendiciones encima de dos frascos en los cuales está bullendo un agua coloreada. Podría no verse aquí más que un procedimiento adivinatorio, puesto

[53] AHN, Inquisición de Valencia, leg. 524, citado por Sánchez Ortega, M. E., *op. cit.* pág. 147.

que las gitanas pretenden que en uno de los frascos se manifestará el éxito de las empresas del consultante y en el otro las calumnias que pueden circular a su respecto. Sin embargo, la intención de modificar el destino por homeopatía se manifestará en el momento en que las magas exclamen:

> Como esto hierve, hiervan los deseos de los que han de despachar a Cristóbal, para que le hagan todo bien.[54] [49]

En otra ocasión ya no se tata de obtener ascenso sino de captar el amor de un hombre. La gitana coge la mano de su cliente, le hace dar siete u ocho vueltas alrededor de un fuego, sobre el cual hay vino ardiendo en un frasco con una bonita llama, y le hace repetir en voz alta estas palabras:

> Así como esto hierve hierva el corazón de Blas, en nombre de Satanás, etcétera.[55] [50]

Este tipo de fórmula reaparece hoy en día en los juramentos rituales de ciertos grupos cíngaros como los *Polska roma* de Polonia, que utilizan además, por sus virtudes mágicas, objetos del culto como el agua bendita, los crucifijos o los cirios. Encienden éstos pronunciando estas palabras:

¡Sir xačol do momeli, te xačol Hadzéa dzi! (¡Como arde este cirio, que arda así mi corazón!).[56]

La magia imitativa puede recurrir a muy diversos accesorios Por ejemplo, una gitana ejecuta una curiosa treta con hilo blanco. Se sirve de este hilo para medir a la cliente de la cabeza a los pies, después lo corta en cuatro, lo chafa y lo coloca bajo las faldas de la consultante, en el vientre; por último, lo saca, lo desenreda y aparece entero, como si no lo hubiesen cortado. La cliente recuerda que en el momento de cortarlo dijo:

> Así como corto esta hebra le seancortados a tu marido los malos pensamientos que lleva con aquella mala mujer y lo vuelva Dios a ti, pues Dios te lo dio y es tuyo.[57] [51]

Fórmulas del mismo tipo pueden acompañar la experiencia de la cera y de la brizna de paja, lo cual demuestra que no siempre es puramente adivinatoria. Pero la magia imitativa puede cobrar aspectos más impresionantes así, para hacer morir a los esposos de dos mujeres de Toledo, una gitana les pide estameña nueva, que debe servir para hacer sus mortajas. Se trataría de provocar —en los dos sentidos del término— la muerte, preparando de antemano un elemento de su ritual. Sin embargo las dos mujeres se niegan, menos por piedad hacia sus esposos que porque huelen el timo. Los califica-

54 AHN, Inquisición de Toledo, leg. 90, exp. 9.

55 AHN, Inquisición de Toledo, leg. 84, exp. 5.

56 Vid. Ficowski, Jerzy, "L'autorité du Sero-Rom sur les Tsiganes de Pologne," *Etudes Tsiganes*, nº 4, 1981, pág. 23.

57 AOC, Inquisición, leg. 400, exp. 5673.

dores del Santo Oficio, en apariencia más crédulos que las dos desdichadas, verán en ello un maleficio evidente y un pacto explícito con el demonio.[58]

13) Los *hechizos*

Sabido es que se suelen utilizar figurillas de cera, barro o cualquier otra materia, destinadas a representar a la persona a la que se quiere embrujar o hechizar. Lo que aparece con más frecuencia en nuestros procesos son formas humanas fabricadas con diversos tejidos: sábanas, almohadas, camisas, faldas u otras prendas de vestir. Hay también una gitana que propone a una joven madrileña fabricar una efigie del hombre que ésta querría seducir, con objeto de hechizarlo. Le pide para ello una olla de barro barnizada, tres veces nueve cuartos de reales, dos maravedíes de alfileres, otros dos de agujas y dos libras de cera.[59]

Para deshechizar a un enfermo, una gitana utiliza un pollo negro "sin ninguna pluma blanca" merced al cual podrá combatir los efectos de una figurilla de cera ejecutada, según ella, por otra maga. Se supone que el animal ha de tragar nueve reales de plata, después se le clavará un alfiler en la cabeza, pues de lo que sufre el paciente es de la cabeza y del corazón. La gitana añade que habrá que enterrar al pollo y que la *figurilla* de su rival acabará en las manos del cliente que deberá "fumigarse con ella" [*sic*]. Sin embargo, el buen hombre se niega a ver la cosa y más aún a utilizarla, ni siquiera para una fumigación, y será necesario modificar esta parte del tratamiento.[60]

14) *La magia contagiosa*

Hallaremos en esta segunda categoría ritos baados en la contigüidad o el contacto. Podremos observar que no hay oposición entre los dos métodos, sino que por el contrario pueden llegar a complementarse. Así, el agua que hervía en los frascos para estimular el celo de las personas influyentes de las que dependía la suerte de un consultante, debe ser vertida ante la puerta del palacio por la cual estas personas deben pasar.

El agua que sirvió par cuajar un huevo también debe ser vertida en el portal por el que debe pasar el hombre que hay que seducir. El hilo blanco que la gitana corta como para romper la relación de un marido infiel, tras ponerlo en contacto con el vientre de la esposa, es otro ejemplo de fusión entre los dos tipos de magia. Asimismo, la paloma de cera, que se movía para demostrar que un cliente estaba hechizado, debe colocarse bajo una sábana sobre la cual dormirá éste tres noches seguidas y la sábana en cuestión servirá para otros rituales.

58 AHN, Inquisición de Toledo, leg. 92, exp. 23.

59 AHN, Inquisición de Toledo, leg. 92, exp. 7.

60 AHN, Inquisición de Toledo, leg. 93, exp. 7.

Para impedir que un marido engañe a su mujer, una gitana toma un cuello del marido —estamos en 1620 y se usan las valonas— y una caperuza de la esposa. Después de recitar tres veces seguidas, al salir el lucero de la tarde, palabras que aluden a una vestidura blanca llevada por Cristo, teniendo en la mano los objetos en cuestión, la gitana pide a su cliente que se ponga el gorro y que ponga el cuello a su marido. Después, le aconseja colocar en el lecho conyugal, entre su marido y ella, veintisiete monedas envueltas en lino nuevo, si desea tener hijos.[61]

Para ser amada por un hombre, una muchacha debe conseguir dos monedas que le hayan pertenecido y con las cuales una gitana hará un sortilegio.[62] Otra mujer, que intenta recobrar el amor de un amante infiel, habría recibido de una gitana un polvo especial que debe echar ante la puerta de su rival.[63] Para librarse de un esposo molesto, una mujer debe hacerlo caminar sobre una hierba que una gitana le proporcionará.[64] Para obtener el mismo efecto, otras dos mujeres entregan a una gitna unos encajes que se supone tratará ésta en forma adecuada. Ante la Inquisición, la gitana declara haber obtenido de sus víctimas otros efectos personales, calcetines y medias que, colocados en el lecho conyugal en el lugar del marido, acarrearían la muerte de éste. Sin embargo, se apresurará a añadir que se trataba de una engañifa, y que su única intención era apropiarse —como desde luego lo ha hecho— de todos esos objetos "mágicos".[65]

15) *Los ingredientes de la magia gitana*

Entre los casos de magia contagiosa podríamos haber citado el de una joven gitana, María de Soto, denunciada a la Inquisición de Cuenca en 1604. Había deslizado bajo el monumento del Santo Sacramento, en Semana Santa, tres envoltorios conteniendo raíces, granos de trigo, sal, objetos de plata y un tubérculo de tragontina en forma de corazón. El caso es bastante insólito, pues la gitana no dejó ninguna víctima —al menos en ese momento— y afirmó que ejecutaba esta "devoción" para sí misma, pues sufría de fiebre intermitente.[66]

A otra gitana apresada en Toledo en 1721 por la Santa Hermandad, se le descubre todo un aparato mágico: una trenza de cabellos metida en una media blanca con lavanda, una bolsa de seda con una raíz semejante a un asta de ciervo, otro bolsillo de tejido encarnado conteniendo un imán natural, cabellos negros, pedazos de uñas y una piedrecita roja.[67]

[61] AOC, Inquisición, leg. 400, exp. 5676.

[62] AOC, Inquisición, leg. 423, exp. 5931.

[63] AHN, Inquisición de Toledo, leg. 84, exp. 5.

[64] AHN, Inquisición de Toledo, leg. 92, exp. 3.

[65] AHN, Inquisición de Toledo, leg. 92, exp. 23.

[66] AOC, Inquisición, leg. 359, exp. 5115.

[67] AHN, Inquisición de Toledo, leg. 92, exp. 23.

a) *El oro y la plata.* María de Soto había depositado bajo las andas del monumento, entre otras cosas, objetos de plata. Ahora bien, la plata, en cualquiera de sus formas, cubiletes, vasos, joyas y monedas —éstas aunque no sean de plata— puede ser considerada como el principal ingrediente de la magia de las gitanas. Su función particular se explica fácilmente por el hecho de ser a la vez instrumento y medio de pago. Cuando se trata de búsqueda de tesoros encantados, debe entrar, en forma de monedas de oro y plata o incluso de alhajas, en el círculo mágico, según el principio de similitud evocado más arriba; pero para la gitana, la meta es sin duda este anzuelo de plata. Ella misma actúa a veces según el mismo principio sacando de su bolsillo una moneda de oro y plata e invitando al consultante a hacer otro tanto. Así, a un hombre que solicita un talismán para tener suerte en el juego, una gitana le exhibe un doblón pidiéndole que le entregue otro idéntico, pues hay que "juntar el oro con el oro".

Un truco muy típico consiste en pedir a una cliente dinero o joyas que la gitana reunirá con su dinero personal para inspirar confianza. Después, dinero y joyas serán envueltas en estopa y sumergidas en una olla con agua. Tras algunas invocaciones a los demonios familiares, todo es puesto en un arcón. Antes de cerrarlo, a veces la gitana hace constar a la víctima que los objetos están realmente en la olla y le recomienda encarecidamente no abrir el arcón añadiendo a esto algunas amenazas o incluso llevándose la llave para mayor seguridad. Curiosidad y desconfianza mediante, en ocasiones la cliente hace saltar la cerradura del arcón y comprueba que la olla sólo contiene agua y estopa. La gitana monta en cólera: sus demonios familiares le han avisado que su consultante abrió el arcón. Ahora el contenido de la olla está en sus manos y para recobrarlo tendrá que darle más dinero.

Ante los inquisidores, la maga explica su subterfugio. Basta con mandar a la cliente por un poco de agua o un pedazo de tela. En cuanto queda sola, la gitana prepara dos pedazos de estopa idénticos. Uno de ellos contiene las joyas y el dinero. Cuando la mujer vuelve, la gitana le pide que apriete fuertemente esa estopa en su mano y se persigne con ella pronunciando ciertas palabras. El objeto de la operación es inspirarle confianza haciéndole sentir la presencia de los objetos ocultos. Después, la gitana se persigna a su vez con el mismo envoltorio de estopa. Aprovecha la circunstancia para dejarlo caer dentro de sus faldas, mientras coloca ostensiblemente en la olla la estopa vacía.[68]

Otro subterfugio para timar dinero consiste en hacer creer a la víctima que las monedas se funden en una sartén. También aquí el dinero ha sido envuelto previamente en estopa. La gitana lo pone todo sobre el fuego pronunciando invocaciones demoníacas y, cuando el contenido de la sartén parece haberse derretido, lo arroja todo a la calle.[69]

68 AHN, Inquisición de Toledo, leg. 92, exp. 3.

69 AHN, Inquisición de Toledo, leg. 84, exp. 5.

Por razones evidentes, el dinero está asociado a la mauor parte de las prácticas "mágicas" evocadas más arriba. Por ejemplo, la treta de la paja que se mueve se consigue mejor con un escudo de oro colocado en la palma de la mano; antes de echar la buenaventura, hay que hacer una cruz sobre la mano de la consultante con una moneda de plata, etcétera.

Las monedas utilizadas deben sumar a menudo una cifra precisa: tres, nueve o, cuando se trata de calderilla, tres veces nueve. Así, para confeccionar un *hechizo*, hacen falta, entre otras cosas, veintisiete piezas de un cuarto de real, mientras que en el buche de un pollo que debe servir de *contrahechizo*, se introducen nueve reales de plata. Por último, entre otros pretextos invocados por las gitanas para sacar dinero a sus clientes debemos citar también el pago exigido por los demonios o los espíritus, que en general se niegan a trabajar de balde.

b) *Ropa blanca y vestidos*. Al igual que el dinero, las ropas de cama o de vestir suelen ser utilizadas por las gitanas a guisa de salario, que ellas se atribuyen por sus servicios gracias a trucos que no deben a la magia más que algunas apariencias. Sábanas, almohadas, vestimentas diversas, cofias, cuellos, encajes, todo es bueno para manipulaciones variadas, adaptadas a los casos concretos de los clientes. A menudo las gitanas reclaman también ropa blanca o prendas de vestir para sus demonios familiares o para ejecutar ciertos ritos secretos en ausencia de la víctima. Se trata a menudo de lencería fina —manguitos bordados con seda escarlata, tejido bordado de seda negra, gorgueras de betila, cuellos y cofias de encaje—, pero si no la hay cabe utilizar cualquier cosa que caiga en sus manos: servilletas, cortinas, faldas, enaguas, jubones, medias y jarreteras.

Los objetos así "prestados" en general no reaparecen nunca, pero una gitana todavía más taimada que las demás y cuya cliente es particularmente ingenua, le propone volver a comprar su lencería a los demonios familiares, realizando así una estafa suplementaria.[70]

c) *Cera y velas*. La cera se emplea, en particular, para efectuar la treta habitual de "la paja que se mueve", y sabemos que las gitanas solían llevarla consigo con ese propóstio; lo que no les impide pedirla casi siempre a sus clientes para renovar e incrementar su pequeña provisión.

Cuando se trata de fabricar una figurilla de hechizo, la maga puede reclamar hasta dos libras de cera. Puede sorprender semejante exigencia, pero ha de recordarse que en aquella época la cera es una materia muy valiosa. Para dar una idea del interés de esta mercancía señalemos que a finales del siglo XVIII —en enero de 1785, para ser más precisos— una libra castellana (460 g) de velas valía once reales. Con la misma suma se podían comprar dos kilos y medio de carne de buey, de aceite o de jabón, cuatro o cinco litros de vino, diez u once kilos de pan blanco de calidad superior o setecientos veintidós gramos de café.[71]

70 AHN, Inquisición de Toledo, leg. 92, exp. 23.

71 *Memorial literario instructivo y curioso de la corte de Madrid*, 1785, págs. 121-122.

Así, pues, el interés de los cirios y velas de cera —además de su valor litúrgico y simbólico— es perfectamente evidente. Su precio basta para justificar demandas de dinero bastante considerables, pues casi siempre es la gitana la que ha de comprar cirios —más o menos especiales— destinados a las ceremonias mágicas y también es ella quien, muy a menudo, los utiliza sin testigos, para alumbrar a sus demonios familiares durante varias noches seguidas, por ejemplo.

d) *Semillas y sal.* En uno de los pequeños envoltorios depositados bajo el monumento del Santo Sacramento por María de Soto, siete granos de trigo verde se codeaban con algunos granos de sal. Para tratar a un enfermo, una gitana pide tres granos de trigo, tres de sal y tres monedas de plata. Otra, para un sortilegio amoroso, reclama tres granos de trigo y tres de sal, a los que unirá una semilla sumamente especial —en realidad semilla de zanahoria— y lo envuelve todo en un papel que debe llevarse sobre el pecho como un amuleto. Cuando la consultante quiere atraer a su casa al hombre que ama, debe colocar el envoltorio bajo su almohada. Para este tipo de sortilegios suelen emplearse flores secas y semillas diversas. También se puede hacer una experiencia, en la noche de San Juan, con las semillas de una planta misteriosa, colocadas en un botellín después de haber sido conjuradas. Si el frasco no está bien cerrado, las semillas deben saltar al exterior. Sin embargo, cierta persona un tanto incrédula comprueba que se trata de semillas harto corrientes y que no se mueven.[72]

En este terreno, y según cantidad, podemos hallarnos unas veces ante ingredientes puramente simbólicos —pagables en numerario o de otra manera— y otras con un auténtico botín. El ejemplo de una mujer que debe poner los pies uno después de otro en una espuerta llena de trigo o de cebada ilustra el segundo caso. A veces, la gitana, que intenta el mismo truco en varias clientes, justifica el empleo de este capazo afirmando que el encantamiento de que es víctima su marido fue ejecutado de la misma manera. Su objetivo es, a todas luces, apoderarse de los objetos "mágicos" y, para lograrlo, pide a sus clientes que hagan algo difícil. Por ejemplo, volcar al río el contenido de la espuerta pronunciando palabras incomprensibles y contando con los dedos. Ante los temores y vacilaciones de la interesada, le propone efectuar la operación en su lugar y desaparece llevándose el cenacho y cierta suma de dinero para remunerar el servicio.[73]

e) *Pan y harina.* Se puede bendecir una casa con monedas introducidas en migas de pan. Se puede —así parece— hacer morir a alguien haciendo tragar a un sapo pan mordido por la futura víctima. Para confeccionar un sortilegio amoroso, una mujer debe ir a buscar, en tres casas diferentes, una cantidad de harina tal que quepa en una cáscara de huevo; al menos esto es lo que cuentan en el pueblo.[74]

72 AOC, Inquisición, leg. 423, exp. 5931.

73 AOC, Inquisición, leg. 400, exp. 5673.

74 AOC, Inquisición, leg. 423, exp. 5931.

En todos los casos se trata de un empleo puramente simbólico que se explica principalmente por razones de comodidad. ¿Hay algo más fácil que conseguir un pedazo de pan o un poco de harina?

f) *Polvos mágicos*. Cuando las gitanas tienen tiempo para preparar su jugada, utilizan antes que estos productos baratos, unos polvos misteriosos de los que pueden sacar dinero. De este modo, por veinticuatro reales se puede comprar un polvo que, esparcido ante la puerta de una persona, ha de captar irresistiblemente su amor o que, echado esta vez ante la casa de una rival, apartará de ésta a la persona cuyo afecto se desea conservar. También es posible quitarse de encima un esposo molesto gracias a un polvo que sólo cuesta doce reales. Cierto es que está bien pagado, pues la gitana confesará a los inquisidores que era tan sólo un poco de ladrillo molido.

g) *Agujas, alfileres y cuchillos*. Diversos objetos de punta que pueden servir para herir se utilizan corrientemente en las prácticas mágicas. Dos maravedíes de alfileres y otros dos de agujas pueden servir para hechizar por medio de una figurilla de cera. En una vela especial hay que plantar nueve agujas y nueve alfileres. Aquí el beneficio es escaso y la utilización tiene, otra vez, un valor simbólico.

En Madrid, una gitana hacía bendiciones con un cuchillo de mango negro cuya punta hundía ella en ceniza. El mismo cuchillo había de servir para una "devoción" muy especial ejecutada delante de cinco iglesias diferentes. Se trataba de poner el pie sobre la tumba más fresca del cementerio de cada iglesia y de plantar en ella el cuchillo recitando plegarias al ANIMA SOLA.[75]

Otro cuchillo de mango negro ha de servir para hacer un agujero en el patio de una cliente y enterrar en él una olla que contiene veintisiete reales y un anillo. ¡La perspectiva no carece de interés![76]

h) *Ingredientes diversos*. La elección de todos estos ingredientes puede depender tanto de ciertas tradiciones mágicas como de la inspiración de las gitanas.[77]

Para completar la lista se puede recordar aquí el papel de ciertos líquidos —vino, agua y sobre todo agua bendita—, de hierbas, hilo, estopa, huevos y aves de corral. Los dos últimos productos pueden servir eventualmente de botín, y en este sentido podemos citar el caso de una gitana que reclama a su cliente un pollo y algunos huevos para ir a hacer "ciertas cosas" por el lado del vía crucis.[78]

75 AHN, Inquisición de Toledo, leg. 90, exp. 9.

76 AHN, Inquisición de Toledo, leg. 84, exp. 5.

77 Sobre la utilización de los cuchillos de mango negro, véase Cirac Estopañán, S., *Los procesos de hechicerías en la Inquisición de Castilla la Nueva,* Madrid, 1944, págs. 110, 118, 139, 157, 206.

78 AOC, Inquisición, leg. 423, exp. 5931.

Una última categoría de objetos mágicos está formada por cosas repugnantes o difíciles de conseguir que las gitanas piden a sus clientes para que éstas les deleguen la tarea de buscarlas, a cambio de una honesta retribución. Colocaremos en esta rúbrica tierra de sepultura y ciertas basuras, como agua sucia recogida en el sitio donde los zapateros echan cerote u orina de negra.[79]

16) *El tiempo y el espacio*

Aunque las gitanas estén sometidas a las urgencias materiales —tienen que rebuscar un poco de dinero cada día— las exigencias de la magia en materia de lugar y tiempo no son totalmente descuidadas y la mayoría de las prácticas enumeradas anteriormente deben cumplirse en sitios y momentos precisos.

La época del año más favorable a la magia —y en particular a la magia amorosa— es, por supuesto, la de San Juan. La noche del 23 al 24 de junio está muy próxima al solsticio de verano —21 o 22 de junio—. En este período del año el sol parece detenerse y bien se pudo temer, como les sucedía a los aztecas, que no quisiera realizar su curso. Se encienden fogatas para celebrar el triunfo de la divinidad solar sobre las fuerzas de la sombra, manteniendo su resplandor durante una de las noches más cortas del año. Los dos solsticios eran celebrados por fiestas paganas y la religión cristiana, impotente para suprimirlas en forma radical, intentó desviarlas en su provecho. Es así como el nacimiento de Cristo —Navidad— se celebra en la noche del 24 de diciembre, que corresponde poco más o menos al solsticio de invierno —21 o 22 de diciembre—, y para el solsticio de verano se eligió celebrar otro nacimiento importante, el de Juan Bautista.

En la mañana de San Juan, antes del alba, hay que coger el ramillete de artemisa que protege del mal de ojo. En el día de San Juan, el 24 de junio de 1604, una joven gitana, María de Soto, deposita bajo el monumento de una iglesia tres pequeños envoltorios conteniendo semillas, sal y extrañas raíces. En este caso el día de San Juan coincidía con la octava de Corpus Christi, y en las iglesias estaba expuesto el Santo Sacramento. Además, la gitana había llegado a la localidad con toda una banda de gitanos arribados para bailar con ocasión de las festividades del Corpus, según una tradición muy extendida en España.

Un testigo recuerda haber oído a otra gitana decir que los objetos destinados a servir de talismanes se han de colocar bajo un altar la mañana de San Juan.[80] En otros procesos, el retorno de un esposo infiel se fija para el día de San Juan. En la noche de San Juan es cuando se verán saltar semillas puestas en un pequeño frasco, y un cirio comprado ese día debe servir para una "devoción" practicada unos días después, para San Pedro.

79 AHN, Inquisición de Toledo, leg. 84, exp. 5. En lo referente a la tierra de sepultura y la orina, véase Cirac Estopañán..., *op. cit.*, págs. 40, 84, 92, 102, 120, 136, 152, 154, 155.

80 ACC, Inquisición, leg. 359, exp. 5115.

Según una gitana, los conjuros y otras prácticas mágicas sólo pueden realizarse los lunes, miércoles y viernes.[81] A menudo se cita como más propicio el viernes, día de la muerte de Cristo; pero también se menciona el sábado, día de fiesta de los judíos.[82]

La hora tampoco es indiferente. Las gitanas designan frecuentemente los momentos del día que la Iglesia consagra a la oración y en particular la hora del ángelus. Pero es sobre todo de noche cuando hay que salir para ejecutar ciertos ritos, y la medianoche es una hora perfectamente adecuada. Es bueno, igualmente, tener en cuenta la hora en que sale el lucero de la tarde y el momento en que desaparecerá la última estrella del alba.

Estas últimas prácticas parecen vincularse con un culto de Venus, la llamada estrella vespertina; pero cabe señalar que en una época en que la vida de los seres humanos aún no está condicionada por los despertadores y los cronómetros, los únicos referentes temporales evidentes son los movimientos de los astros, las llamadas a la oración lanzadas por la campana de la iglesia y las principales festividades religiosas que jalonan el año.

A menudo las consultantes deben ir por la noche a un sitio preciso, pararse en el umbral de sus casas, salir al patio o subir a la azotea, para pronunciar misteriosas palabras Estas salidas nocturnas a veces pueden vincularse con prácticas difíciles —a causa de la abundancia de fórmulas incomprensibles que hay que recitar sin equivocarse— que las gitanas proponen ejecutar en lugar de sus clientes a cambio de una retribución apropiada. De todas formas, por la noche suceden cosas extrañas que pueden contribuir a disuadir a aquellas o aquellos que tuvieran la intención de efectuar ellos mismos los ritos prescritos. Así, una cliente que debe asomarse a su ventana a determinada hora de la noche, recibirá una naranja. Un cliente que ha de salir a la puerta de su casa con un pie descalzo no debe girar la cabeza so pena de ver aparecer una cosa blanca de la altura de una casa, que pronunciaría su nombre tres veces seguidas con una voz aterradora.[83] Se entiende que la horrible forma blanca es el ANIMA SOLA, y aquí podemos percibir con toda claridad la transposición de una creencia gitana. Los propios gitanos no salen de buen grado a medianoche, pues podrían encontrarse con MULÉ o aparecidos.

Los lugares más propicios a la magia gitana son, pues, por la noche, los que se hallan al exterior de la casa, los que permiten observar las estrellas y eventualmente asistir a fenómenos sobrenaturales. Durante el día, los lugares sagrados: calvarios, vía crucis, iglesias y cementerios.

[81] AHN, Inquisición de Toledo, leg. 84, exp. 5.

[82] AOC, Inquisición, leg. 400, exp. 5676.

[83] AHN, Inquisición de Toledo, leg. 90, exp. 9.

17) *Fórmulas, plegarias y conjuros*

Como hemos visto, la magia y lo sagrado no cesan de codearse. Así como los lugares santos sirven a menudo de marco a las prácticas de las gitanas sus invocaciones mencionan frecuentemente el nombre de Dios, de Cristo, del Espíritu Santo, de la Virgen y de algunos santos. Estas referencias no dejan de tranquilizar a las clientes más escrupulosas educadas en el temor del demonio.

Cristo se invoca con gran frecuencia en las fórmulas de conjuro de los sortilegios amorosos, de los que aquí tenemos un ejemplo atípico:

> Jesucristo murió, Jesucristo encarnó en las casas de Belén; como estas palabras son divinas, asina pretenga Fulana lo que tiene en su corazón.[84] [52]

La fórmula curativa "Jesús nació, Jesús murió, Jesús resucitó. Que el mal de Fulano se cure como estas palabras son verdaderas" figura en el *Pequeño Albert* y en diversas obras de magia popular. En la actualidad todavía se la utiliza mucho, especialmente en Rosellón.[85]

También se invoca mucho al Espíritu Santo, a la Santa Trinidad y a la Virgen María, a veces en compañía de otros santos más o menos católicos. El santo Sacramento se cita en una fórmula que ha de servir para aplacar las sospechas de un marido celoso y que hace alusión al cruce del Jordán:

> El Río Jordán pasaréis; tres varas cortaréis a Fulano; le daréis con ellas en el corazón sino que le parezca hermosa y linda, y si riñó con vos cogeréis un poco de sal y así se derretirá como la sal en el agua por el poder de Dios y del Santísimo Sacramento.[86] [53]

Entre los santos más invocados hay que citar a san Juan Bautista, san Cristóbal y santa Rita:

> Juan Bautista, con tres te pido, con tres te llamo, con tres te ato; la sangre te bebo, el corazón te arrebato. Te mando por mandato de Dios, de santa Rita y del glorioso San Cristóbal.[87] [54]

Sin embargo, la gran santa de la magia es Marta, la hermana de Lázaro y de María de Betania. Las fórmulas generalmente empleadas por las magas no gitanas, para sortilegios amorosos, parecen distinguir, al lado de la santa, a una Marta maldita e infernal:

> Marta, Marta,
> a la mala digo,
> que no a la santa,

84 AHN, Inquisición de Toledo, leg. 92, exp. 23.

85 Véase Avril Favre, Hélène, *Guérisons magiques populaires en Rousillon,* extraído de la revista *Folklore,* nº 138, Carcassonne, 1970, y Rourè, Nicole, *La sorcelleire en Rouusillon,* tirada especial de la revista *CERCA,* nos. 26 a 28, Perpignan, 1965, pág. 26.

86 AHN, Inquisición de Toledo, leg. 92, exp. 3.

87 AHN, Inquisición de Valencia, leg. 524.

a la que por los aires anda,
y por ella nuestro padre Adán pecó
y todos pecamos.[88] [55]

Entre nuestras gitanas, Marta no ha perdido su olor a azufre, como se puede juzgar por esta otra fórmula destinada al mismo efecto:

Marta, Marta,
la que en los infiernos estás,
tres cabras tienes y las ordeñarás,
y tres quesos harás,
el uno es para el diablo mayor,
y el otro para su compañero
y el otro para el Diablo cojuelo.
Así como estás encadenada,
así venga este hombre atado y ligado
y deje a Fulana con quien está amancebado.[89] [56]

Otra primera figura de la demonología de las gitanas es el ANIMA SOLA del Purgatorio, abandonada por todos y pronta a favorecer cualquier infamia a cambio de una misa o de una plegaria que la acerque al Paraíso. Las oraciones e invocacioanes al ANIMA SOLA se citan con mucha frecuencia en nuestros procesos, pero los testigos casi no recuerdan las palabras. Uno de ellos sólo recuerda que había que evocar su mortaja. [90]

Otro recuerda que al recitarse la plegaria del ANIMA SOLA se oyen golpes en la ventana o perros peleando.[91]

En la oración siguiente, recitada por una gitana, se invocan todas juntas las almas del Purgatorio:

Animas del Purgatorio, alitas sois y corzitas y puestas en caridad. Rogad al verbo divino que os otorgue lo que le pido, y es de paz, amén, Jesús.[92] [57]

Barrabás, el asesino que los judíos liberaron en lugar de Cristo, figura a menudo en las fórmulas mágicas junto con Satanás —sus nombres riman además—, y con toda una banda infernal, como en este conjuro:

Hierva, hierva el corazón de Fulano,
en el nombre de Satanás
y de Barrabás
y del Diablo cojuelo

[88] Cirac Estopañán, S., *op. cit.*, págs. 131-132.

[89] AHN, Inquisición de Toledo, leg. 84, exp. 5. Se hallará una fórmulaa del mismo tipo en caló, en Luna, J. C. de, *Gitanos de la Bética*, pág. 248.

[90] AHN, Inquisición de Toledo, leg. 90, exp. 9.

[91] AOC, Inquisición, leg. 423, exp. 5931.

[92] AHN, Inquisición de Toledo, leg. 92, exp. 3.

y de su compañero
y de la Jacarandina
y de la Reina Sardina
y de doña María de Padilla
y toda su cuadrilla
y de Marta,
la que en los infiernos está.[93] [58]

Se habrá reconocido al pasar al DIABLO COJUELO, puesto en escena por Vélez de Guevara después de haber paseado mucho tiempo su siniestra claudicación a través de los proverbios populares. La *Jacarandina* designa habitualmente el ambiente de los ladrones y rufianes, así como su jerga y su folklore. Esta mala frecuentación no pudo sino favorecer su personificación y su descenso a los infiernos. La REINA SARDINA, salida probablemente de un cuento popular, acompaña aquí a un personaje histórico, MARIA DE PADILLA, favorita de Pedro Iº de Castilla y símbolo del amor ilegítimo triunfante, aunque casada secretamente con el rey.[94]

A todas estas fórmulas "diabólicas" hay que sumarles unas palabras extrañas o incomprensibles pronunciadas por las gitanas en ciertas ocasiones. Los testigos aluden, a menudo, en particular, a frases en lengua gitana. Interrogada sobre este punto por los inquisidores, una de las magas confiesa haber dicho, en su lengua, lo que se le ocurría y haber dado a entender a su cliente que se trataba de palabras mágicas adaptadas a su caso.[95]

18) La actitud de la Inquisición ante las prácticas gitanas

Al comienzo pesan las más graves sospechas sobre todas las prácticas mágicas y en partiicular las de las gitanas, cuya raza es ya de las más sospechosas. Entrando en detalles, durante un proceso de Inquisición instruido en Toledo en 1721, el hecho de meter argollas de calzado, un collar y pendientes en un tazón de agua es considerado como un sortilegio amoroso caracterizado. El truco de los huevos en el agua, los talismanes compuestos de flores secas, granos de trigo y de sal y una semilla misteriosa, sobre los cuales la gitana pronuncia en su lengua las palabras siguientes: "Semillita de lecho, por la virtud que Dios te dio, haz que Fulano vuelva conmigo", así como la utilización de un imán para hacer volver a una mujer infiel, cada una de estas prácticas es calificada de sortilegio amoroso con pacto explícito con el demonio. Santiguarse sobre un tazón de agua en el cual se han puesto algunas monedas de plata pronunciando las palabras: "En el nombre del padre y del hijo y del Espíritu Santo", es un sortilegio herético. En cuanto a la

[93] AHN, Inquisición de Toledo, leg. 84, exp. 5.

[94] Véase Leblon, B., "María de Padilla aux enfers", *Bulletin hispaniquee, t.* LXXXIII, nº 3-4, Universidad de Bordeaux III, julio-diciembre de 1981.

[95] AHN, Inquisición de Toledo, leg. 92, exp. 23.

pretensión de hacer morir a un marido con encajes o preparando su mortaja, se trata de evidentes maleficios con pacto explícito con el demonio. En resumen, Catalina de Orobio, la gitana declarada culpable de estas diferentes prácticas, es calificiada como sigue:

> Vana, supersticiosa, escandalosa, benéfica, sortilega, heretical y sospechosa de vehementi en la fe. [59]

El fiscal del tribunal añadirá en su preámbulo algunos detalles suplementarios, en particular una alusión a la adivinación, pues la gitana también es culpable de echar la buenaventura. Tras leer las doce acusaciones, reclamará un castigo ejemplar y pedirá —cosa frecuente en estos casos— que la acusada sea sometida al tormento hasta obtenerse una confesión completa. Las respuestas que proporcionará Catalina de Orobio durante la lectura del acta de acusación harán inútil la ejecución de esta amenaza. Consultados nuevamente, los calificadores del Santo Oficio volverán sobre su apreciación anterior y darán una opinión más matizada, descartando las sospechas de herejía e insistiendo sobre la trapacería de la acusada.

Pese a las propuestas de indulgencia del tribunal, la pena requerida contra la desdichada —penitencia pública durante un auto de fe, doscientos latigazos y ocho años de destierro de Madrid, Toledo y alrededores— sigue siendo muy severa. Tras haber abjurado, la gitana será amonestada y, durante la aplicación de su penitencia en las calles de la ciudad, llevará las insignias de los mentirosos y una cuerda con dos nudos alrededor del cuello, mientras el pregonero proclamará sus delitos., Después, durante su exilio, será confiada a una persona instruida que le enseñará los misterios de la religión y cuidará para que se confiese y comulgue tres veces por año.[96]

Entre el conjunto de los procesos estudiados casi no hay más ejemplos de tamaña severidad. Por otra parte, es cierto que los mismos delitos no se castigaban de la misma manera según el lugar, la época y las circunstancias. Así por ejemplo, el mismo tribunal de Toledo se había mostrado mucho más clemente, cincuenta años antes, en 1677, frente a otra gitana llamada Isabel María de Montoya. Con todo, el asunto se presentaba bastante mal; en su requisitoria, el procurador fiscal iba mucho más lejos que el precedente: pacto explícito con el demonio, polvo homicida, mentira, engaño, buenaventura, utilización de palabras santas y de misterios de la fe con fines ilícitos y deshonestos, invocaciones diabólicas, vagancia, perjurio, ¡no faltaba nada! En consecuencia, reclamaba un castigo riguroso en los términos habituales: excomunión, confiscación de todos los bienes y relajación al brazo secular para la aplicación de las penas legales, sin olvidar la amenaza de tortura... A pesar de todo esto, los inquisidores, después de oír las respuestas de la acusada y de una nueva calificación de sus delitos, se conformaron con una advertencia.[97]

[96] AHN, Inquisición de Toledo, leg. 92, exp. 23.

[97] AHN, Inquisición de Toledo, leg. 93, exp. 7.

En otros casos, pese a la ejecución de ciertos trucos habituales, como el de "la paja que se mueve", invocaciones a las estrellas, palabras misteriosas y alusiones al diablo, los inquisidores declararon simplemente que los delitos en cuestión no eran de competencia de la Inquisición.[98]

19) *El sistema de defensa de las gitanas*

Para escapar de las sanciones de la Inquisición, la mejor táctica, y también la más corriente es, sin lugar a dudas, la fuga. Sobre trece procesos de "hechicería" gitana, instruidos por los tribunales de Cuenca y Toledo, cinco acusadas llegan ante los inquisidores y dos de ellas, víctimas de un error, pronto son puestas en libertad; dicho de otro modo, sólo son apresadas tres culpables.

Las carencias de la policía inquisitorial suelen facilitar la fuga de las gitanas. Los arrestos están a cargo de la justicia ordinaria, pero el traslado desde la prisión hasta la sede del tribunal se confía al cuidado de los familiares del Santo Oficio. Ahora bien, no en todas las localidades los hay, y aquellos que más cerca residen del lugar del arresto a veces encuentran excelentes pretextos para no cumplir esta tarea. En este caso, la prevenida puede ser liberada bajo caución —que en 1635 se eleva a 30 ducados— e intimada a presentarse por sus propios medios ante el tribunal de la Inquisición. Por supuesto, en general las gitanas no disponen de la suma necesaria, y entonces se reemplaza la caución por una amenaza de excomunión mayor, la que por lo común no impide que la interesada se haga humo.

Cuando se encuentran ante los inquisidores, las gitanas nunca hacen espontáneamente confesiones completas. En el momento de formulárseles la pregunta ritual: "¿Sabe usted, presume usted o sospecha usted por qué ha sido detenida y conducida a las prisiones del Santo Oficio?", declaran ignorarlo o se limitan a convesar un delito menor: una buenaventura, un remedio casero o un pequeño timo. Pese a las admoniciones de uso, por las cuales se hace saber a los prevenidos que la Inquisición no tiene la costumbre de detener a alguien sin una información suficiente, prometiéndoles indulgencia en caso de confesión sincera y completa, guardan un prudente silencio. La misma ceremonia puede repetirse durante tres audiencias sucesivas, escalonadas a veces sobre más de un mes. Las gitanas, en todo este tiempo, no recobran el uso de la memoria. Entonces es cuando interviene el fiscal. Enumera las diferentes bases de acusación acompañadas con comentarios o calificaciones: sortilegio, superstición, pacto con el demonio, etc. Y bruscamente las inculpadas recuerdan, pero sólo para negar en bloque todo cuanto pueda emparentarse de cerca o de lejos con la hechicería. Saben que el delito de estafa no es de la competencia de la Inquisición y se apresuran a confesar los diferente subterfugios que utilizan para sacar algún dinero a sus víctimas, sin dejar de invocar circunstancias atenuantes: la triste necesidad, los niños que

[98] AOC, Inquisición, leg. 400, exp. 5673, 5676.

hay que alimentar y su frágil estado de salud. Algunas no vacilan en trampear un poco con el estado civil y se hacen pasar por viudas o dicen haber sido abandonadas por sus maridos.

20) *Conclusiones sobre la magia gitana*

¿Existe una magia específicamente gitana? La cuestión no es sencilla. Las gitanas pueden especializarse en ciertos tipos de prácticas mágicas como la quiromancia o la búsqueda de tesoros encantados; igualmente pueden tener predilección por ciertas fórmulas o ciertas manipulaciones —"la paja que se mueve" y el papel mojado en agua, por ejemplo—; lo cierto es que, en conjunto, hallan su inspiración en el folklore, muy rico por lo demás, de la "brujería" judeo-cristiano-musulmana de la Península. A lo largo del inventario que precede nos hemos esforzado en demostrar que todas las prácticas de las gitanas tenían relación con la magia tradicional y que sus plegarias y conjuros no difieren apenas de las que emplean, en la misma época, las magas *payas*.[99] Cuando se las interroga respecto de ciertas fórmulas sospechosas, afirman haber dicho simplemente "lo que se les ocurría", sin haber tenido realmente la intención de invocar a los demonios. En realidad, no es difícil imaginar el origen de este saber mágico: se transmitía de boca en boca como, en nuestras zonas campesinas, los remedios caseros y las leyendas de brujería, y ni siquiera es necesario suponer relaciones estrechas con esos otros parias de España que eran los moriscos y los cristianos nuevos; pero es verdad que las gitanas se hallaban en una situación privilegiada para recoger y asimilar todas las tradiciones folklóricas. El caso del flamenco —del que hablaremos en otra obra— es un ejemplo elocuente.

Por otra parte, es cierto que al producirse su arribo, en el siglo XV, las gitanas trajeron en su equipaje ciertos conocimientos mágicos que venían divulgando desde Grecia, Medio Oriente e incluso desde su remoto pasado indio. En la época de sus primeros peregrinajes por Europa occidental ya echaban la buenaventura, y los anales del antiguo Consejo de Barcelona ofrecen un testimonio de ello, así como el *Journal d'un bourgeois de Paris*. Su presunto origen egipcio las calificaba de entrada como magas, y ya desde la primera pragmática de los Reyes Católicos, los textos legales mencionan sus prácticas de "hechicería". Así pues, las que figuran en los procesos de Inquisición de los siglos XVII y XVIII vienen precedidas por una sólida reputación, que ellas se esfuerzan en aprovechar para extraer algunos beneficios. Preservan su publicidad y no vacilan en vanagloriarse en exceso afirmando, por ejemplo, que son extraordinarias hechicerías, que han vivido entre los moros, que leen el árabe o, suprema referencia, que ya han sido condenadas por la Inquisición. Una de ellas emplea la expresión consagrada, sacada de un dicho popular: "En un barreño de agua, haré que nazcan berros".[100]

99 Payas = no gitanas.
100 AHN, Inquisición de Toledo, leg. 92, exp. 3.

Lo que a primera vista parecería caracterizar a la magia gitana es que se trata siempre, manifiestamente, de estafa y charlatanismo. Encontramos un solo caso un tanto insólito, el de la joven María de Soto, apresada en Huete en 1604 por haber colocado bajo el monumento del Santo Sacramento ciertos ingredientes mágicos destinados, según ella, a su propio uso; pero no está excluido que tuviese la intención de sacar dinero de esta extraña mercancía ante mujeres que se encontraban en el lugar y con las cuales había entablado conversación, pues hizo la maniobra en forma muy poco discreta.[101]

En conjunto, las manipulaciones e invocaciones se utilizan con un único fin: impresionar a las clientes y sonsacarles dinero u objetos de algún valor. La cosa es tan evidente que las acusadas no tiene mayor dificultad para convencer de ello a los inquisidores. Esta conducta tampoco es auténticamente original, pues incluso en esa época la magia es casi siempre sinónimo de estafa, y los curanderos, echadores de maleficios y otros charlatanes pululan por una España enferma de parasitismo.

En definitiva, el rasgo más típico reside sin duda en la manera de proceder. En lugar de contentarse con hacerse pagar sus remedios y sus diversos sortilegios, las gitanas se ingenian para escamotear uno por uno todos los objetos prestados por las clientes para efectuar las operaciones mágicas. Su gran movilidad les permite utilizar la magia como un terreno propicio para el ejercicio de su verdadera especialidad: la ratería sutil.

Por otra parte, las nueve gitanas denunciadas a la Inquisición de Toledo y de Cuenca por delitos de magia, sortilegios y otras supersticiones, no fueron las únicas que se hicieron notar en este campo. En los registros de estos tribunales, y al lado de cuatrocientos ochenta y seis procesos de magia propiamente dicha, encontramos casos de brujería, maleficios, relaciones con el demonio —entre los cuales, en Cuenca, un sacerdote que ha "hecho el pacto", una carmelita que invoca a Satanás y otras mujeres dedicadas al "comercio diabólico"—, de nigromancia, quiromancia, adivinación, astrología, conjuros, encantamientos, ilusiones, ficciones y otras supersticiones, y tenemos así un conjunto de seiscientos treinta y cuatro procesos relacionados con el campo de la hechicería y la magia. Examinando más detenidamente este inventario, comprobamos que las gitanas no tienen el monopolio de las líneas de la mano, ya que en 1564 se acusa de quiromancia a un sacerdote. Encontramos también varios buscadores de tesoros, entre ellos un alfaquí llamado Luis Benali que, en 1539, utiliza conjuros con este propósito.[102] Por último, observamos que varios magos o adivinos que figuran en la lista no son más que vulgares estafadores. En lo que respecta a la suerte corrida por estos asuntos, ochenta procesos quedan en suspenso, veintiséis están inconclusos o incompletos, y sólo ocho de los prevenidos por delitos de magia o "brujería" fueron relajados al brazo secular, es decir, condenados a la hoguera. Esto sudecía entre 1492 y 1517 y todos los interesados eran

[101] AOC Inquisición, leg. 359 exp. 5115.

[102] Cirac Estopañán, S., *op. cit.*, menciona numerosos casos de buscadores de tesoros, págs. 56, 62-72, 77, 165-166, 202, 212.

perseguidos igualmente por judaísmo. Señalemos, además, treinta y siete casos de penitencia, nueve absoluciones, cuatro reconciliaciones, catorce reprimendas y amonestaciones y ocho condenas diversas: destierro, látigo, etc. En medio de esta extensa lista, nuestras nueve gitanas sólo hacen un papel de comparsas.

21) *Los otros procesos de Inquisición*

a) *Las blasfemias*. Fuera de los casos de magia, una docena de procesos de Inquisición de los tribunales de Cuenca, Toledo y Valencia conciernen a gitanos, y tres de ellos se instruyen por causa de blasfemia. En 1559, los inquisidores de Toledo juzgan a un joven gitano de Malagón, Francisco de Gales, de veintidós años, acusado de blasfemia e incluso de herejía. Habría declarado, en la puerta de una taberna, que Dios no estaba para todo el mundo y que él mismo era tan justo como Dios. Ante el tribunal, se retractará de lo manifestado y reconocerá que Dios es universal, soberanamente justo y que él mismo no es más que un pobre pecador. Alegará en su defensa que había estado bebiendo y que probablemente no se hallaba en su entero juicio. Pese a la requisitoria del procurador, quien reclama la confiscación de todos los bienes del acusado, calificado de hereje y apóstata, el pobre chico logrará convencer a sus jueces de que sólo estaba un poco ebrio. Se lo condenó a recibir cien latigazos, subido a un asno como era costumbre, en calles principales de la ciudad.[103]

En 1636, en Santa María del Campo Rus, una gitana acusa a otra. La primera, llamada María de Mendoza, acudió a la prisión para llevarle un brasero a su marido. Otra gitana, que se encuentra en una celda vecina, se pone a insultarlos por un agujero de la pared. Según ciertos testigos, se habría opuesto a que María de Mendoza pasara la noche en la cárcel con su marido. Según otros, habría manifestado que ojalá que colgaran al marido y separaran a la pareja. Para consolar a su esposo, María de Mendoza le dice: "¡Dios lo ha de remediar!". Y es entonces cuando la otra gitana, una muchacha llamada María de Malla, exclama: "¡Si a ti te oye Dios, no tengo que creer en Dios!".

Todos los calificadores acuerdan a la acusada circunstancias atenuantes. El primero estima que estas palabras constituyen una injuria grave para la persona a quien están destinadas, pero que en lo tocante a la fe no son más que una blasfemia condicional inspirada por la indignación. El segundo considera que decir en forma absoluta "No creo en Dios" es una blasfemia herética, pero que en el presente caso la intención de la persona que pronunció estas palabras no era blasfemar, sino únicamente exagerar la indignidad de aquella a quien estaban dirigidas. No obstante, juzga que la actitud es escandalosa. En cuanto al tercero, las expresiones de la gitana no competen a la censura inquisitorial,

103 AHN, Inquisición de Toledo, leg. 35, exp. 5.

pero es conveniente reprimir esta forma de hablar. Remitida de familiar en familiar desde Santa María del Campo Rus hasta Cuenca, María de Malla recibe, al día siguiente de llegar, una advertencia y una amonestación.[104]

Por último en 1732, un gitano de Las Mesas, Manuel González, y su madre, son denunciados ante la Inquisición de Cuenca por haber proferido ambos abominables blasfemias durante una disputa que los oponía a la esposa del primero. Cinco vecinas citadas como testigos harán deposiciones muy contradictorias. Una de ellas afirma que estos gitanos no cesan de escandalizar el barrio blasfemando y echando votos a Cristo, a la Virgen, y hasta por las tripas y la corona de Dios. En cambio, otras no han oído nada de todo esto. Hay una que puede certificar que los gitanos en cuestión no juran nunca; mientras que otra declara ser completamente sorda y atestigua que los González tienen una conducta irreprochable. En cuanto al principal acusado, puso los pies en polvorosa y su proceso quedó inconcluso.[105]

b) *La herejía: un gitano "luterano"*. La escena transcurre en 1593 en El Recuenco, hoy próximo al límite de las provincias de Cuenca y Guadalajara, al norte de Priego. Estamos cerca de un horno de vidriero y acaba de estallar una disputa entre algunos habitantes del pueblo de Castilforte y un gitano llamado Torralba. Alguien trata al gitano de "perro pardo". El gitano se enfada y se pone a jurar. Sus adversarios les preguntan entonces si los gitanos se confiesan y Torralba exclama: "Muchos de vosotros, aunque os confeséis, no decís la verdad al confesar", y añade que él mismo nunca confesaría sus pecados a un sacerdote, sino solamente a Dios, ante el altar. Un testigo le dice que estas palabras son resprensibles y que si no va a confesarse lo denunciarán. Oliendo que el asunto está cobrando un cariz inquietante, Torralba pide hablar en privado con el cura; después acude a casa del testigo con una daga, para impresiónarlo, y le recomienda callarse, si le importa seguir viviendo. Finalmente, juzga más prudente dejar su domicilio y esfumarse. Su proceso, inconcluso, lleva la mención:" "Proposición luterana".[106]

c) *El paraíso de los gitanos* . El luteranismo de Torralba no iba más allá, probablemente, de la desconfianza inspirada por el cura, quien al fin y al cabo no era sino un *payo*. El único proceso que podría arrojar alguna luz —muy tenue— sobre creencias particulares de los gitanos tiene lugar unos años antes, en 1580, siempre ante el tribunal de Cuenca.

Un día del mes de mayo, tres jóvenes gitanas recorren las calles de Villarejo del Espartal pidiendo limosna. Se detienen ante el portal de una casa que les parece acomodada. La dueña, doña Luisa Herino, envía a una criada para que las despida. Según su costumbre, las gitanas insisten hasta que dejan entrar a una de ellas. Se llama Isabel Hernández y tiene veinticinco años. Luisa Herino le pregunta por qué razón no se contentan sus semejantes con

[104] AOC, Inquisición, leg. 453, exp. 6279..

[105] AOC, Inquisición, leg. 594, exp. 7195.

[106] AOC, Inquisición, leg. 334, exp. 4760.

pedir limosna en vez de robar y exponerse con ello a ir al infierno. Isabel contesta que los gitanos no van ni al cielo ni al infierno. Se le pregunta a dónde es que van. Ella declara que, según los antiguos, van a unas praderas a orillas de un río. Luisa Herino y su marido, Juan Juárez de Cañizares, reprenden a la gitana diciéndole que está cometiendo una herejía grave y que puede acabar en la hoguera. Isabel responde simplemente que se encomienda a la voluntad de Dios. Esto es, al menos, lo que surge de la deposición de los esposos Juárez, pues la versión proporcionada por Isabel Hernández es muy diferente.

Según ella, después de despedirla, la criada de la casa la había vuelto a llamar diciéndole que su amo quería hablarle. Así pues, entró y Juárez le mostró veinticuatro reales preguntándole si quería ganarlos. Ella le respondió que ese dinero no podía ser para ella y quiso marcharse. Entonces Juárez la invitó a sentarse y su mujer le dio una rebanada de pan diciéndole:

— Vosotros, que andáis hurtando; cuando os morís ¿dónde vais? [60]

Ella respondió:

— ¿Y eso me pedís ahora? Iremos donde Dios fuere servido. [61]

Pero Juárez insistió tanto que ella acabó por decirle que los gitanos iban a una pradera y, al decirlo, pensó para sus adentros que era una verde pradera llena de flores donde estaban la Virgen María y los ángeles, y que se trataba del paraíso.

Añade que fue arrestada por venganza, pues Juárez le pidió que interviniera para que su suegro, un gitano de nombre Maldonado, aceptara cambiar su caballo por otro y el suegro se había negado a ceder su animal.

Los calificadores estimarán que las palabras de la gitana son heréticas y huelen a paganismo. Para el procurador, Isabel Hernández se hizo culpable de apostasía y pertenece a una secta de herejes. La acusa —¡cosa ritual!— de esconder una parte de la verdad y de ser perjura. En consecuencia. reclama la aplicación del tormento hasta obtenerse una confesión completa.

La acusada se limita a responder que es una buena cristiana y que cree en Dios y en la Santa Virgen. Interrogada sobre el origen de sus manifestaciones, explica que los gitanos se dividen en dos razas, unos llamdos gitanos y los otros GRIEGOS, y que fue un "griego" quien le habló de la pradera hacía de ello tres sueños. En esa época, iba acompañada por muchas otras muchachas de su edad en medio de una compañía de gitanos y un jinete permanecía a su lado para impedirles penetrar en los viñedos. Un día en que los gitanos conversaban sobre lo que sería de ellos después de la muerte, el "griego" afirmó que, puesto que no tenían domicilio y vagaban por los campos, a orillas de los ríos y bajo las enramadas, en el más allá harían lo mismo.

Los inquisidores se muestran divididos sobre la suerte merecida por la gitana. Uno reclama la tortura, los otros proponen la reconciliación en forma con confiscación de bienes y una pena de cien latigazos. Finalmente, zanjará la cuestión el Consejo de Madrid. Isabel Hernández oirá una misa, de pie, con un cirio en la mano, abjurará de su error, recibirá una reprimenda y será confiada a los jesuitas para que enderecen su instrucción religiosa.[107]

d) *La bigamia*. La Inquisición de Toledo registra al mismo tiempo, en 1626, dos casos de bigamia que tiene por culpables a unos gitanos. Uno se llama Diego de Alvarado, alias LUCERO y el otro Malla. El denunciante es otro gitano —llamado Miguel Garcés—. Este afirma que conoce a un tal LUCERO, casado con una gitana de Llerena, hija de un tal Baltasar, y que acaba de casarse nuevamente en Ocaña con la hija del picador de caballos, un gitano oriundo de Jaén. Declara además que un tal Malla, igualmente gitano, que acaba de ser apresado por robo en La Puebla, a dos leguas de Lillo, estaba casado en Murcia con una tal María, hija de una gitana apodada *La Sisa* y sobrina de otra a quien llaman *la Sellenea*, muy conocida entre los gitanos, y que se casó por una segunda vez, afirmando ser libre, con una niña de doce a trece años cuya madre es viuda. Lo sabe por haber visto, en el molino de aceite de La Puebla, al tal Malla con su nueva mujer y su nueva suegra.

Al tomarle una segunda declaración, el comisario del Santo Oficio pregunta a Garcés si puede citar otros testigos. Su respuesta dice mucho sobre la actitud de los gitanos frente a la justicia:

> Dice que no sabe qué otros testigos puedan decir en este caso, porque los gitanos tienen tal estilo y razón de Estado que, aunque los maten a tormentos no descubrirán los cómplices, y si aun supiesen que este testigo ha delatado de los susodichos todos juntos serán contra él y le matarán, aunque fuese necesario venir a ello cincuenta leguas, y esto es cosa muy cierta. [62]

Todo cuanto el tribunal logrará obtener después se limitará a un extracto del registro parroquial de Ocaña relativo al matrimonio de Diego de Alvarado con María de Torres y las declaraciones de algunos testigos de dicho matrimonio. Uno de ellos, el licenciado Pedro de Buendía, sacerdote de Ocaña, cuenta de qué modo insistió él mismo ante el vicario —que quería aplazar la ceremonia— para que los gitanos se casaran ahí mismo, pues nunca había visto una cosa semejante. Por otra parte no tuvo que lamentarlo, pues cuando el vicario hubo interrogado a la gitana sobre la doctrina cristiana y unido a los dos esposos, en presencia del notario que había establecido sus papeles, un carpintero que se encontraba allí fue a buscar una guitarra y los gitanos se pusieron a bailar, en particular el esposo, que reveló ser un maestro en la materia.[108]

e) *Gitanos entre las víctimas*. En dos procesos juzgados respectivamente en Cuenca en 1628 y en Valencia en 1728, ya no son gitanos los que están en el banco de los acusados sino más bien sus adversarios. El primero concierne a un joven campesino de Valverde del Júcar, llamado Juan Coronado "*El Malo*". Este se encuentra un día conversando con otros habitantes del

[107] AOC, Inquisición, leg. 282, exp. 3931.

[108] AHN, Inquisición de Toledo, leg. 26, exp. 20.

pueblo, en la calle de la carnicería, cuando llega un pastor de Albaladejo que cuenta cómo unos gitanos lo han embrujado y le han tomado doscientos reales, así como uno o dos carneros. Según su propia declaración, Juan Coronado expresa entonces, hablando de los gitanos, que hay que despedazarlos y matarlos, pues estima que ello no constituye pecado. Un sacerdote se hallaba entre los testigos y, según él, Juan Coronado habría dicho, exactamente:

¡Mal haya! — ¿Por qué no le dio un garrotazo que le echara los sesos a una parte? [63]

El sacerdote habría hecho notar que ello sería cometer un pecado mortal, y Coronado le habría respondido:

— No es pecado. Si a mi me saliesen a robar en los caminos, a quitarme el sustento de mis hijos, matar a quien intentase a robarme. [64]

Puesto al corriente, el comisario del Santo Oficio enviará a Juan Coronado ante el tribunal de Cuenca a manifestar su arrepentimiento y el asunto concluirá ahí.[109]

El segundo caso es mucho más grave por cuanto se trata de un asunto de asesinato. La víctima es una gitana llamada Agueda Vicente y el asesino un familiar del Santo Oficio, comerciante en sedas y habitante de Carcajente, Salvador Albelda, apodado *El Tol.*

De treinta y seis años y casado, Albelda había vivido mucho tiempo en concubinato con Agueda Vicente, de la que habría tenido tres hijos. Después la habría abandonado por una querida más joven y, queriendo desembarazarse de la gitana, que no cesaba de importunarlo y de reclamarle dinero, la habría hecho asesinar por unos sicarios.

El principal testigo, Vicenta Canut, llamada *La Menescala*, sólo delatará a Albelda al cabo de varios interrogatorios cumplidos a lo largo de más de siete meses, pues el familiar de la Inquisición parece todopoderoso e inatacable a causa de su posición social y de su fortuna personal. *La Menescala* comienza acusando a uno de los asesinos a sueldo, Pedro Talens, llamado *El Roll*, al que pinta como un hombre depravado, inclinado a la lujuria y al exhibicionismo y que frecuenta sobre todo gitanos.

Según esta misma testigo, la víctima, Agueda Vicente, hacía un poco de celestina, y Talens la habría amenazado violentamente pues ella le habría prometido entregarle una joven gitana virgen y todo habría resultado una burla. Poco a poco, todas las bajezas de Carcajente van saliendo a la superficie. Sabremos, en particular, que el Dr. Ferrer organizaba bacanales en su propia casa o bien en la de la gitana, con quien parecía muy liado.[110]

[109] AOC, Inquisición, leg. 427, exp. 6015.

[110] AHN, Inquisición de Valencia, leg. 520, exp. 1.

22) *Los procesos de Inquisición y la vida de los gitanos*

El interés que presentan estos procesos de Inquisición no consiste únicamente en que nos informan sobre la actitud de los gitanos para con la religión, sus creencias particulares o sus prácticas mágicas. Muchos de ellos nos suministran valiosos testimonios sobre su modo de existencia y su vida cotidiana.

Al realizarse los interrogatorios, los acusados tiene la obligación de decir lo que saben sobre los miembros de su familia, incluidos los abuelos, tíos y tías tanto del lado paterno como del materno. Poseemos así interesantes genealogías con precisiones sobre las actividades de las personas citadas.

Por supuesto, la indagación de los inquisidores se centra particularmente en las prácticas religiosas. En general las gitanas a las que se interroga están bautizadas, confirmadas y, llegado el caso, casadas por la iglesia. Celebran sus Pascuas, conocen las oraciones corrientes y a veces hasta los mandamientos. Pero también se invita a las gitanas a resumir su vida, por lo que cuentan incluso sus viajes, sus tribulaciones y, a veces, sus problemas familiares.

En lo que atañe a la vida cotidiana, los juicios sacan a luz ciertas escenas, descritas con detalle, gracias a las cuales se puede comprobar que las relaciones entre gitanos y *Payos* suelen ser muy diferentes de las que dejarían suponer los textos puramente legislativos o represivos. A veces, unos y otros viven bajo el mismo techo, como en Las Mesas, y sus relaciones son en general de buena vecindad. Aquí, una gitana que riñe con su marido es recogida por una vecina; allá, se prestan numerosos servicios mutuos y pueden anudarse auténticas amistades.

De este modo, paradójicamente, los procesos del Santo Oficio no sólo revelan los aspectos sórdidos de los contactos entre las dos comunidades. Al lado de los odios, robos y estafas de toda clase, es también la vida de todos los días lo que descubrimos paso a paso, en sus aspectos más corrientes y más humanos. A la inversa, estos procesos relativos a los gitanos son perfectamente superfluos en el plano propiamente inquisitorial. Por hablar tan sólo de Castilla la Nueva, nueve casos de "magia" o de "superstición", a los que se pueden añadir cuatro blasfemias, dos casos de bigamia y un caso de incredulidad, no representan en verdad gran cosa, aun teniendo en cuenta la escasa población gitana de la región.

Por otra parte, hemos podido constatar que los inquisidores no dieron pruebas de una severidad particular respecto de los gitanos, lejos de eso. Se podría sostener, con alguna perfidia, que éstos no ofrecían ningún interés en el plano financiero, si recordamos que las condenas graves traían aparejada la confiscación de los bienes de los culpables y que el dinero resultante era utilizado, al menos en parte, para saldar los gastos del tribunal. En efecto, los gitanos eran en general insolventes y hemos visto, en particular, que podía dispensárseles de la caución exigible por su liberación provisional. Pero, por otra parte, en el plano religioso, nunca constituyeron una secta juzgada peligrosa, como fue el caso de los marranos, los moriscos o incluso los focos heréticos de Sevilla y Valladolid a mediados del siglo XVI. Finalmente, hay un enorme abismo entre las sospechas de paganismo, las repetidas acusaciones de irreligiosidad o de herejía, tal como las hallamos en los textos de las leyes, las Actas de las Cortes o los vengativos discursos que reclamaban la expulsión, y la trivial realidad descubierta por los inquisidores al hilo de los procesos. Todos los gitanos y gitanas inculpados habrían recibido los sacramentos exigibles, y su instrucción en materia de religión es como mínimo igual a la media de los españoles. Es cierto que juran de manera harto vehemente —¡Dios sabe que no son los únicos!— y que sus mujeres no vacilan en explotar la credulidad pública para ganarse algún dinero; pero sabemos que, en este terreno, no carecían de competidores. Dicho con otras palabras, la mayor parte de las acusaciones consignadas en los documentos examinados en la primera sección de este estudio no tienen más fundamento que la ignorancia. Es un hecho constante que cuando dos comunidades humanas diferentes viven en una segregación casi total, el odio se instala y la imaginación hace lo demás. A la inversa, el trato cotidiano y la información auténtica disipan muchas leyendas y muchos prejuicios. Los hombres siempre ganan con conocerse; cuando son gitantos, ganan mucho si son conocidos.

Epílogo

Camelamos naquerar

Queremos la palabra.

(José Heredia Maya)

La resistencia absolutamente excepcional manifestada en múltiples regiones del planeta contra la asimilación de los cíngaros permitió a éstos mantener hasta nuestros días su existencia marginal. Si empleamos el adjetivo "marginal" es porque, salvo raras excepciones, la desaparición de una legislación específica no logró transformar a los antiguos parias en ciudadanos como los demás. La cuestión de la integración de esta minoría étnica sigue estando a la orden del día en la mayoría de los países europeos. En Francia, la existencia de buen número de cíngaros todavía nómadas monopolizó frecuentemente la atención de los poderes públicos, cuya principal preocupación ha sido hasta ahora favorecer la sedentarización, considerada como una etapa previa a la integración. Sin embargo, en los últimos años ha habido ciertos cambios y un informe reciente elevado al ministerio de Cultura se funda en el principio del "derecho a la diferencia".[1]

En España, los problemas más preocupantes se sitúan en el nivel de la reubicación de los gitanos sedentarios, expulsados de sus chabolas por la extensión de la urbanización y de las zonas industriales. Es frecuente que los habitantes de los barrios populares destinados a recibir a los expulsados se liguen en contra de estos recién llegados a los que juzgan indeseables, llegando incluso a echarlos a pedradas y garrotazos como vulgares perros sarnosos. En otros casos, los vecinos de la periferia no toleran la proximidad del gheto gitano e incendian las barracas improvisadas para incitar a sus ocupantes a llevarse sus miserias un poco más lejos. Sin embargo, también aquí ha habido ciertos cambios; se multiplican las asociaciones gitanas, en 1979 se creó una comisión interministerial encargada de estudiar el problema y Juan de Dios Ramírez Heredia, un gitano que se consagró a la defensa de su etnia, fue elegido diputado por Almería, lo cual le permite intervenir con mayor eficacia para denunciar las injusticias cometidas regularmente contra sus hermanos más desfavorecidos.

De todas formas, la solución definitiva parece lejana. Sin duda alguna, los trabajos de las comisiones oficiales no desembocan en realidades concretas de real alcance, y sobre todo no consiguen contrarrestar un racismo latente que, también él, se resiste a desaparecer.

[1] Giordan , Henri, "Democratie culturelle et doit à la différence", *La Documentation française*, París, 1982.

En el plano internacional, en los últimos veinte años se multiplicaron las organizaciones creadas por cíngaros para obtener el reconocimiento de sus derechos como minoría étnica, y aparecieron varias revistas en *romaní*:: *Romano Drom, Romano L'il, Romani Pajtrin, Zirickli, Romanipé.* En el congreso mundial celebrado en Londres en 1971, delegados de diversos países, pertenecientes a grupos muy diversos, tomaron conciencia de su pertenencia a un mismo pueblo. Surgió una bandera azul y verde adornada con una rueda y ondeó por las calles alzada por manifestantes cíngaros.

Este despertar del pueblo *Rom* es un signo de los tiempos. En nuestros muros de hormigón se abren algunas ventanas y comienza a circular un aire nuevo. Pero, infortunadamente, este aire no lo ha cambiado todo. Las tradicionales divisiones entre los grupos cíngaros, separados por la lengua, los hábitos y los modos de vida, subsisten; se les sumaron otras divisiones: rivalidades de clanes, de personas, de asociaciones que se hacen y deshacen como nubes en un cielo de primavera. El abismo entre sedentarios y nómadas no cesa de profundizarse. Sin embargo, la rueda del viejo carromato que adorna el emblema de una comunidad dispersada pasó a ser un símbolo que abre la esperanza y, sobre todo, los cíngaros del mundo entero, cansados de ver a los gaché discurrir doctamente en su lugar y decidir su destino, han tomado la palabra. Lo que dicen no puede dejarnos indiferentes. Todos los movimientos actuales desean una mejor integración del mundo gitano en la sociedad moderna, dentro del respeto a los Derechos del Hombre y a las decisiones de las Naciones Unidas, pero rechazan unánimemente la asimilación pura y simple, pregonada largo tiempo como una panacea por los nostálgicos del colonialismo.

La "cingaridad" (*Romanipé)* no es solamente un neologismo. Más allá de las divisiones, hay que saludar esta toma de conciencia de un pueblo que reivindica una cultura y un sistema de valores que le son propios frente a un mundo gachó cuyos ideales y modo de existencia no siempre parecen exaltantes. En 1967, una cíngara de Suecia, Katarina Taikon, se expresaba de esta manera:

> La concepción según la cual querríamos llegar a ser como vosotros, los "suecos", es uno de nuestros malentendidos más corrientes. No queremos ser semejantes a "vosotros". Queremos, simplemente, librarnos por fin de vuestros prejuicios y restricciones, que nos impiden desarrollarnos libremente. Volvemos semejantes a "vosotros" me parece muy malsano. La cultura y la civilización suecas no han alacanzado ninguna clase de ideal definitivo, muchos modos de vida y de pensamiento actualmente aceptados son de un nivel espantosamente bajo y nada ofrecen como modelos a imitar. Además, ¿por qué nos contentaríamos con imitarlos? Volvernos semejantes a "vosotros" es una desvalorización categórica de "nosotros".[2]

[2] *Zigenares*, nº 1-2, 1967, pág. 4; citado por Liégeois, J.-P., "Le Pouvoir tsigane", *Etudes tsiganes*, nº 1, marzo de 1975, pág. 10; véase Liégeois, J.P-P., *Mutation tsigane*, Bruselas, 1976.

En diferentes términos, Juan de Dios Ramírez Heredia sostiene conceptos semejantes:

> Si hubo un tiempo en que pudo parecer que nos agradaba que todo nos lo dieran hecho, ha llegado la hora de que nuestra opinión sea tenida en cuenta, sobre todo en aquellas disposiciones que nos afectan directamente.
>
> Queremos ser artífices de nuestro propio destino. Sabemos que no podemos continuar estancados. Hemos de renovarnos pero sin cortar el cordón umbilical que nos une al pasado.[3]

Y, para ilustrar la aberración de una integración como unilateralmente la conciben los *payos*, cita la fábula del mono que, durante una inundación, quiere salvar a un pez rojo llevándoselo con él a la copa de un árbol.[4]

Puede resultar extraño que nuestros etnólogos, tan justamente preocupados por salvaguardar culturas amenazadas en los rincones más apartados del planeta, hayan manifestado tan poca indignación o inquietud ante el etnocidio cultural que nosotros, los europeos, perseguimos incansablemente sobre nuestro propio suelo desde hace casi cinco siglos. Es cierto que la diferencia siempre es mejor aceptada cuando se esconde en la profundidad de las selvas vírgenes, a millares de kilómetros de nuestro horizonte. Pero, ¿cómo olvidar que esa diferencia es la fuente de todo verdadero progreso humano? En todos los campos del saber, se trate de la cultura en todas sus formas, de la lengua, de las artes o de los grandes descubrimientos, el progreso siempre nació de encuentros, de contactos, de intercambios y de la colaboración entre hombres de lenguajes y modos de pensar radicalmente diferentes. Sin embargo, como bien hizo notar Lévi-Strauss, el progreso, nacido de la diversidad, tiende a negarla provocando una uniformización que amenaza con esterilizarlo:

> Pero incluso si esta contradicción es insoluble, el deber sagrado de la humanidad es conservar su dos términos presentes en el espíritu, no perder nunca de vista a uno de ellos en exclusivo provecho del otro; precaverse, sin duda, de un particularismo ciego que tendería a reservar el privilegio de la humanidad para una raza, una cultura o una sociedad pero también no olvidar nunca que ninguna fracción de la humanidad dispone de fórmulas aplicables al conjunto, y que una humanidad confundida en un estilo de vida único es inconcebible, porque sería humanidad osificada.[5]

En su conclusión, el etnólogo recomienda la tolerancia y la generosidad. En apariencia no se trata de una incitación caritativa cualquiera. Después de todo, los gitanos han sobrevivido al odio, y para quienes es vital la tolerancia es para nosotros mismos.

Extraña ironía del destino, esos hombres a los que se intentó *exterminar* —para utilizar el término de los legisladores españoles y recordar

[3] Ramírez Heredia, J. de Dios, *Nosotros los Gitanos*, Barcelona, 1971, pág. 204..

[4] *Ibid.*, pág. 19.

[5] Lévi-Strauss, Claude, *Race et Histoire*, Unesco, 1961, pág. 83.

una siniestra realidad cuyas humaredas oscurecen aún nuestros pensamientos—, esas víctimas de un despiadado proyecto dé destrucción al que tantas generaciones consagraron tantos esfuerzos durante cinco siglos, esos sobrevivientes milagrosos perviven hoy dándonos una lección de dignidad y de humanidad. Aun cuando fueron, como en España, privados de su lengua, horriblemente mutilados en su cultura, todavía tienen la fuerza de decirse *gitanos* y de proclamar su apego a valores que probablemente hemos olvidado. Ellos no abandonan a sus ancianos en los hospicios ni se desembarazan de sus hijos para ir de vacaciones. Entre ellos, la solidaridad del clan sigue siendo la regla, y nadie se siente desamparado sean cuales fueren las vicisitudes que la suerte les reserva. La ley de la hospitalidad vuelve inútiles las invitaciones con tarjeta o por teléfono: la mesa está siempre puestar para el que pasa y tiene hambre. Cuentas en el banco y cajas de ahorro nada sirven en un mundo donde el dinero y los bienes circulan en libertad y donde la propiedad no se ha convertido todavía en una religión ni el egoísmo en una virtud. Por último, aquí, no se depende de entidades de ayuda al tiempo libre: por las noches, en las veladas, aún se cuentan historias y leyendas y la fiesta se organiza con los medios al alcance.

¡Tal vez, cuadro un tanto idílico éste! La paradoja del cíngaro, ese malquerido, es dar al gachó, en pago de su desprecio, una porción de sueño. Sin embargo, encuestas muy serias han demostrado que su cohabitación en las viviendas colectivas con frecuencia reveló ser imposible, porque uno podía aún estar haciendo música y distrayéndose en familia mientras que el otro, prisionero de horarios draconianos, era sacrificado a la herramienta de producción. Por otra parte, la mayoría de los cíngaros, habituados no obstante a la incomodidad de viviendas precarias, se niegan a la apilación vertical, cuyas consecuencias nefastas comprobamos cada vez más. Experiencias destinadas a dar trabajo en la industria a algunos de ellos abortaron, porque los interesados juzgaron inhumanas las condiciones de trabajo e incompatibles con una vida familiar armoniosa. Si nuestra concepción de la sociedad no los fascina, es evidente que su estilo de existencia tampoco puede servirnos de modelo, aunque en ocasiones nos aventajen mucho en el terreno de lo que denominamos "calidad de vida". Pero el problema no es ése. La única utopía que merezca realmente la adhesión ciega es la de la tolerancia. Ahora bien, hoy en día, una tendencia que es de desear sea duradera y productiva intenta rechazar los comportamientos estereotipados y llevar al primer plano el respeto al otro. Comenzamos a tomar conciencia de que el nomadismo, que encarnizadamente se intentó hacer desaparecer, era sin duda preferible al estancamiento en ghetos que, lejos de integrar a sus habitantes en una vida social, cualquiera que fuese, no son sino instrumentos de desintegración de grupos humanos desfavorecidos, y no es casual que a menudo linden con esos lugares insalubres en los que nuestra civilización elimina sus desperdicios.

En un relato de ciencia ficción[6] imaginado por uno de ellos, los

[6] Ortica, Jean, "Les survivants de l'apoalypse", *Monde gitan*, nº 41, París, 1977, pág. 13.

cíngaros son los únicos que se han salvado de un cataclismo nuclear y esa súbita soledad les plantea algunos problemas de supervivencia. A la inversa, su desaparición total no nos afectaría nada en el plano material, pero habríamos perdido sin duda una parte fundamental de nosotros mismos. Al final de este siglo gravemente afectado por la monotonía de la norma, la robotización y la producción en serie, ellos mantienen contra viento y marea un modo de vida y valores no conformistas. Tras considerárselo durante tanto tiempo un peligro que había que eliminar, su particularismo ejemplar comienza a aparecer como un destello de esperanza para nuestra humanidad programada, enferma de uniformidad. Es hora de comprender que son otra cosa que marginales pintorescos, mercaderes de sueño o de folklore, y que su simple presencia puede aportarnos mucho más que las ventajas materiales —no siempre evidentes— que pretendemos hacerles adoptar por la fuerza. Su interminable sacrificio no ha de resultar vano; debe inducirnos a aceptar al otro, extranjero o simplemente extraño, tal como es, sin miedo y sin odio. Si nuestros hermanos cíngaros pagaron tan cruelmente el precio de la diferencia, ha de ser por el futuro del Hombre.

Fuentes

I - DOCUMENTOS DE ARCHIVO

—*Archivo general de Simancas* (AGS)

1. Estado. Legajos (L.) 157 (año 1575), 228 (1610), 4126 (1610-1611).
2. Gracia y Justicia (G. y J.): L. 1004 (años 1772-1788), 1005 (1785), 1006 (1716-1787), 1010 (1784-1788).
3. Guerra Antigua (Guerra y Marina): L. 58 (años 1542-1556).
4. Papeles de Estado de Milán, Saboya y Sicilia: L. 1165 (1612), L. 1244 (1576).
5. Secretaría de Marina: L. 723 (1746-1783).
6. Registro del Sello: IX-1480, fol. 152; IV-1484, fol. 13; I-1489, fols. 98, 317; III-1491, fols. 61, 62, 63; VIII-1491, fol. 214.

—*Archivo Histórico Nacional* (AHN)

1. Consejo de Castilla, Sala de Alcaldes de Casa y Corte: 1609 a 1787.[1]
2. Consejos. Legajo (L.) 7, expedientes nº8 8, 9; L. 24, nºs 1, 5; L. 27, nº 1; L. 54, nº 1; L. 62, nº 4; L. 67, nº 23; L. 68, nº 11; L. 78, nº 1; L. 82, nº 8; L. 109, nº 6; L. 159, nº 2; L. 524; L. 525; L. 526; L. 527; L. 722, Nº 7; L. 724, nº 30; L. 1166, nº 25; L. 4206; L. 4207; L. 4428, nº 118; L. 17.834, nº 1; L. 51.045, nº 4; L. 51.060, nº 4; L. 51.442, nº 6; L. 51.505, nºs 4, 5, 6; L. 51.507.
3. Diversos (Consejos y ciudades). Legajos 29, 30, 31.
4. Estado. Legajo 3083 (1784-1792); L. 3214 (1708); L. 4828 (Gracia y Justicia, 1747).
5. Inquisición de Toledo. Legajo 26, nº 20 (1626); L. 35, nº 5 (1559); L. 84, nº 5 (1624-1625); L. 88, nº 122 (1635); L. 90, nº 9 (1623); L. 92, nº 3 (1671), nº 23 (1721); L. 93, nº 7 (1625).

[1] Es imposible hacer figurar aquí, en razón de su volumen, la lista de los 141 documentos de esta sección contenidos en los registros de 1609 a 1787. Lo mismo sucede con los 545 documentos de la Corona de Aragón, seción Real Audiencia, contenidos en los registros números 1 a 998. Los investigadores podrán consultar, en los principales centros de archivo de España, el catálogo siguiente: Bernard Leblon, *Inventario de los documentos sobre Gitanos de los Archivos de Simancas, Madrid, Barcelona y Cuenca*, Universidad de Perpiñán, 1980, 258 páginas.

—*Archivo de la Corona de Aragón* (ACA)

1. Cancillería Real, Registres (R) 2483, fol. 136; R. 2573, f. 145; R. 3197 f. 101. R. 3371, fs. 39, 40; R. 3385, fs. 157, 158; R. 3386, fs. 37, 38, 55; R. 3387, fs. 60, 61; R. 3390, fs. 157, 158; R. 3391, f. 7; R. 3442, fs. 42, 43; R. 3512, f. 114; R. 3514, fs. 17, 18; R. 3519, fs. 36, 37; R. 3551, fs. 24, 25; 211, 212; R. 3552, fs. 9, 91; R. 3648, f. 383; R. 3686, f. 82; R. 3802, fs. 10, 11, 170; R. 3803, fs. 62, 63, 65-67, 69-71, 119; R. 3805, fs. 162, 163, 164; R. 3971, fs. 96, 97.
2. Real Audiencia:
   a) Legajo (L.) 235, nº 1-28;
   b) Registros de la Real Junta: R. 6184, f. 154; R. 6185, fs. 57, 139; R. 6186; f. 58; R. 6187, fs. 127, 137;
   c) Registros de la Real Audiencia (véase nº 1).

—*Archivo del Obispado de Cuenca* (AOC)

Documentos del Santo Oficio de la Inquisición: Legajo (L.) 143, nº 1758; L. 282, nº 3931; L. 303, nº 4366; L. 334, nº 4760; L. 359, nº 5115; L. 400, nº 5673, 5676; L. 423, nº 5931; L. 427, nº 6015; L. 453, nº 6279; L. 567, nº 7021; L. 594, nº 7195; L. 601, nº 7253.

II - COMPILACIONES Y TEXTOS DE LEYES

[Los títulos se insertan según el orden cronológico en el interior de cada rúbrica.]

1. *Acuerdos*

Libro de Acuerdos, 1464-1485, Madrid, 1932, t. I, pág. 31, "Consejo de Madrid".

2. *Autos*

Tomo tercero de Autos-acordados..., Madrid, 1775, lib. VIII, tít. XI, "De ladrones i rufianes, vagamundos, i Egipcianos".
Tomo quarto de Autos-acordados..., Madrid, 1777, lib. VIII, tít. XI, Autos: I, V, VIII, IX, X, XI, XII, XV, XVII, fol. 431-473.

3. *Cédulas*

Cédula Real del año 1619 para que los Gitanos salgan del Reino dentro de seis meses, no vuelvan pena de muerte, y los que se queden se avecinden en pueblo que tenga más de mil vecinos, BNM, Man. 13. 120.
Real Cédula de SM Don Phelipe V, Madrid, 8 de oct. de 1738, véase Archivos, Barcelona, Corona de Aragón, RA, Legajo 235, pliego nº 9.
Real Cédula de SM (Carlos III) *y Señores del Consejo*, por la qual se manda observar y guardar los capitulos insertos de la Real Pragmática sobre la extinción de los llamados Gitanos, y la Real Resolución que se cita, dirigida

a preservar de insultos los caminos y pueblos, con lo demás que en ella se expresa, Alcalá, 1784.

Real Cédula de SM y Señores del Consejo, por la qual se manda a las Justicias del Reyno procedan con la mayor actividad a la execución de lo dispuesto en la Pragmática de 19 de sept. 1783..., Madrid, 1787, véase Archives, Barcelona, Corona de Aragón, RA, Reg. 586.

4. *Códigos*

Los códigos españoles concordados y anotados, Madrid, Impr. de la Publicidad, 1847-1851.

5. *Colecciones*

Collecção da Legislação Antiga e Moderna do Reino de Portugal, Coimbra, 1796, Parte I da legislação antiga, 4a part., tít. XIII, "Dos estrangeiros e vagabundos", págs. 540, 541.

Colección de Pragmáticas, Cédulas, Provisiones, Autos-acordados y otras providencias generales expedidas por el Consejo Real en el reynado del Señor Don Carlos III..., Madrid, Impr. de la Viuda é Hijo de Marín, 1803, págs. 477-483.

Collecção da Legislação Antiga e Moderna do Reino de Portugal. Parte II da Legislação moderna, Coimbra, 1806-1807.

Collecção chronologica de Leis extravagantes, Coimbra, 1819, t. I, págs. 62-64, 217-218, 515, 517; t. II, págs. 364-366.

6. *Constituciones*

Constitutionum provincialium Tarraconensium, libri quinque, Tarragona, 1580, lib. III, tít. XX, págs. 187-188; tít. XXI, págs. 204-205.

Constitucions y altres drets de Cathalunya compilats en virtut del cap. de Cort XXIII de las Corts per la SC y Reyal Maiestat del rey Don Philip nostre senyor celebradas en la vila de Montso any 1585, vol. I, Barcelona, Stephanus Monfar i Sorts, 1588.

Constitucions, capitols y actes de Cort, fetas, y atorgats, per la SCR Magestat del Rey nostre senyor Don Felip IV de Aragó, y V de Castella, Comte de Barcelona, en la primera Cort, celebrada als Cathalans, en la Ciutat de Barcelona, en lo Monastir de Sant Franchesch, 1701-1702, págs. 68-69.

Constitucions, capitols y actes de Cort, fetas y atorgats per la SCR Magestat del Rey Nostre Senyor Don Carlos III rey de Castella, de Aragó, Comte de Barcelona, etc. En la Cort celebra als Cathalans en la Ciutat de Barcelona, en la casa de la Deputació del General de Cathalunya, 1706, págs. 16-17

7. *Cortes*

Cortes de los Antiguos Reinos de León y de Castilla, publicadas por la Real Academia de la Historia, Madrid, Impr. y estereotipia de M. Rivadeneyra, 1861, t. IV, págs. 437, 515, 618; t. V, págs. 185, 253, 558, 870, 874.

Actas de las Cortes de Castilla publicadas por acuerdo del congreso de los diputados, a propuesta de su comisión de Gobierno interior, Madrid, Impr. de la Viuda é Hijos de J. A. Garcia, 1877, t. I, pág. 290; t. IX, pág. 444; t. XIII, págs. 220, 225, 598; t. XVI, pág. 137; t. XXI, págs. 294, 482; t. XXIII, pág. 320; t. XXIV, pág. 325; t. XXV, págs. 68, 191; t. XXVI, págs. 151, 163, 291; t. XXVII, pág. 378; t. XXVIII, págs. 201, 240; t. XXIX, pág. 258; t. XXXII, pág. 118; t. XXXIV, págs. 109, 325.

8. *Cuadernos*

Cuaderno de leyes, Pamplona, 1608, pág. 14 V (AGN).

Quaderno de las leyes añadidas a la Nueva Recopilación de las leyes destos Reynos. En que van todas las leyes, y premáticas que se han publicado, desde el año de 1569 que fue la primera impresión hasta el año de 1598 que fue la quarta y última, Madrid, 1620, lib. VIII, tit. XI, ley XIV; lib. VIII, tit. XXVI, ley XXI.

Cuaderno de leyes de 1780-1781, pág. 84 (AGN).

9. *Discursos*

Discurso acerca de si fue lícito que los Alcaldes de la Chancillería de Valaladolida señalasen con un hierro candente a varios Gitanos (6 hojas útiles en fol. Letra del siglo XVII), BNM, Man. 18. 665.

10. *Fueros*

Furs, capitols, provisions, Valencia, 1555.

Fueros del Reyno de Aragón del año de 1564, Zagaroza, 1624, fol 215.

Fueros del Reynos de Aragón del año de 1585, Zaragoza, 1624, fol. 220.

Furs, capitols, provisions, Valencia, 1588.

Fori Editi per Catholicam et Regiam Maiestatem Domini nostri Philippi Regis Aragonum in dictis Curiis Tirassonae celebratis..., 1592, "De la Via Privilegiada". fol. 230.

Repertori General y Brev. Sumari per orde alphabetich de totes les materies dels Furs de Valencia, fins les Corts del any 1604..., Valencia, 1608, pág. 33.

Fueros y Observancias del Reyno de Aragón, Zaragoza, P. Cabarta, 1624, lib. IX, Fororum Regni Aragonum, "De exilio Boemianorum", fols. 180-181.

Fueros y Actos de Corte del Reyno de Aragón, hechos por la SC y R. Magestat del Rey Don Felipe nuestro Señor en las Cortes convocadas, y fenecidas en la Ciudad de Çaragoça en los años 1645 u 1646, Zaragoza, 1647, "De los Gitanos y Bohemianos", págs. 37-38.

Fueros del Reyno de Navarra, desde su creación hasta su feliz unión con el de Castilla, y Recopilación de las leyes promulgadas desde dicha unión hasta el año de 1685, Pamplona, 1686, lib. IV, tit. II, "De los Hurtos, y ladrones, vagamundos y gitanos", págs. 456-466.

11. *Instrucciones*

Por los graves motivos, que ha hecho muy notorios el atrevimiento de los que se llaman Gitanos, Madrid, 1749.

12. *Ordenanzas*

Ordenações Philipinas [1603], lib. V, tit. LXIX: "Que não entrem no Reino Giganos, Armenios, Arabios, Persas, nem Mouriscos de Granada."
Ordenanças del Consejo Real del Reyno de Navarra, 1622, lib. III, tit. XXXIX, fols. 305-310.
Ordenações e leys confirmadas e establecidas pelo Senhor D. João IV, Lisboa, 1747, t. III, págs. 169-171, 273-274.

13. *Pragmáticas*

Pragmática impresa, año 1695, dandoles forma de vida a los Gitanos y penas a los contraventores, BNM, Man. 6751.
Pragmática-sanción en fuerza de ley, en que se dan nuevas reglas para contener y castigar la vagancia de los que hasta aquí se han conocido con el nombre de Gitanos o castellanos nuevos, con lo demás que expresa. Año 1783, págs. (15), in-fol., Alcalá, Da. María Espartosa y Briones (1783).

14. *Recopilaciones*

Recopilación de las leyes de España, II^{a} parte de las leyes del Reyno, Madrid, s.d., lib. VIII, tit. XI.
Recopilación de las leyes destos Reynos, hecha por mandado de la Magestad Catholica del Rey don Philippe Segundo nuestro Señor, Alcalá de Henares, Juan Iñiguez de Liquerica, 1581.
Recopilación de las leyes promulgadas, Pamplona, 1586.
Recopilación de las leyes de Aragón, Zaragoza, 1624, lib. VIII, tit. XI, ley VI.
Novísima Recopilación de las leyes del Reino de Navarra, Pamplona, 1735, t. II, tit. VI.
Recopilación de las leyes de las Indias, Madrid, 1756, lib. VII, tit. IV, ley V, fols. 283-284; lib. IX, tit. XXVI, ley XX, fol. 4.
Novísima Recopilación de las leyes de España... en que se reforma la recopilación publicada... en el año de 1567, reimpresa últimamente en el de 1775: y se incorporan las pragmáticas, cédulas, decretos, órdenes y resoluciones reales y otras providencias no recompiladas, y expedidas hasta el de 1804, Madrid, 1805-1829.
Novísima Recopilación de las leyes de España mandada formar por el señor don Carlos IV. Edición publicada por don Vicente Salvá, en la que van agregadas al fin las ordenanzas de Bilbao, París, V. Salvá, 1845 (Tomo IV, lib. XII, tít. XVI, XVII, XVIII).

III - BIBLIOGRAFIA GENERAL

Alamya, F., *Gitanos y cante jondo*, Barcelona, Dux, 1957.
Alfaro, fray Gregorio de, *Vida del illustrissimo Sor. D. Francisco de Reynosso Obispo de Córdoba donde se pone la de Gerónimo de Reynosso su sobrino Canónigo de la Iglesia de Palencia* [Valladolid, 1617], cap. VIII, fol. 84 r.
Aranzadi, E., *Diccionario de legislación*, Pamplona, Aranzadi, 1951, t. VIII, nº 9577.
Arévalo, José Carlos, "Gitanos en España. El precio de una integración", *Doctorama*, nº 11, Madrid, octubre de 1972.

Arredondo Carmona, Manuel, *Por la Real Jurisdicción impedida con las frecuentes inmunidades que introducen los que se dicen Gitanos*, Valladolid, s.d.
Asseo, Henriette, "Le Traitement administratif des Bohémiens", *Problèmes socioculturels en France au XVIIe siècle*, París, Klinckisieck, 1975.
Avril, Hélène, *Contribution à l'étude d'une poppulation marginale: les Gitans du Roussillon*, tesis para el Doctorado de 3er. ciclo presentada y públicamente defendida ante la Universidad Paul-Valéry de Montpellier, marzo de 1977.
Avril-Fabre, Hélène, "Guérisons magiques populaires en Roussillon", extraído de la revista *Folklore*, nº 138, Carcasona, 1970.
Balbas, Antonio, *Recopilación de las leyes de las Indias*, 2a ed., Madrid, 1756, ley 5, tit. 5, lib. 7, fol. 283-284; ley 20, tit. 26, lib. 9, fol. 4.
Ballesteros Beretta, A., *Historia de España y su influencia en la Historia Universal*, Barcelona, Salvat, 1914-1936, t. III, pág. 786.
— *Ibíd.*, vol. noveno (tomo sexto), Barcelona, Madrid, Salvat, 1932, págs. 584-585.
Barrios, Manuel, *Ese difícil mundo del flamenco*, Universidad de Sevilla, 1972.
— *Proceso al Gitanismo*, Sevilla, Edisur, 1980.
Bataillard, Paul, "De l'apparition et de la dispersion des Bohémiens en Europe", *Bibliothèque de l'Ecole des Chartes*, París, 1843-1844, nº V, págs. 348-375 y 531-552.
— "Les Gitans d'Espagne et les Ciganos de Portugal", *Congrès international d'Anthropologie et d'Archéologie préhistorique*, 9a sesión en Lisboa en 1880, Lisboa, 1884, págs. 483-518.
— "Les débuts de l'immigration des Tsiganes dans l'Europe occidentale", *Bulletin de la Société d'Anthropologie de Paris*, 3a serie, 1885, nº XII, págs. 255-265; 4a serie, 1890; nº I, págs. 290-318.
Bennassar, Bartolomé, *Valladolid au Siècle d'Or*, París, La Haya, 1967.
— *L'inquisition espagnole*, París, Hachette, 1979.
— Besses, Luis, *Diccionario de argot español o lenguaje jergal gitano, delincuente, profesional y popular*, Barcelona, Sucesores de Manuel Soler, 1906.
Black, George Fraser, *A Gypsy bibliography*, Gypsy Lore Society Monographs, nº 1, Londres, 1914.
Blasco Ibáñez, Vicente, *La bodega*, Planeta, 1948, págs. 55, 111-115.
Bloch, Jules, *Les Tsiganes*, 3a. ed. puesta al día por François de Vaux de Foletier y Henriette David, París PUF, 1969.
Block, Martin, *Moeurs et coutumes des tziganes*, traducción francesa por Jacques Marty, París, Payot, 1936.
Borrow, George Henry, "The Gypsies in Russia and in Spain", *The Athenaeum*, enero-diciembre, Londres, 1836.
— *Criscote e majaró Lucas* (Evangelium Lucae al romaní) o dialecto de los Gitanos de España, Londres, 1837.
— *The Zincali, or an account of the Gypsies in Spain*, with an original collection of their songs and poetry, and a copious dictionary of their language, Londres, John Murray, 1841.
— *The Bible in Spain: or, the journeys, adventures, and imprisonments of an Englishman, in an attempt to circulate the Scriptures in the Peninsula*, Londres, 1843.
— "Esquisses de la vie des Gitanos d'Espagne", ttraducido del inglés por Mme Léonie Dufresne, extr. del periódico *L'Estafette*, París, 1845.

— *The Zincali* (Los Zincali), traducción de D. Manuel Azaña, Madrid, La Nave, 1932.
— *La Bible en Espagne*, trad. del inglés por René Fréchet, París, Ed. de la Palatine, 1967.
Botey, Francesc, *El Gitano, una cultura folk desconocida*, Barcelona, Editorial Nova Terra, 1970.
Braudel, Fernand, *La Méditerranée et le monde méditerranéen à l'époque de Philippe II*, París, Armand Colin, 1966, t. II, págs. 82-83 y 169, nº 3.
Brown, Irving Henry, *Nights and days on the Gypsy trail through Andalusia and on other Mediterranean shores*, with an account of the Romany race, and an introduction by George E. Woodberry, Nueva York-Londres, Harper, 1922.
C., D. A. de, *Diccionario del dialecto gitano*. Origen y costumbre de los Gitanos. Contiene más de 4500 voces con sus correspondencia castellana y sus definiciones, Barcelona, 1851, págs. V-VIII.
Caballero Bonald, José Manuel, *El cante andaluz*, Madrid, col. "Temas españoles", nº 62, 1956.
— *El cante andaluz*, Barcelona, Noguer, 1956.
— "Colita", *Luces y sombras del flamenco*, Barcelona, Lumen, 1975.
Cabarrus, Conde de, *Historia, usos y costumbres de ios Gitanos*, Madrid, 1920.
Cabrera de Córdova, Luis, *Historia de Felipe II, rey de España*, Madrid, Imprenta, estereotipia y galvanoplastia de Aribau y Ca., 1876, t. I, pág. 286.
Camacho Galindo, Pedro, *Los payos también cantan flamenco*, Madrid, Demófilo, 1977.
Campomanes, Pedro Rodríguez, *Respuesta fiscal* del señor Don Pedro de Campomanes, *sobre asignación de vecindario a los Gitanos*. Respuesta fiscal del señor Don Lope de Sierra Cienfuegos, sobre señalamiento de Domicilio a los Gitanos, Madrid, 1764.
Campuzano, Ramón, *Orijen, usos y costumbres de los Jitanos, y diccionario de su dialecto*, con las voces equivalentes del castellano y sus definiciones, Madrid, 1848.
— *Ibíd.*, 2a. edición, Madrid, 1851.
Cansinos Assens, Rafael, *La copla andaluza*, Madrid, Demófilo, 1976.
Cardaillac, Louis, *Morisques et Chrétiens, un affrontement polémique (1492-1640)*, París, Klincksieck, 1977.
Carrillo Alonso, Antonio, *El Cante flamenco como expresión y liberación*, Almería, Cajal, 1978.
— *La poesía del Cante jondo*, Almería, Cajal, 1981.
Cervantes Saavedra, Miguel de, "La elección de los alcaldes de Daganzo", *Entremeses*, Clás. Cast., nº 125, págs. 80-86.
— "El ingenioso hidalgo don Quijote de la Mancha", Madrid, 1605, *Obras completas*, Aguilar, parte I, cap. 22, pág. 1306; cap. 23, pág. 1310; cap. 30, pág. 1362; cap. 31, pág. 1365.
— "Segunda parte del ingenioso caballero don Quijote de la Mancha", Madrid, 1615, *Obras completas*, Aguilar, parte II, cap. 4, pág. 1502.
— "Pedro de Urdemalas, comedia", *Obras completas*, Aguilar, págs. 609-658.
— *Novelas ejemplares*, Madrid, 1613, "La Gitanilla", Clás. Cast. I, págs. 3-130; "La ilustre fregona", Clás. Cast. I, págs. 287-288; "El licenciado vidriera", Clás. Cast. II, pág. 64; "El coloquio de Cipión y Berganza", Clás. Cast. II, págs. 312-316.

Cirac Estopañán, Sebastián, *Los procesos de hechicerías en la Inquisición de Castilla la Nueva* (Tribunales de Toledo y Cuenca), Madrid, CSIC, Instituto Jerónimo Zorita, 1942, págs. 46, 85, 205-207, 248.

Clavería, Carlos, "Estudios sobre los gitanismos del español", *Revista de Filología Española*, anejo 53, Madrid, 1931.

— "Miscelánea Gitano-Española, I: mangante y pirandón", *Nueva revista de Filología Hispánica*, t. II, año 1948 (El Colegio de México), págs. 373-376.

— "Nuevas normas sobre los gitanismos del español", *Boletín de la Real Academia Española*, 1953, nº 33, págs. 73-93.

— "Notas sobre el Gitano español", *Strenae. Estudios de filología e historia dedicados al profesor Manuel García Blanco*, Filosofía y Letras, t. XVI, Salamanca, 1962.

Clébert, Jean-Paul, *Les Tsiganes*, París, Arthaud, 1961.

Coelho, F. Adolpho, "Les Ciganos, à propos de la communication de M. P. Bataillard: les Gitanos d'Espagne et les Ciganos de Portugal", *Congrrès international d'Anthropologie et d'Archeólogie préhistorique de Lisbonne en 1880*, Lisboa, 1884, págs. 667-683.

— "Os Ciganos de Portugal", *Revista Lusitana*, Porto, 1887, nº 1, págs. 3-20.

— *Os Ciganos de Portugal*, com un estudo sobre o calão, Lisboa, 1892.

Colocci, Adriano Amerigo, marqués de, *Gli Zingari*, Storia d'un popolo errante, Torino, Ermanno Loescher, 1889.

Covarrubias Orozco, Sebastián de, *Tesoro de la lengua castellana o española*, Madrid, L. Sanchez, 1611, Barcelona, Ed. de Martín de Riquer, 1943.

Cremades, Daniel, "Les premiers Gitans à Murcie", *Etudes Tsiganes*, sept. de 1974, págs. 5-7.

Cruz, Ramón de la, *Sainetes*, en su mayoría inéditos, colección ordenada por D. Emilio Cotarelo y Morí, t. I, Madrid, 1917, *Nueva BAE*, vol. 23, págs. 380-383, nº 65, "Los ladrones robados".

— *Sainetes*, t. II, Madrid, 1928, *NUEVA BAE*, vol. 26, pág. 99, nº 104, "Las Gitanillas".

Cruzillo, *Vocabulario del dialecto gitano*, Madrid, 1844.

Dávila, Barsaly et Infante Pérez, Blas, *Apuntes del dialecto "caló" o gitano puro*, Madrid, Diana, 1943.

Dembowski, Charles, *Dos años en España y Portugal durante la Guerra Civil, 1838-1840*, t. I, Madrid, 1931, págs. 152, 158-161.

— *Deux ans en Espagne et au Portugal pendant la guerre civile, 1838-1840*, París, 1841.

Desbarrolles, Adolphe, *Deux artistes en Espagne*, París, 1862, págs. 14, 29-30.

Domínguez Ortiz, Antonio, *La sociedad española en el siglo XVIII*, Madrid, CSIC, 1955, pág. 217, págs. 222-225.

— *Desde Carlos V a la paz de los Pirineos*, 1517-1660, Historia de España, t. IV, Grijalbo, Barcelona, Buenos Aires, México DF, 1974, págs. 175-176.

Domínguez Ortiz, Antonio, Vincent, Bernard, *Historia de los Moriscos*, Madrid, Revista de Occidente, 1978.

Doñate Sebastiá, José María, "Gitanos en Villarreal", *Boletín de la Sociedad Castellonense de Cultura*, Castellón, 1964, t. XL, págs. 172-182.

Dumas, Alexandre (padre), *De París à Cadix*, París, 1847-1848.

Enciclopedia jurídica española, Barcelona, 1910.

Equipo Alfredo, *Los Flamencos y los Gitanos, una aproximación cultural*,

Granada, Universidad, 1978.
Estebáñez Calderón, Serafín, *Escenas andaluzas*, Buenos Aires, Espasa-Calpe, 1944, col. Austral, nº 188.
Falla, Manuel de, *El cante jondo*, Granada, Editorial Uriana, 1922.
— *Escritos sobre música y músicos*, Madrid, Austral.
Feijoo y Montenegro, Fr. Benito Jerónimo, *Teatro crítico universal o discursos varios en todo género de materias para desengaño de errores comunes*, Madrid, 1728, "Artes divinatorias", Discurso tercero, II, Chiromancia, págs. 58-59.
Feliú de La Peña y Farell, Narciso, *Anales de Cataluña y epílogo breve de los progresos y famosos hechos de la nación catalana, de sus Santos, reliquias, conventos y singulares grandezas...*, Barcelona, 1709, t. II, lib. XVI, cap. XI, pág. 483.
Fernández Banuls, Juan Alberto; Pérez Orozco, José María, *La poesía flamenca lírica en andaluz*, Sevilla, Junta de Andalucía, 1983.
Fernández de Castillejo, *Andalucía: lo andaluz, lo flamenco y lo gitano*, Buenos Aires, CLYDOC, 1944.
Fernández de Córdova, Francisco, *Didascalia multiplex*, Lyon, 1615, cap. L: "De Aegyptianis, seu Zingaris; et unde illis origo", págs. 403-413.
Fernández Cortés, Gil, *Resumen del expediente, que trata de la policía relativa a los Gitanos, para ocuparlos en los ejercicios de la vida civil del resto de la Nación*, Madrid, 1766.
Ferrer Benimeli, José Antonio, *También los Gitanos*, Publicaciones de Caritas diocesana de Barcelona, nº 13, Barcelona, 1965.
Figueiredo, José Anastacio de, *Synopsis chronologica*, Lisboa, 1790.
Flecniakoska, Jean-Louis, "Les fêtes du Corpus à Ségovie (1594-1636), documentos inédits", *Bulletin hispanique*, Burdeos, 1954, t. 56, nº 1-2, págs. 14-37 y nº 3, págs. 225-248.
— Las Fiestas de Corpus en Segovia (1594-1636), *Estudios Segovianos*, Segovia, 1956, t. VIII, págs. 15-19, 38, 50, 54-55, 58, 62-63, 65.
García Arenal, Mercedes, "Moriscos y Gitanos", *Mélanges de la Casa Veláquez* , Madrid, 1978.
García Lorca, Federico, *Obras completas*, Madrid, Aguilar, 1957. "Teoría y juego del duende", pág. 36; "Poema del cante jondo", pág. 233; "Escena del Teniente Coronel de la Guardia Civil", pág. 256; "Canción del Gitano apaleado", pág. 260; "Romancero gitano", pág. 353; "Cantares populares: Zorongo", pág. 574; "Arquitectura del Cante jondo", pág. 1537.
García Martínez, Sebastián, *Otra minoría marginada: los Gitanos en Valencia bajo los Austrias*, separata del Primer Congreso de Historia del País Valenciano, vol. III, Universidad de Valencia, 1976.
García Matos, Manuel, "Cante flamenco. Algunos de sus presuntos orígenes", *Revista del Anuario Musical del Instituto Español de Musicología*, vol. V, Barcelona, 1950.
— *Bosquejo histórico del cante flamenco*, Ia. edición, Madrid, 1958. Acompaña la serie de discos marca "Hispavox", SA, HH, 1023-1024.
— *Una historia del cante flamenco*, Madrid, Hispavox, 1958.
— "Sobre algunos ritmos...," *Anuario Musical* , vol. 15, 16, Barcelona, 1960-1961.
García del Moral, Amalio, *Gitanos*, introducción por José Carlos Gallardo, Granada, Prieto, 1957.
Garrido Atienza, Miguel, *Antigüallas granadinas: las fiestas del Corpus*,

Granada, 1889, pág. 93.
Gautier, Théophile, *Voyage en Espagne. Tra los montes*, París, Fasquelle Ed., Bibliothèque Charpentier, 1929.
Gelardo Navarro, José, "Les Gitans et le flamenco", *Etudes tsiganes*, 1978, nº 3, págs. 21-26.
Gil Maestre, Manuel, *La criminalidad en Barcelona y en las grandes poblaciones*, Barcelona, Tipografía de Leodegario Obradors, MDCCCLXXXIV, cap. VII: "Gitanos", "Gitanos catalanes", "Timos y escamoteos del ovillo", págs. 58-66.
Giordan, Henri, "Démocratie culturelle et droit à la différence", *La Documentation française*, París, 1982.
González Climent, Anselmo, *Andalucía en los toros, el cante y la danza*, Madrid, Impr. Sánchez Leal, 1953.
— *Flamencología* (Toros, cante y baile), Madrid, Sánchez Leal, 1955 (2a. ed., Madrid, Escelicer, 1964).
— *Bibliografía flamenca*, Madrid, 1965.
Grande, Félix, *Memoria del Flamenco*, Madrid, Espasa Calpe, 1979, 2 tomos.
Grellmann, H. M. G., *Historischer Veersuch über die Zigeuner*, Dessau und Leipzig, 1784.
— *Recherches historiques sur le peuple nomade, appelé en France Bohémien et en Allemagne Zigeuner; avec un vocabulaire comparatif des langues indiennes et bohémiennes...*, París, 1787.
— *Histoire des Bohémiens, ou tableau des möeurs, usages et coutumes de ce peuple nomade, suivie de recherches historiques sur leur origine, leur langage et leur première apparition en Europe*, París, 1810.
Guillamet Tuebols, Joan, *Els gitanos, Aproximació a un racisme*, Barcelona, Portic, 1970.
Hajdu, André, "Le folklore tsigane", *Etudes Tsiganes*, nº 1-2, París, enero-junio de 1962, págs. 1-33.
Hervas y Panduro, Lorenzo, *Vocabulario poligloto con prolegomeni sopra più di C. L. lingue...*, Cesena, 1787, págs. 120-125.
— *Catálogo de las lenguas de las naciones conocidas*, Madrid, 1800-1805, t. III, cap. VI, "Nación cingana ó gitana: su origen y lengua", págs. 299-324.
Hidalgo, Juan *Romances de Germanía de varios autores, con el vocabulario por la orden de a, b, c, para declaración de sus términos y lengua*, compuesto por Juan Hidalgo. El discurso de la expulsión de los Gitanos que escribió el Doctor Don Sancho de Moncada y los Romances de la Germanía que escribió Don Fr. de Quevedo, Madrid, A. de Sancha, 1779.
Huarte de San Juan, Juan, "Examen de ingenios", *Obras escogidas de filósofos*, *BAE*, t. 65, Madrid, 1953, cap. XV, pág. 472*b*.
Huélamo, Fray Melchor de, *Libro primero de la vida y milagros del glorioso confesor Sant Ginés de la Xara y de algunas cosas notables que hay en el monasterio*, Murcia, 1607, BNM, Man, 64.915, fs. 13 r. -17 r.
Idoate, Florencio, "Los Gitanos en Navarra", *Príncipe de Viana*, nº XXXVII, Pamplona, 4o. trim., 1949, págs. 443-474.
— "El conde Tomás, Gitano peregrino", *El pensamiento Navarro*, Pamplona, 22-5-1965.
Infante, Blas, *Orígenes de lo flamenco y secreto del cante jondo*, Sevilla, Junta de Andalucía, 1980.
Jaubert de Passa, François Jacques, "Essai historique sur les Gitanos", *Nouvelles Annales des Voyages*, París, 1827, nº 33, 2a. serie, nº 3, págs.

289-362.
Jiménez, Augusto, *Vocabulario del dialecto gitano, con... una relación exacta del carácter, procedencia, usos... de esta gente...*, Sevilla, Impr. de J. M. Gutiérrez de Alba, 1846.
— *Vocabulario del dialecto jitano con otra porción de curiosidades*, Valencia, Imprenta y librería de Jimeno, 1847.
J. M., *Historia de los Gitanos*, con licencia, Barcelona, Impr. de A. Bergenes y Ca., calle de Escudillers, nº 13, enero de 1832.
"Journal d'un Bourgeois de Paris sous le règne de Charles VII", *Nouvelle collection des mémoires pour servir à l'Histoire de France*, París, 1851, t. III, págs. 235-300.
Kenrick, Donald y Puxon, Gratta, *Destins gitans*, París, Calmann-Lévy, 1974, págs. 232-234.
Kochanowski, Jan (Vania de Gila), *Gypsy studies*, Nueva Delhi, International Academy of Indian Culture, 1963, 2 vol.
Krantz, Albrecht, *Rerum Germanicarum Historici clariss. Saxonia*, Francfort, 1580, lib. XI, cap. II, págs. 285-286.
Lacarra, José María, Vázquez de Parga, Luis, Uria Riu, Juan, *Las peregrinaciones a Santiago de Compostela*, Madrid, CSIC, Escuela de Estudios Medievales, 1948-1949, 3 vol., t. II, pág. 425; t. III, págs. 20-22.
Lafuente, Rafael, *Los Gitanos, el flamenco y los flamencos,* Barcelona, Barna, 1955.
Larrea Palacín, Arcadio de, *El Flamenco en su raíz*, Madrid, Ed. Nacional, 1974.
Leblon, Bernard, "Les Gitans de la péninsule Ibérique", *Etudes tsiganes*, I, marzo-junio 1964, págs. 1-24; II, octubre de 1964, págs. 1-28.
— "Recherches historiques en Espagne", *Etudes tsiganes*, nº 2, París, junio de 1978, págs. 16-20.
— *Les Gitans dans la littérature espagnole*, Toulouse, France-Ibérie Recheerche, 1982, 251 págs. e il.
— "¿Se puede hablar de cultura gitano-andaluza?", *X Congreso Nacional de actividades flamencas. Ponencias y comunicaciones*, Jaén, Peña Flamenca, 1982, págs. 113-123.
— "Y a-t-il une culture gitano-andalouse? *Identités nationales et identités culturelles dans le monde ibérique et ibéro-américain. Actes du XVIIIe Congrès de la Société des Hispanistes français*, Toulouse, France-Ibérie Recherche, 1983, págs. 51-62.
Le Roy Ladurie, Emmanuel, *Les paysans du Languedoc*, SEVPEN, 1966, t. I, cap. III, págs. 106-108.
Liégeois, Jean-Pierre, *Les Tsiganes*, París, Ed. du Seuil, 1971.
— *Mutation tsigane*, Bruselas, Ed. Complexe, 1976.
— "Bohémiens et pouvoirs publics en France du XVe au XIXe siècle", *Etudes tsiganes*, nº 4, 1978, págs. 10-30.
— *Tsiganes*, París, Ed. La Découverte-Maspero, 1983.
Liñán y Verdugo, Antonio, *Guía y avisos de forasteros que vienen a la Corte*, Madrid, 1620.
— *Id.*, Barcelona, Biblioteca Clásica Epañola, 1885, pág. 40.
López de Meneses, Amada, "La inmigración gitana en España en el siglo XV", separata de *Martínez Ferrando, Archivero*, Miscelánea de estudios dedicados a su memoria, Asociación Nacional de Bibliotecarios, Archiveros y Arqueólogos, 1968.
— "Los Gitanos llegan a Andalucía en el segundo tercio del siglo XV",

Pomezia, Barcelona, mayo de 1968, nº 31, págs. 104-107.
— "Un arcediano gitano Don Martín de Mendoza (1481-1555), *Pomezia*, Barcelona, sept.-oct. de 1968, nº 35-36, págs. 273-74.
— "Una Gitana, prima de Miguel de Cervantes: Martina de Cervantes, *Pomezia*, Barcelona, nov. de 1968, nº 37, págs. 303-304.
— "El lenguaje de los Gitanos", *Pomezia*, Barcelona, julio de 1969, nº 45, págs. 181-184.
— "L'arrivée des Gitans en Andalousie", *Monde gitan*, 1968, nº 7, págs. 15-18.
— "Noves dades sobre la immigració gitana a Espanya al segle XV", *Estudis d'Historia Medieval*, vol. IV, Barcelona, Institut d'Estudis Catalans, 1971.
Los Gitanos en la sociedad española. Documentación social. Revista de Estudios sociales y de sociología aplicada, Madrid, octubre-diciembre de 1980.
Los Gitanos en Murcia hoy, 1980. Murcia, Departamento de Etica y Sociología, Universidad de Murcia, 1981.
Luna, José Carlos de, *Cante grande y cante chico*, Madrid, 1926; Madrid, Cenit, 1935; Madrid, Escelicer, 1942.
— *Gitanos de Bética*, Madrid, Epesa, 1951.
— *El Flamenco y los flamencos*, San Sebastián, Publicaciones de la Dirección General del Turismo, 1955.
Mac Grigor Phillips, *Catalogue of the Romany Collection*, formed by D. U. Mac Grigor Phillips, Ll. D., and presented to tye University of Leeds, Edimburgo, Thomas Nelson, 1962.
Machado y Alvarez, Antonio, *Colección de cantes flamencos recogidos y anotados*, Sevilla, 1881.
— "Cantes flamencos", *Biblioteca de las tradiciones populares españolas*, Sevilla, 1884, t. V, págs. 95-100.
— *Cantes flamencos*, Buenos Aires, Espasa Calpe, 1947, Colección Austral, nº 745.
Manfredi Cano, Domingo, *Geografía del Cante jondo*, Madrid, Col. Grifón, nº XXVI, 1955.
— *Los Gitanos*, Madrid, 1957.
Manual de novells ardits, vulgarment apellat Dietari del antich consell barceloni, Barcelona, 1892-1922, t. I, pág. 17.
Martínez Alcubilla, D. Marcelo, *Diccionario de la Administración Española*, Compilación de la novísima legislación de España peninsular y ultramarina en todos los ramos de la administración pública, 5a ed., Madrid, 1893, t. V, págs. 701-702.
Mata Carriazo, Juan de, *Hechos del Condestable Don Miguel Lucas de Iranzo*, crónica del siglo XV, Madrid, Espasa-Calpe, 1940, t. III, págs. 97-98, 416.
Mayo, Francisco de Sales, *El Gitanismo, Historia, costumbres y dialecto de los Gitanos con un epítome de gramática gitana y un diccionario caló-castellano*, por Don Francisco Quindalé, Madrid, 1870.
Medina Azara, "Cante jondo y cantes sinagogales", *Revista de Occidente*, nº 88, Madrid, 1930.
Mercado, José, *La seguidilla gitana*, Madrid, Taurus, 1982.
Michel, Francisque, *Histoire des races maudites de la France et de l'Espagne*, París, 1847, 2 vol.
Molina, Ricardo, "La Caña, ¿Qué era la Policaña?", *Flamenco*, Jerez, 1961.

— *Etnología del Flamenco*, conferencia pronunciada en el 2º Curso Internacional de Arte Flamenca, Jerez, 25-VII-1964.
— *Cante flamenco. Antología*, Madrid, Taurus, 1965.
— *Misterios del Arte Flamenco*, ensayo de una interpretación antropológica, Barcelona, Ed. Sagitario, 1967.
— *Obra Flamenca*, Madrid, Ed. Demófilo, 1977.
Molina, Ricardo y Mairena, Antonio, *Mundo y formas del cante flamenco*, Madrid, Revista de Occidente, 1963.
Moncada, Sancho de, "Discurso contra los Gitanos", *Restauración política de España y Deseos públicos, que escrivió en Ocho Discursos el Doctor Sancho de Moncada, Cathedrático de Sagrada Escritura en la Universidad de Toledo*, Madrid, Luis Sánchez, 1619.
— *Id.*., ed. en Madrid, por Juan de Zúñiga, año de 1746 dedicada al Rey Don Fernando VI.
Moreno Casado, J., *Los Gitanos desde su penetración en España. Su condición social y jurídica*, Publicaciones de la Escuela Social de Granada, nº X, Granada, 1949.
— "Los Gitanos de España bajo Carlos I, *Chronica nova*, nº 4-5, Universidad de Granada, Departamento de Historia Moderna, Granada, 1969.
Moreno Castro, Pablo, Carrillo Reyes, Juan, *Diccionario gitano*, Jaén, 1981.
Muñoz, Eusebia, *Voces flamencas*, maîtrise d'espagnol, Université de Perpignan, 1982.
Münster, Sebastien, *Cosmographiae universalis lib. VI*, Bâle, 1550, lib. III, págs. 267-268, "De Gentilibus Christianis, quos vulgo Zuginer avocant, et latine Errones".
Muratori, Ludovico Antonio, *Rerum Italicarum Scriptores Storici*, Bologna, 1922-1939, t. XVIII, parte I, Corpus Chronicorum Bononiensium, págs. 568-570.
Nobiliario del Cardenal Mendoza, Madrid, Real Academia de la Historia, Colección Salazar, C. II, Manuscrito.
Ortiz de Villajos, Cándido G., *Gitanos de Granada, la zambra*, Granada, Ed. Andalucía, 1949.
Pabanó, F. M., *Historia y costumbres de los Gitanos*, colección de cuentos viejos y nuevos, dichos y timos graciosos, maldiciones y refranes netamente gitanos. Diccionario español-gitano-germanesco; dialecto de los Gitanos, Barcelona, Montaner y Simón, 1915.
Palmireno, Lorenzo, *El estudioso cortesano*, Alcalá de Henares, 1587, págs. 35-36.
Pasquier, Etienne, *Les recherches de la France* , París, 1611, lib. IV, cap. XIX, págs. 359-361, "Journal d'un Bourgeois de Paris".
Pellicer y Tobar, José "Avisos históricos", *Seminario erudito de Valladares*, t. XXI, XXXII, XXXIII.
— *Avisos históricos*, Madrid, Taurus, 1965, págs. 27 y 56.
Pérez de Guzmán, Torcuato, *Los Gitanos herreros de Sevilla*, Sevilla, Servicio de publicaciones del Ayuntamiento, 1982.
Pérez Casas, Angel, *Estudio etnológico de los Gitanos de Granada*, Tesis doctoral, Universidad de Granada, 1975.
Pohren, D. E., *L'art flamenco*, Sevilla, Ed. Católica Española SA, 1962.
— *Lives and legends of flamenco*, Sevilla, 1964.
— *El arte del flamenco*, Morón de la Frontera, Sociedad de Estudios Españoles,

1970.
Popp Serboianu, C. J., *Les Tsiganes,* histoire, ethnographie, linguistique, grammaires, dictionnaire, París, Payot, 1930.
Quindalé, Francisco, *Diccionario gitano*, Madrid, 1867, véase: Mayo.
Quiñones, Fernando, *De Cádiz y sus cantes*, Barcelona, Seix y Barral Hermanos SA, 1964.
— *El Flamenco: vida y muerte*, Barcelona, Ed. Plaza y Janés, 1971.
Quiñones, Juan de, "Al Rey nuestro Señor...", *Discurso contra los Gitanos*, Madrid, J. Gonçalez, 1631.
Ramírez Heredia, Juan de Dios, *Nosotros los Gitanos*, Barcelona, Ediciones 29, 1971.
— *En defensa de los míos*, Barcelona, Ediciones 29, 1985.
Revesz Corzo, Luis, "Gitanos en Castellón", *Boletín de la Sociedad Castellonense de Cultura*, Castellón, 1964, nº I, págs. 1-19.
Río, Martín Del, *Disquisitionum Magicarum libri sex,* Lyon, 1606, t. II, lib. IV, cap. III, QV, págs. 538-546.
Rishi, W. R., *Multilingual romani dictionnary*, Nueva Delhi, Roma publications, 1974.
Rodríguez Campomanes, véase: Campomanes.
Ropero Núñez, Miguel, *El léxico caló en el lenguaje del cante flamenco*, Sevilla, Publicaciones de la Universidad, 1978.
Rossy, Hipólito, *Teoría del cante jondo*, Barcelona, Credsa, 1966.
Roure, Nicole, "La sorcellerie en Rousillon", separata de la revista trimestral *CERCA*, nºs 26 a 28, Perpignan, 1965 (tesis de doctorado de 3er ciclo, Universidad de Montpellier, junio de 1964).
Salazar de Mendoza, Pedro, *Memorial en el Hecho de los Gitanos para informar el ánimo de el Rey nuestro Señor, de lo mucho que conviene al servicio de Dios, y bien de estos Reynos, desterrallos de España*, Toledo, 1618.
Salillas, Rafael, *El delincuente español*, I: *El lenguaje: estudio filológico, psicológico y sociológico, con dos vocabularios jergales*, Madrid, 1896.
— *El delincuente español. Hampa* (Antropología picaresca), Madrid, Librería de Victoriano Suárez, 1898, 2a parte, "Gitanismo".
San Román, Teresa, *Vecinos gitanos*, Madrid, Akal, 1976.
— *Gitanos de Madrid y Barcelona,* Barcelona, Publicaciones de la Universidad Autónoma, 1986.
Sánchez Mora, Manuel L., "Gitanos en la historia menuda de Plasencia", *Pomezia*, Barcelona, 1969, nº 42, págs. 90-91.
Sánchez Ocaña, Juan, *Granada y sus Gitanos*, Granada, Publicaciones del CEPPAM, 1963.
Sánchez Ortega, María Helena, *Documentación selecta sobre la situación de los Gitanos españoles en el siglo XVIII*, Madrid, Editora Nacional, 1977.
— *Los Gitanos españoles, el período borbónico*, Madrid, Castellote, 1977.
Scott Macfie, R. A., *A Catalogue of the Gypsy books*, Liverpool, 1936.
Starkie, Walter Fitzwilliam, *Spanish raggle-taggle: adventures with a fiddle in north Spain*, Londres, Murray, 1934.
— *Don Gypsy: adventures with a fiddle in Barbary, Andalusia and La Mancha* , Londres, Murray, 1936.
— "Cervantes and the Gypsies", traducción española en *Anales Cervantinos*, 1954, nº 4, págs. 138-186.
— *Casta gitana*, Barcelona, Janés, 1956.

— *The road to Santiago: pilgrims of St. James*, Londres, Murray, 1957, págs. 6, 63, 92, 95, 99, 146-151, 189, 299, 301-302.

Swinburne, Henry; *Travels through Spain in the years 1775 and 1776*, Londres, 1779.

— *Voyage de Henri Swinburne en Espagne en 1775 et 1776*, traducción francesa del inglés, París, 1786, págs. 293-295.

Thickness, Philip, *A year's journey through France and part of Spain* , Londres, 1777, 2 vol.

Tineo Rebolledo, J., *A Chipicali: la lengua gitana...*, Diccionario Gitano-Español y Español-Gitano (9000 voces)... Historia de los Gitanos desde su aparición en Europa, Granada, F. Gómez de la Cruz, 1900.

— *Gitanos y Castellanos*, Diccionario Gitano-Español y Español-Gitano. Modelos de conjugación de verbos auxiliares y regulares en caló. Cuentos gitanos y castellanos. Historia de los Gitanos desde su origen hasta nuestros días, Barcelona, Casa Editorial Maucci, 1909.

Townsend, Joseph, *A journey through Spain in the years 1786 and 1787; with particular attention to the agriculture, manufactures, commerce, populatio, taxes, and revenue of that country; and remarks in passing through a part of France*, Londres, C. Dilly, 1792, vol. III, págs. 307-308.

Trujillo, Enrique, véase: Cruzillo.

Twiss, Richard, *Travels through Portugal and Spain in 1772 and 1773*, Londres, 1775, págs. 179-180.

— *Voyage en Portugal et en Espagne, fait en 1772 et 1773*, traducción francesa del inglés, Berna, 1776.

Valle-Inclán, Ramón del, "Viva mi dueño", *Opera omnia*, XXII, Madrid, 1928, Ruedo Ibérico, 1a. serie, vol. II, pág. 130.

Vaux de Foletier, François de, *Les Tsiganes dans l'ancienne France*, París, Société d'Edition géographique et touristique, 1961.

— *Mille ans d'histoire des Tsiganes*, París, Fayard, 1970.

— *Les Bohémiens en France au XIX siècle*, París, J.-C. Lattes, 1981.

— *Le monde des Tsiganes*, París, Berger-Levrault, 1983.

Villalobos, Pedro de, *Discursos iurídicos políticos en razón de que a los Gitanos vandoleros de estos tiempos no les vale la Iglesia para su inmunidad*, Salamanca, 1644.

Vives, Juan Luis, "Del socorro de los pobres", *Obras completas*, Madrid, Aguilar, 1947.

Ward, Bernardo, *Obra pía* (Medio de remediar la miseria de la gente pobre de España), cap. II: Primera operación de la Hermandad; providencias para la manutención de los pobres impedidos; art. I: Providencias útiles para toda la Obra Pía, Madrid, Joachim Ibarra, 1782, págs. XVI-XVII.

Textos originales en castellano antiguo

[1] Y assi esta vil canalla no es otra cosa, que hõbres y mugeres huidos por delitos, o deudas, gente amotinada, y facinorosa, q̃ no pudiendo estar en los lugares donde son conocidos, se retiran a los montes, o lugares de poca vezindad, y escondidos, para ocultarse. Y el traer las caras quemadas, es por las injurias del tiempo, y andar ostigados del Sol. Bonifacio dize, q̃. para precer alienigenas, y de tierras diferentes, se lauan las caras cada mes con el çumo de unas yeruas, que les pone la tez negra. Y esto haze creer a algunos que no son Españoles, sino naturales de otra tierra tan abrassada como Africa, o Egypto, ayudando al engaño el lenguaje, y vestido de que usan.

[2] Que por ningun caso se les permitiese casar unos con otros, pues para este efecto se han de apartar los hombres de las mugeres hasta que del todo se perdiese la memoria y nombre de gitanos, de manera que con graves penas se les prohibiese en todos estos reynos que ninguno se llamase gitano, y si otros remedios se hallasen mas eficazes, se usase dellos...

[3] pues no lo son en nación, quede perpetuamente este nombre y uso confundido y olvidado.

[4] ". . . estos que se dicen gitanos, ni lo son por orígen ní por naturaleza, sino porque han tomado esta forma de vivir para tan perjudiciales efectos como se experimenta.

[5] "Y para que no pueda auer duda en quales deben tenerse por los que se dizen Gitanos y Gitanas. . .

[6] viven con mal exemplo enseñan malas costumbres y dan vastante sospecha si tienen seta particular, puesto q̃ no viven como crhistianos.

[7] Porque estos nunca lleuaron tras si a los Christianos para sus ruindades, y malas costumbres, antes se recatauan de ellos. Los Gitanos se han lleuado muchos holgaçanes, y vagamundos, para viuir a sus anchuras. Porque cosa muy sabida es, que muchos de los que andan con los Gitanos, assi hombres como mugeres, son Españoles, y lo mesmo passa en otras prouincias.

[8] La segunda, i la cierta opinión, es que los que andan en España no son gitanos, sino enxambres de zanganos, i hombres ateos, i sin ley, ni religión alguna, Españoles que han introducido esta vida, o secta del Gitanismo, i que admiten a ella cada dia la gente ociosa, i rematada de toda España.

[9] Pero sin duda son nacidos y criados en estós Reynos, si bien entre ellos andaran otros de otras naciones, de que se componga esta secta del Gitanismo pues admiten a ella cada dia la gente ociosa, perdida y rematada, a quien con facilidad enseñan su idioma.

[10] [Están] viuiendo aun no sujetos á las leyes naturales, de donde nace cometer feísimos incestos, robos y latrocinios, siendo gentes vagamundas y sin entero conocimiento de la ley cristiana.

[11] De dos Gitanos por cosa muy cierta oy dezir vna cosa que de ninguna barbara nacion se aura oydo. Y es que trocaron las mugeres, y que por se la vna de vn poco mejor parecer que la otra, le auia buelto cierta quantidad de moneda.

[12] No son cristianos, ni confiesan ni comulgan ni ayunan; comen carne en tiempos prohibidos, ni oyen misa; de manera que su vida es escandalosa, pues está cargada de ofensas de Dios.

[13] La mejor informacion que hazen para casarse, es de la muger mas diestra y astuta en hurtar, y engañar, sin reparar en q̃ sea parienta, o casada. Porque no hã menester màs que juntarse con ella, y dezir que es su muger. Algunas vezes las compran a sus maridos, o las reciben empeñadas.

[14] Las Gitanas son publicas rameras, comunes (a lo que se dice) a todos los Gitanos, i con bayles, ademanes, palabras, i cantares torpes, hacen gran daño a las almas de los Vassallos de V. Mag. siendo como es cosa notoria los infinitos daños que se han hecho en casas muy honestas, las casadas que han apartado de sus maridos, i las dõcellas que han pervertido, i fignalmente todas las señas que de una ramera dio el Rey Sabio, reconocen todos en la mejor Gitana, son vagantes, habladoras, inquietas, siempre en plazas i corrillos, etc.

[15] Ninguno puede negar que los Jitanos no son violadores continuos de las iglesias, pues en su sagrado co[h]abitan carnalmente hermanos con hermanas y parientes con parientas asi de consanguinidad como de afinidad, y lo que no admite duda es que todos practican los actos carnales de sus amancebamientos dentro del sagrado de las iglesias pues alli duermen de noche y quando les pareze de dia todos juntos Jitanos y Jitanas lo que es publico y notorio.

[16] El asilo de los Templos, à que se refugiaban los Gitanos, era uno de los mayores impedimentos, para no poder administrar justicia los Magistrados Reales. No obstante que los Gitanos, desde los mismos Templos, en cuyos atrios casi habitaban, salian con seguridad à robar, se amparaban de su sagrado, para lograr la impunidad, y frustrar à los jueces sus procedimientos. Parece increible, que unas personas, sin religion, abusasen, à la sombra de ella, de este modo; y muchos mas, que en tanto transcurso de años no se hubiese puesto remedio contra los que, sacrilegamente, hacian la Casa de Dios cueba, y receptaculo de ladrones.

[17] Ellos son unos vagos de la peor especie, y cada dia aumentarian sino se les cortase su existencia.

[18] Es ocioso buscar el origen de tales gentes lo cierto es que, havitando en las selvas, y Bosques, empezaron à tomar una vida errante, sin sugetarse à las Leyes de los Paises, dedicarse al cultivo de las tierras, ni à las Artes, û otro genero de industria provechoso que les diese ocupacion honesta à ellos y à sus hijos; les hiciese utiles à la Sociedad politica y les fixase Domicilio conocido con sugecion à los Magistrados.

[19] En lugar de ser utiles à la Sociedad, han procedido de ordinario, como enemigos de ella, los Gitanos insultando en los poblados, y en los campos à los Vecinos honrados en sus personas, y en sus bienes; extrayendo con violencia, y astucia el alimento, que se debian procurar à costa de su trabajo, y fatiga propia; en lo qual cumplirían con lo que disponen las Leyes Divinas, y humanas, y el pacto social de los hombres constituidos bajo de un mismo Gobierno.

[20] De modo que las Leyes se han esforzado en todas sus disposiciones à uniformarlos con el resto del Pueblo, y las costumbres nacionales les han mantenido apartados, é imposibilitados de reunirse en la masa de la Nacion, y ejercer oficio util, mirandoles todos como infames, y miembros contagiosos del resto de la Sociedad Española.

[21] Declaro, que los que llaman y se dicen Gitanos, no lo son por origen ni por naturaleza, ni provienen de raiz infecta alguna.

[22] sin qe. nadie en las escuelas, ni ottras partes les pueda insultar con el apodo de Gitanos, prohiviendolo, y castigandolo los Maestros rigurosamente à sus Discipulos como punto de educacion; celando las justicias, y Parrocos de un acuerdo, que asi se cumpla exactamente sin la menor disimulacion, esmerandose todo el Vecindario en tratar con caridad estas gentes, y atraerlas por todas las vias honestas à una vida christiana, y civil; en lo qual interesa toda la Sociedad.

[23] de desarraigar una de las causas principales, que ha impedido la aplicacion de muchos à oficios utiles, y à la labranza y los hà despechado à vivir profugos, y vagos.

[24] Entiende S.M. que los Niños, y Niñas deben separarse de sus Padres quanto antes, y aun impedir que les dèn la leche sus Madres, si no que se remitan à las Inclusas, ô casas de expositos y en la edad mayor à los Hospicios, y Casas de Misericordia hasta los catorce, ô quince años, con especial encargo à los que gobiernan dhas. casas paraque particularmente los cuiden, y hagan que aprehendan la doctrina christiana, y se eduquen en las buenas costumbres, conociendo los vicios, que encierra la vida relajada, que han seguido los de su raza, para que la aborrezcan, y detesten, teman à Dios, y deseen hacerse Vasallos utiles, y obedientes à las leyes.

[25] El estado actual de este Reyno, falto de Hospicios en que desde la primera edad se rectifiquen las costumbres y formen utiles ciudadanos; y por otra parte, la escasez de destinos y ocupaciones en que emplear provechosamente a los Gitanos y Gitanas adultos o de edad robusta, haria, sino nociva, infructuosa para ellos la prisión y penas que proponeis, y acaso, ni

aun los desterraria permanentemente o inundaria a otras de mis Provincias, y de seguro no los reduciria a utiles vecinos ni los mejoraria, que es el fin a que mi paternal amor dirige las providencias.

[26] Que se estableciesen precisamente en todos los Pueblos que pasasen de mil vecinos Diputaciones o juntas de caridad; las quales procurasen tener algun Almacen de primeras materias con que diesen honesta ocupacion à las personas de esta clase que no tubiesen otro modo de ganar su subsistencia. Y este es, al parecer del Fiscal, otro de los medios mas dignos de atencion para lograr el alto y utilisimo fin que se ha propuesto el soberano en esta pragmatica-Sancion pues con el se desterraria la ociosidad y se les pribaria de la tan perjudicial como continua disculpa de no tener que trabajar la qual ha entibiado mil veces el castigo y ha producido otras tantas fatales consecuencias.

[27] La humanidad, y el bien del Estado piden igualmente que no se recurra à este extremo sin haver apurado antes todos los medios de lograr el primero.

[28] La falta entera de educacion de estas gentes, su inclinacion al ocio, pasion natural del hombre, y entre ellos fortificada con el havito, à que se hà seguido el notorio desarreglo de sus costumbres, piden una vigilancia mui menuda, larga y atenta sobre su conducta para el remedio.

[29] Hoy se contentan con obligarles a poner sus campamentos fuera de las poblaciones. Indiferentes a pasiones políticas, han conservado estricta neutralidad entre don Carlos y la Reina. Gracias a su pobreza, sin duda son en esta guerra los únicos españoles que viajan con alguna seguridad. . .

[30] En la actualidad los gitanos están sujetos à la ley común, obligados como los demás españoles á avecindarse y subvenir á las cargas públicas, gozando también sin restricción alguna de todos los derechos inherentes á la ciudadanía. Pueden libremente dedicarse con sujeción á las leyes y reglamentos, á cualquiera género de industria, profesión ù oficio, y, abolida la ley de vagos, no se les puede acusar de otros delitos que los definidos en el Código penal, ni imponérseles penas distintas de las señaladas en éste.

[31] Art. 4º- Se vigilará escrupulosamente a los Gitanos, cuidando mucho de reconocer todos los documentos que tengan, observar sus trajes, averiguar su modo de vivir y cuanto conduzca a formar una idea exacta de sus movimientos y ocupaciones, indagando el punto a que se dirigen en sus viajes y el objeto de ellos.

[32] Art. 5º- Como esta clase de gente no tiene por lo general residencia fija, se traslada con mucha frecuencia de un punto a otro en que sean desconocidos, conviene tomar de ellos todas las noticias necesarias para impedir que cometan robos de caballerías o de otra especie.

[33] Señor. Disimule V. Magd. que despues de dos siglos de pertinacia en los de nuestra clase, se pongan estas pobres familias domiciliadas en Barcelona â los R.P. de V. Magd., â cuia soberana piedad havia reservado Dios nuestro remedio.

Se acercan al Trono, Señor, no solo á dar gracias â V. Madg. porque con tanta suavidad ha querido correjirnos, sino tambien porque al primer esfuerzo que han hecho nuestros pobres hijos, se ha dignado dar una muestra tan publica de su aprobacion soberana.

Esta nos obliga â perfeccionar la obra que hemos empezado, y ella anima tambien â los antes llamados Gitanos de Barcelona â ponerse â los R.P. de VB. Magd. en numero de 76. Señor. En nombre de estas Familias. Josef Bova.

[34] Dixo: que el motibo . . . fue êl considerar êl tiempo que se hallan privados de su livertad que todo hombre la desea, sin âver dado la causa mas leve êl declarte. para êllo; los continuos trauaxos ên que diariamente estan êmpleados asi de capacear tierra, sacar madera de êmbarcaciones â que no estavan acostumbrados, y si â la labranza del campo que hera su exercicio, como el berse ultrajados asi de moros que con palabras feas les mandan, como de los alguaciles que sin ningun motivo los apalean diciendoles iguales palabras que âun â los perros estuvieran mal dichas, âugmentandose â esta infelicidad el que no puedan socorrer â sus pobres mugeres y hixos careciendo de su vista, que si tubiesen este consuelo pudieran ser mas tolerables sus travaxos.

[35] — Franco. Mjns por vra. vida que nos deys unos tantos y tomaredes los garbanços para vra. olla.

[36] — Voto a Dios que garbanços ni judios no los querria aver en mi casa.

[37] — Juro a Dios que el mas ruin judio es mejor que el mejor xpano. viejo.

[38] Este trigo florece y graneze y sostiene a bibos y muertos y asi tu anima penada i mora encantada y espíritu nos daras este dinero sin cabar ni sin pecar ni sin perjuicio ni daño

[39] Glorioso San Juan
en la mar entrastes
suertes echastes
mejor las sacastes.
Por tu santidad
por tu virginidad,
y por tu honestidad
que nos enseñes señal de esta moneda
de este tesoro entesorado,
bienes perdidos de moros,
porque se aprovechen los cristianos
para hacer bienes de pobres,
y para que nos aprovechemos de ellos en honra y gloria del Señor.

[40] Mira Sra. yo se mucho porque he estado en Argel diez años y se leer en Aravigo y abiendote mirado con atencion veo que tienes en el rostro una señal que as de ser muy venturosa porque te a de benir un tesoro si tu quieres hacer lo que yo te dixere y te advierto que soy zaoril.

[41] . . . pasando esta por una calle desta ciud. qe. no saue como se llama, estaua vna mugr. moça a vna puerta y esta confesante la dixo qe. si la queria comprar unos coralillos, y dha. mugr. dixo a esta como vio qe. era Gitana qe. la dixese la buena ventura, y esta por qe. la diese algo para pasar su vida, como con efecto la dio dos quartos, la tomo la mano y la dixo quatro pataratas segun costumbre de Gitanas como auer dicho esta: *larga vida tienes, no eres embidiosa, vna persona tienes qe. te quiere bien. . .*

[42] Asimismo le dixo dha. [Gitana] que auian de tomar los güebos de un cueruo y cocerlos en leche y boluerlos al nido y que el cueruo traya despues de la mar una piedra y la ponia entre los güebos y hacia que la ampollasen y la dicha piedra trayda al lado yzquierdo de la perna. que la traxese hacia al mismo efecto que la yerua."

[43] Era necesario que esta le diese a el demonio algun miembro de su cuerpo como vn dedo v otro y que sino se picase la lengua con vn alfiler y que con la sangre que saliese della hiciese vna firma en vn papel para darselo al Demonio y que con eso tendria dicha y buena fortuna en quanto mano pusiese en la vida.

[44] Esta dixo *'mala mugr. trae aqui tu escoba,* la qual le parece a esta era de paja de centeno, y saco vna pagita de abena q. esta lleuaua para el casso en vna poquita de cera y la escoba la pidio para q. dha. mugr. entendiese q. era la paja de dha. escoba, y esta de dha. paxa y cera hiço vn compuestico estando ello retorcido con darle con vn poco de agua se destuerce y afloxa y parece q. ello por si mesmo se menea como si no estuuiese retorcido.

[45] El quajarse los Huebos en agua fria, es cosa tan natural, como se reconoce por la esperiencia en qualquiera ocasion que se egecutte.

[46] *¡Ana silvestre la que has heeho mal a Jacinto sal en este papel de la mano con el!*

[47] *¡Oh justo juez, si mi confesor no me lo mandara yo no lo hiciera!*

[48] Yo Fulana Montoya, llamo a mi Familiar Mayor para que dé suerte en el juego a Fulano, y a mi me des un poco de leche en grano de rocío que recoges en la mañana de San Juan y yo te ofrezco estar muy obediente por el servivio que le harás asistiéndole en el juego durante cuatro meses.

[49] *Como esto yerue, yeruan los deseos de los que han de despahar a xpoual para que le hagan todo bien.*

[50] *'Assi como esto yerbe yerba el corazon de Blas en el nombre de Satanas,* etc.

[51] *Ansi como corto esta hebra le sean cortados a tu marido las malos pensamientos que tu marido lleua con aquella mala muger y lo buelba Dios a ti, pues Dios te lo dio y es tuyo.*

[52] Jesuchristo murio, Jesuchristo encarno en las casas de Beleem, como estas palabras son dibinas, asina pretenga Maria lo que tiene en su corazon.

[53] El Rio Jordan pasareis, tres varas cortareis a Jusepe (q. asi dixo a esta q. se llamaba su marido) le dareis con ellas en el coraçon sino que le parezca hermosa y linda, y si riñó con vos coxereis un poco de sal y assi se derretira como la sal en el agua por el poder de Dios y del Sanctissimo Sacramto.

[54] Juan Bautista, con tres te pido, con tres te llamo, con tres te ato, la sangre te bebo, el corazon te arrebato. Te mando por mandato de Dios, de Santa Rita y del glorioso San Cristobal.

[55] Marta, Marta
a la mala digo,
que no a la santa:
a la que por los aires anda,
y por ella nuesto padre Adán pecó
y todos pecamos. . .

[56] Marta, Marta,
la que en los infiernos estas
tres cabras tienes y las ordeñaras
y tres quesos aras
el uno es para el diablo mayor
y el otro para su compañero
y el otro para el diablo cojuelo.
Assi como estas encadenada
asi benga este hombre atado y ligado
y deje a fulana con quien esta amancebado.

[57] Animas de purgatorio alitas sois,
y corzitas y puestas en caridad.
Rogad al berbo divino que os otorgue
lo que le pido y es de paz
amen, Jesus.

[58] Yerba, yerba el corazon de Blas
en el nombre de Satanas
y de Barrabas
y del diablo cojuelo
y de su compañero
y de la Jacarandina
y la Reyna Sardina
y de doña Maria de Padilla
y toda su quadrilla
y de Marta
la que en los infiernos está.

[59] Vana, supersticiosa, escandalosa, venefica, sortilega, heretical, y sospechosa de vehementi en la fe.

[60] *Vosotros que andais hurtando quando os moris ¿donde bays?*

[61] *¿Y eso me pedis aora? Yremos donde Dios fuere serbido.*

[62] Dixo que no saue que otros tos. puedan decir en este casso porque los gitanos tienen tal estilo y Raçon de estado que aunque los maten a tormentos no descubriran los complices y si aun supiessen que este to. a delatado de los susodhos. todos juntos seran contra el y le mataran aunque fuese necesso. benir a ello cingta. leguas y esto es cossa muy cierta.

[63] Malaya por que no le dio vn garrotazo que le hechara los sesos a vna parte.

[64] No es pecado. Si a mi me saliesen a Rouar en los caminos, a quitarme el sustento de mis hijos, matara quien yntentasse a Rouarme.

INDICE TEMATICO Y ONOMASTICO

CLA•DE•MA

Historia

PETER BURKE	*Hablar y callar*
JOSÉ BABINI	*Historia de la medicina*
JOSÉ BABINI	*Historia de la matemática* Volumen 1
JOSÉ BABINI	*Historia de la matemática* Volumen 2
JACQUES LE GOFF	*Lo maravilloso y lo cotidiano en el Occidente medieval*
GEORGES DUBY	*El año mil*
CARLO GINZBURG	*Mitos, emblemas e indicios*
JACQUES LE GOFF	*La bolsa y la vida*
PETER BURKE	*Los avatares de El Cortesano*
BERNARD LEBLON	*Los gitanos de España*

Colección Esquinas

Hannah Arendt	*Hombres en tiempos de oscuridad*
Bernd Witte	*Walter Benjamin*
Eugène Ionesco	*La búsqueda intermitente*
Emmanuel Terray	*Esa eterna fugitiva Cartas del recuerdo y la nostalgia*
Peter Handke	*Pero yo vivo solamente de los insterticios*
Alain Robbe-Grillet	*Angélica o el encantamiento*
Frank Kermode	*D. H. Lawrence*
Botho Strauss	*Crítica teatral: las nuevas fronteras*
Northrop Frye	*El gran código*
J. B. Pontalis	*El amor a los comienzos*
Pierre Missac	*Walter Benjamin: de un siglo al otro*
Thomas Bernhard	*Tinieblas*
Norman Mailler	*Fragmentos*